荆楚名师

荆楚名师系列丛书

云端的语文

李伟杰◎著

长江出版传媒 | 湖北教育出版社

（鄂）新登字 02 号

图书在版编目（CIP）数据

云端的语文/李伟杰著.

—武汉：湖北教育出版社，2020.8

（荆楚名师系列丛书）

ISBN 978-7-5564-3893-8

Ⅰ.①云…

Ⅱ.①李…

Ⅲ.①中学语文课-课堂教学-教学研究

Ⅳ.①G633.302

中国版本图书馆 CIP 数据核字（2020）第 151246 号

云端的语文　YUNDUAN DE YUWEN

总 策 划	方　平		
责任编辑	何　昀　杨承静	责任校对	王艳波
封面设计	牛　红	责任督印	张遇春

出版发行	长江出版传媒	430070　武汉市雄楚大道 268 号
	湖北教育出版社	430070　武汉市雄楚大道 268 号
经　　销	新　华　书　店	
网　　址	http://www.hbedup.com	
印　　刷	湖北新华印务有限公司	
地　　址	武汉市硚口区长风路 31 号	
开　　本	710mm×1000mm　1/16	
印　　张	17.5	
字　　数	240 千字	
版　　次	2020 年 8 月第 1 版	
印　　次	2020 年 8 月第 1 次印刷	
书　　号	ISBN 978-7-5564-3893-8	
定　　价	46.00 元	

（图书如出现印装质量问题，请联系 027-83637493 进行调换）

序

云蒸霞蔚看语文

湖北省宜昌市教育科学研究院李伟杰先生的新著《云端的语文》即将付梓，邀我作序。昔亭林先生有言“人之患在好为人序”，樊川居士也说“自古序其文者，皆后世宗师其人而为之”，可见为人写序不仅有“好为人师”之嫌，“准入”门槛亦极高。但因为与作者相识相交多年，于情于理都不容推辞，我也就不避嫌疑，执笔为序了。

宜昌我曾去过多次，每次都有新发现和新惊喜。峡江吊脚楼，神秘巴人国，土家摔碗酒，三峡葛洲坝，都曾给我留下难忘的印象。最近一次是去年秋天，参加《语文学习报》组织的全国高中语文教师教学基本功大赛。正当我与宜昌同仁把酒论学之际，接到《中国教师报》向我约稿的短信，要我写一篇“统编语文教材如何进行教学设计”的文章。为了更有针对性，我便委托伟杰先生，帮我分别约请宜昌的小学、初中、高中教师，为我各提供一个教学设计案例，并将其整版推出，最终这些案例受到教师们的欢迎。

宜昌古称“夷陵”，素有“三峡门户”“川鄂咽喉”之称，为兵家必争之地。这里是屈原、王昭君的故乡，历史悠久，文化底蕴深厚，是所谓荆蛮融合之范域，巴楚文化之摇篮。历来崇文重教，语文教育源远流长。据说《三国演义》中有36个故事发生于此。东晋著名学者郭璞曾在此注《尔雅》，夷陵人建墨池书院以为纪念。北宋文坛领袖欧阳修曾贬官至此，作《峡州至喜亭记》，夷陵人建六一书院以崇敬之。白居易与白行简、元稹同游夷陵，作《三游洞序》。陆游从西陵峡进川，写有《入蜀记》。李白、苏辙、黄庭坚、张之洞，都曾在此留下优美诗篇。抗日战争期间，日寇沿长江向内陆步步紧逼，安庆、南京、武汉相继沦陷，国民政府撤往陪都重庆，宜昌成为中国战略物资的重要中转站。“中国船王”卢作孚在这里组织指挥“炮火下的抢运”，被教育家晏阳初誉为“中国实业史上的敦刻尔克”。张自忠将军在宜城长山壮烈殉国。叶圣陶、老舍、陶行知、李四光、吴祖光、赵丹等文化名人，都曾在此中转逃难。叶圣陶有诗形容：“种种方音如鼎沸，俱言上水苦无船。”宜昌江边的“宜昌大撤退纪念雕塑”，默默地诉说着这段历史。20世纪90年代，全国中语会、人民教育出版社同仁在刘国正理事长的率领下，曾前往宜昌调研，考察“语文课内外衔接实验”。考察归来，国正先生按捺不住喜悦心情，连续写下《语文教学与生活——谈宜昌语文教改实验报告手记》《展开双翼才能腾飞——宜昌市课内外衔接语文能力训练的状况和思考》，对“语文课内外衔接实验”给予极高评价：“课内和课外，是语文教学的双翼，只张开一翼，自然飞行无力，只有双翼并举，才能如大鹏那样，其‘翼若垂天之云，抟扶摇羊角而上者九万里’。”

伟杰先生这本《云端的语文》，可谓七彩祥瑞，变幻万千，胜意无限，云蒸霞蔚。“云锦篇”纵议语文课程，弘扬教研文化；“云霞篇”关注语文课堂，记录创意瞬间；“云集篇”研讨语文教法，阐释教学真谛；“云卷篇”聚焦考试评价，呼唤供给侧改革；“云舒篇”吐纳同仁心声，相互砥砺激发。正如作者所形容的那样：“可化为云雨般的酣畅淋漓，滋润复苏之万物；可映衬云霞般的灿烂美丽，装饰浩瀚之天空；可推演云层叠加般的思考，境界如九重霄汉的不同视角与超凡体验；可激发观云者神奇想象的发挥，景象若海市蜃楼样虚无缥缈曼妙无穷……那是属于语文人的梦，却又是实实在在可解读的，入脑润心，随时在线。当你追之对话，拟之为文，慕之动情，倾之共鸣，便会发觉整个世界都是语文——是你希望看到的样子！”

在我国教育界，活跃着一支埋头苦干、充满创造活力的语文教研员队伍。他们拥有强烈的事业心和责任感，具有教育理想和教育情怀，热爱教研工作，为提高语文教育质量自觉奉献智慧。他们又具有扎实的教育理论功底，教学经验丰富，教研能力强。所以，他们能够服务于语文教育教学，引领语文教学改革，提高语文教学质量；服务于青年教师专业成长，指导教师改进教学，促进教师专业化发展，提高教书育人水平；服务于学生全面发展，深入研究学生学习和成长规律，提高学生语文核心素养；服务于教育管理决策，加强语文教育理论和实践研究，为语文教育教学提供着重要支撑。从这本《云端的语文》，我们不难发现，作者在推进宜昌市的语文教学改革、教学诊断与改进、语文教学资源建设、培育推广优秀语文教学成果等方面所发挥的重要作用，也可以看到一位基层语文教研员的初心使命和不懈追求。

序成，窗外蓝天白云，清风拂面，满目翠绿，时闻杜鹃。院里绣球花争奇斗艳，百合花含苞待放，更有黄杏压枝，摇摇欲坠，不觉神清气爽，遂想将此心寄予远方朋友：愿新冠疫情从速消逝，尽快恢复生活常态，也愿宜昌语文教学更宜更昌！

顾之川

2020年5月31日于京东大运河畔之两不厌居

目　录　CONTENTS

云锦篇

云霞篇

云集篇

云卷篇

云舒篇

云锦篇

“天机云锦用在我，剪裁妙处非刀尺。”用语文课程编织出的云锦，绚烂瑰丽，如梦如幻。远眺则蔚然大观，美不胜收；近抚则肌理毕现，质地精良。站在课程开发的高地俯瞰，语文魅力无限。

云端的语文

前几天，我在朋友圈发了个语文活动的集锦，一个我很多年前教过的学生（现在已经是两个孩子的妈妈，在北京担任音乐教师）留言："教语文的教师都是满腹诗书啊!"哈哈，还真没太注意语文教师的形象会有这样的定位。可能很多语文教师自己也没有刻意地去装扮，只是多年的熏陶积淀让他们下意识地会选择相对守成持重的服饰，在举手投足间始终有儒雅的气度。这或许便是"满腹诗书"标签的由来吧。

学语文的，或多或少有几分理想主义色彩，也往往会对世界有属于自己独特的诗意的解读。因而，在旁人眼中，语文人大多是飘浮在云端的，可望而不可即的，他们的思想意识往往是虚空出尘的。总之，是不那么踏实的。

实际上这都是错觉。语文的确是在云端，那是因为语文除了实际的交际功能外，还承载着我们对真善美的执着追求，寄寓着人们渴望改变命运的梦想。云端的语文，七彩祥瑞，变幻万千，却并非华而不实，高不可攀。它投射在我们思维的天池里，翻卷着绮丽的水花，描绘着最好的可能，它让一切的一切，在文学的世界里化为未来的模样。云，即集聚、酝酿、变化等，自有云团般汇聚之效应，耦合光电麇集智慧；亦有云雾般朦胧之幻象，可望而不可即；可化为云雨般的酣畅淋漓，滋润复苏之万物；可映衬云霞般的灿烂美丽，装饰浩瀚之天空；可推演云层叠加般的思考，境界如九重霄汉的不同视角与超凡体验；可激发观云者神奇想象的发挥，景象若海市蜃楼般虚无缥缈，曼妙无穷；可随境而迁，随风而变，随心而化，又总是浮沉不定，邈不可测，让世人琢磨不透。那是属于语文人的梦，却又是实实在在可解读的，入脑润心，随时在线。当你追之对话，拟之为文，慕之动情，倾之共鸣，便会发觉整个世界都是语文——是你希望看到的样子！

语文就是这般奇妙！对每个接受过高中以上教育的人而言，语文功底将决定他成功的上限。行走在语文的江湖，宣之于口谓“语”，书之于笔谓“文”。语不畅达，于公众集会必畏葸不前，词不达意，不能号令下属；于私交场合则或沉默寡语，或信口开河，或言不由衷，常常误伤友朋。文无巧思，则叙事失之于草率，说理失之于错乱，抒情失之于空泛，外不能树立美好形象，内不能修炼身心涵养。这样的话，无论从事哪个行业的工作，都会是一个不小的损失。

腹有诗书气自华，这种气质是无法替代的，只能靠我们多下凿壁借光、囊萤夜读的苦功沉潜积累才能培养出来。但仅止于此还不够，若不能精骛八极、心游万仞打通与前人精神相通的“任督二脉”，就会变成萧规曹随的书蠹，一无是处。所以，在语文的世界里，最重要的是学会语言思维运用的方法，掌握辩证的逻辑、判断的理据，懂得辨明是非、权衡价值，在“真”的前提下讨论“善”和“美”，依据现实的可能性循序构建新世界，哪怕只是在纸面上构筑的新世界。

自新冠疫情发生以来，师生都分别被封闭在与外界隔绝的空间里，被迫以“云课堂”的方式“停课不停学”，进而还衍生了“云备课”“云班会”“云调研”“云考试”“云审题”“云研讨会”等线上教育模式。语文真的站在了“云端”，我们也窥见了语文多样的可能。即未谋面，依然亲切；隔屏相对，我见犹怜。教师主播，范式百变，不变的是引导初心；学生粉丝，热情万千，激发的是学习兴趣。很多过去困扰我们的东西，如在线课堂的局限与困难、学生自主学习的自觉性、教师批改作业的反馈及时性、课堂推进的互动效果等，都在实际操作中迎刃而解。虽然语文云课堂还有待进一步完善，但有了开头何愁继续，有了高潮又何愁结果，任何事物的发展都有这样一个持续递进的过程。

云端的语文在阅读和写作的两大维度都有很好的内生力。“云阅读”方式可能会在未来成为一种趋势，纸质读本渐次退出主流让位于新媒体，这在过去几年里已初见端倪。“云阅读”将大大拓展人们的视域空间，提升阅读效率，便于利用一切碎片化时间。阅读不再是一种目的性极强的任务，而成为一种真正的精神享受。但我们也需正视，“云阅读”的内容选择将决定阅读的质量，关乎怡情移用的效果，必须加以重视。对泥沙俱下的新媒体，我们必须要进行筛选，才能吸纳有用的知识内容。“云写作”的适用空间更为广阔，博客、微博、QQ 空间、微信、公众号等自媒体的兴起，让每个人都可以成为随时在线的自由写手，可以是随笔杂记也可以是鸿篇巨制，可现场评论也可沉淀总结，内容形式不拘，方式灵活多样。不少网络写手已逐渐成长为小说家、编剧，正说明“云写作”为普通人的创作之路提供了更加多样化同时也更接地气的途径。

语文并非语文教师的专利。云端的语文，既可登堂入室，又可“普度众生”。一旦它褪去朦朦胧胧的外衣，走入我们的日常生活，我们便会发现，任何事物与语文结缘，都会产生奇妙的化学反应，化腐朽为神奇。最近有两个电视节目，一是《吐槽大会》，一是《奇葩说》，可以说是典型的例子。在《吐槽大会》上，演员、运动员以及其他行业的人物轮番登台，巧舌如簧，俚语翻飞，连大家心目中不太能说会道的拳击手邹市明、张伟丽，也都语出惊人，表现甚是出彩。《奇葩说》则是一档说话类达人秀的“实验性节目”，通过辩手们的你来我往，寻找观点独特、思维锐利、口才出众的“最会说话的人”。节目自播出以来，热度之高几无出其右者，话题涉及民生、经济、法律、婚姻、爱情、就业、人际关系等方面的内容。鼓励创新，提倡针锋相对又强调有理有据，以理服人。辩题看似古怪却往往意外戳中问题的要害，辩手们在推陈出新中虽偶有哗众取宠之举，但多能从心之所欲不逾矩。让观众印象最为深刻的是，金牌辩手们在短时间内创造出的“金句”嵌入到洋洋洒洒的宏论中，居然能那样地水乳交融，锦上添花，实在妙不可言。这些选手后来有的成为作家、律师、演员等，在各自的领域里都能卓尔不凡，这充分说明“会说话”是一种天才，是实实在在老天爷赏饭吃。与这两个节目差不多的还有湖南卫视的《声临其境》，虽然和电视台的其他重磅级节目相比，影响力稍弱些，但我以为却是品质更为上乘的良心之作。这是一档配音秀节目，它让观众了解到台词和配音对人物塑造的关键性作用。竟一点也不亚于表演。语言之于人物，也是可以触及灵魂的。不同的配音水准代表着不同层级的语言表现能力，这完全可以颠覆我们对原有人物的认知。镜头前的人物表演在加上了不同的声音之后，居然可以发生天翻地覆的变化，甚至使人对原有情境的理解都会随之发生莫名其妙的改变。这真是语言让人难以相信的魔力。

“纤云弄巧，飞星传恨，银汉迢迢暗度。金风玉露一相逢，便胜却人间无数。柔情似水，佳期如梦，忍顾鹊桥归路。两情若是久长时，又岂在朝朝暮暮。”这样的云端语文大片，每天都在倾情上演。做一个阅读与写作永伴左右的语文人，做一个记录人世轨迹宣讲人生故事的语文人，做一个传道授业解惑“立德树人”的语文人，始终会感到无比的幸福和满足。

快哉，“自在”语文

语文教学风格多样，百家争鸣，各领风骚，自成美丽风景。这也可算是课程改革的成果之一，因为唯有在课改理念的培育和支撑下，方有今日语文教育教学百花齐放的喜人景象，方有各路名师大展拳脚尽力演绎推广自己语文教学主张的空间。

我这个人在语文教师里算是另类，自由挥洒惯了，不爱循规蹈距，所以很少总结自己在语文教学方面的心得，更无意开宗创派，与大师们一竞风流。但身为地方语文教研员，我经常和一线教师互动交流，探讨课堂得失，分享教法经验，或多或少也理出了几点自认为是中学语文教学精髓的东西，即我所谓的“三自三共”:“自觉、自主、自在；共赏、共振、共鸣。”

个人以为，语文教学不应该是艰深晦涩的，传统教学方式与最前卫的新课程理念之间，也并不一定有一条不可跨越的鸿沟。教师只要能够激发学生亲近文字、产生阅读的兴趣，让他们学会在不同场景恰当地进行口头、书面表达，就达到了目的。《子路、曾皙、冉有、公西华侍坐》之所以成为传诵的经典，就在于孔子与学生之间那种闲适自然的对话，代表着语文课堂流程的最高境界：表达、交流、互动、点拨、教化，无一不是语言运用和德育渗透的典范。文耶道耶？人文乎？工具乎？俱在其中，互为映衬。传统教学之集大成者，从来都不会满堂灌，如于漪、钱梦龙、欧阳代娜等，无不如此。在他们的课堂上，学生如坐春风，倾情投入，两相得宜。

作为母语教学，语文教学无论如何不该因袭外语教学的套路，它的原点本就来自于学生的“习得”——不管基础有何差异，都不会是从零起步，因为“儿童是天生的语言学习者”。但很多论者以为“习得”可以代替“学得”，则是差之毫厘失之千里了。“习得”是指个人在实际语言运用环境中，通过模仿、感悟、咀嚼等方式无意识学习，从而养成一定的语言运用习惯，提高语言运用能力的过程。从“习得”到“学得”的跨越，也就是从无意识到有意识学习、掌握语言运用规则的升华。学生语文学习能力的高下分野，就在于是否有从“习得”过渡至“学得”再到“悟得”的“自觉”，即对语文产生浓厚兴趣，在教师的引导启发下了解语言运用规则，尝试解读文本包含的表层内容和潜在的深层次内容，逐步做到自如地研读文本，写作表达，从而达到提高语文素养、提升精神境界的高度。

学生语文学习的觉悟始于外部环境的刺激和师长的启蒙，但最终能否形成“自觉”，在于潜意识中的兴趣冲动是否被有效激发，转而成为内需求和内驱力。没有一个文学大师和语言大师是教出来的，更不会是被逼出来的。对他们而言，表达是创造动能的爆发，写作是生命激情的燃烧，有了这种自觉，读书写作便成了相伴终身的日常功课，无须任务性作业的煎熬和严师的高压。胡适先生在描述自己少年读书经历时曾说：“时时自警醒。如懈怠时，可取先哲格言如‘人而无恒，不可以作巫医（古谚语）’‘德不进，学不勇，只可责志（朱子）’‘精神愈用则愈出（曾文正）’之类，置诸座右，以代严师益友，则庶乎有济乎?”这就是这种“自觉”的写照。

兴趣是自觉的触发点，而能使这种兴趣定型并保持下去的关键是语文学习习惯。从基本的意义上讲，做到“博览、勤记、善思、广交、精作”，多读书，勤积累，善思考，爱交流，有目的地练习写作，语文学习便没有大的障碍。

自主是语文学习的第二个阶段，包括在教师引导下自主选择学习内容，自主完成预习准备工作，自主赏析文本所涉及的语法修辞和篇章结构技巧，合作研讨作者要表达的思想情感和趣旨，体味文章描摹的风物人情及所蕴含的人文精神。强调自主，就是反对教师满堂灌。越是高明的教师，总结提炼得越到位，让学生未经思考就全盘接受既有结论，学生越是会丧失思维创新的空间，沦为简单记忆的工具。

但需注意的是，在强调学生自主学习时，摒弃的是过去一言堂的话语霸权，而不是教师引导启发、将学生逐步带到知识能力的更高层级，学会应对更复杂深邃的情景和问题，素养得到提升，灵魂得到净化，思想得到升华的课堂领导力。我们注重自主，强调探究，但同时强调"以学定教"——在学生能力基础上的自主才是合适的，探究才是有效的。教师的教学计划应该有清晰的定位。一味将自主学习推到极致，则是理解上出现了偏差，这或许来源于对苏格拉底式教育的一知半解：强调不能依靠讲授来传递真理，而应该刺激学生自己去探究、发现真理。这种教育无疑是一种理想的教育，有它适应的背景，我们的语文教学可以借鉴学习其思想内核，但不能简单地照抄照搬。也就是说，学生的自主学习，只有在教师的引导和点拨下，才有可能不间断地进步。德国教育家雅斯贝尔斯说："教育本质上意味着一棵树摇动另一棵树，一朵云推动另一朵云，一个灵魂唤醒另一个灵魂。如果教育未能触及人的灵魂，未能引起人的灵魂深入的变革，那就不能成其为教育。"所以，"自主"实质上是学生在教师帮助下，通过积极主动学习思考而引发对语文课程所涉及领域的强烈兴趣，从而触动灵魂深处的对文字、文学、文艺、文化之美的依恋情怀。

"自在"则是语文学习的最高境界。这种状态，我十年前随全国中语会访问台湾时感触最为深刻。在台湾，我们参观了两所学校——台北康桥国际双语学校和中仑学校。康桥国际双语学校是台湾康轩文教事业股份有限公司旗下的品牌，也是台北最著名的私立学校之一。该校的建筑堂皇轩敞，全是欧式风格的别墅群，广场前的罗马柱衬出教学楼的巍峨气派。室内游泳池、球类馆均按国际标准建设，尤其是学校内有上万平方米的田园，供学生亲近自然。放眼望去，那种浑然一体、无边无涯的绿色，实在是让人心醉。从硬件设施而看，校园给人的感觉犹如美艳不可方物的贵妇，而师生员工的素质之高，更令人肃然起敬。我们听了一节语文课，是关于司马光的《训俭示康》。这篇课文我也曾在多年前执教过，所以格外亲切。执教者是一位40多岁的女教师，文雅亲和，授课节奏非常舒缓，不紧不慢。课堂形式虽比较传统，以教师讲授为主，但学生可以随时发问，不拘形式，不必举手获得批准，有疑即发。教师备课量很大，却并不准备全讲，只有在学生需要时才展开。比如介绍司马光谥“文正”，教师一笔带过，但当有学生问及“什么是谥号”时，她轻松地在电子白板上点开，则谥号、美谥、恶谥，有关谥号的故事等一一呈现。

之后，我们还访问了中仑学校。这是台北国立中学的佼佼者。中仑学校最大的特色，是和台北故宫博物院合作，将一些藏品的复制品放在图书馆前的长廊里，师生可随时观览。我们听的一节课是关于李白的《春夜宴从弟桃花园序》，教师先将学生带到明代著名画家仇英的画作前，研究欣赏之余再转入对文本的赏析，学生轻松愉悦且兴趣盎然，学习效率甚高。另外一节作文课，教师将学生带到校外，在指定的公园（或别的景点）采风，师生全靠平板电脑网路交流，学生随时记录，教师随时点评，很自由，之后再回校讨论谋篇布局之类的内容。学生的参与度和写作效率都很高，写作内容真实又有个性。

在两所学校的课堂上，我只能是浮光掠影地初窥课堂，但也隐约感到有一些共性的东西值得思考。有关语文教学工具性和人文性上的纷争，在这里似乎并不成为问题。课堂上虽然以教师讲授为主，但学生的自主性却很强，可随意在有疑处发问，教师也会很自然地在此处展开，进行交流对话。很难看到教师满堂追问、学生被动作答的现象，倒颇有几分回归孔夫子时代的味道，给人一种流畅自然的感觉。在这里，语文的教与学是一种真正身心自在的状态。在我的期许里，语文教学就应该是这样一种状态。

“自觉、自主、自在”是对学习状态的定位，“共赏、共振、共鸣”则是对语文教学中师生关系及学习过程的描述。“共赏”说易做难，对一部作品的赏读，每个人都有自己的切入点，且都有不同的知识背景和情感体验，这可能造成理解错位，所以很多时候不宜苛责学生。师生共赏的过程，就是教师扬弃既有结论，和学生一起真正进入文本的过程，师生双方必须听从心灵的真实感召，找到情感倾泻的出口。我经常强调，教师要给自己和学生“裸读”的时间和空间，不要在阅读之前先看一大堆所谓的参考资料，接受一些似是而非的先入之见，排斥发自内心即时生成的“再创造”，或许催生那样的独特感受才正是伟大作品力量之所在。而“共振”则需要方法的启导，互动的碰撞，实现技能素质的提振，最终实现情感价值的“共鸣”。“共振”是一个物理学名词，却非常契合阅读交流的过程，通过教师的引导，师生之间、学生之间平等讨论，思想在交锋中激活、校正、分享、融合，逐渐构建一个新的同频系统，从而产生一种极为强大的动能，带给所有参与者新的感悟、新的震撼、新的升华。“共振”的过程，也是将游离于作品之外的错误理解逐步过滤筛掉的进程，可以有效避免课堂偏离教学主线。情感投入既是提升学生阅读兴趣的充电器，又是促进阅读进程不断深化的催化剂，情感“共鸣”则是伴生在阅读交流全过程的最终成果。“赏”是阅读知识积累运用的过程，“振”是阅读能力素养提升的方法，“鸣”则是情感态度价值观的潜移默化，三者穿插、交汇，聚焦于“共”：交流探究，平等分享，合作互动，求同存异；教师与学生相互促进，共同发展。这实际上也暗合了新课标的三维目标。

“三自三共”之关键在于“自在”，有些朋友为图好记，姑且名之曰“自在语文”。从我的骨子里来讲，此生从无立山头当寨主的野心，但只要能让语文教师们少些负荷感，多些幸福感，“自在”地教语文，而学生们能自由地阅读文章，随性地感悟生活、记录生活，“自在”地学语文，我想这倒也没什么不好。

快哉，“自在”语文！

在摸索中艰难前行

近期，一场突如其来的新冠疫情把大家困在家中，让我们可以静下心来思考与语文课程有关的问题。说到语文课程，其实真正重视起来是在课程改革的推进过程中。过去对中学语文的定性一直比较模糊，直到现在也并非已经完全厘清，对语文课程的诸多界定就更不用说了。很多语文教师秉持着这样的观点：我把教材上的几篇文章解读清楚了，把考纲涉及的考点弄明白了，再对学生应考作文来个“三段论”“几步法”，教学生几招不同类型的阅读题答题套路，学生中、高考成绩上去了，那我这个语文教师不仅算得上称职而且简直就非常优秀了。果真如此吗？

回到语文界长期争论的“工具性”与“人文性”，结论是一目了然的：“工具性”与“人文性”是不可分的，“人文”决定着“工具”的意义。在语文核心素养中的“语言建构与运用”“思维发展与提升”“审美鉴赏与创造”“文化传承与理解”四个方面中，“语言建构与运用”是最基础的要求，也是最能体现学科本质的一环，但“思维发展与提升”才是至关重要的核心，是连接其他三个方面的纽带。如果语文学习不能从根本上提升学生的思想认识水平和思维逻辑水平，阅读与写作也都成为了无源之水、无本之木。也即是说，语文的本质其实还是关涉到价值观的，关涉到“理性思辨、批判质疑、勇于探究”的能力素养。没有对人世间真善美的执着追求，没有对说真话的权利的勇敢捍卫，没有对真理原则的敬畏与尊崇，没有对公序良俗等规则的遵守与维护，没有对弱势群体的关爱与体谅，没有对大灾大疫来临时造成的生命财产损失所应有的哀痛感，语言文字本身的魅力也将荡然无存。

如此看来，语文课程的构建形式就基本清晰了：一方面是以文本阅读、写作教学为主要呈现方式的基础课程，以听说读写为主并辅之以语法、修辞、逻辑等知识系统，不断提升语文基本素养；一方面是以国学经典浸润和世界先进文化及文学经典研究为主要内容的拓展课程，兼及文史哲经等科，主要培养学生辩证批判性思维，去伪存真，去粗取精，以史为鉴，洋为中用，不断开阔学生的眼界，养成“不唯上、不唯书、只唯实”的学习习惯；还有一方面则要以语文实践活动为载体，在“读、思、习、悟，诵、咏、赋、践”的过程中深刻领悟语文要义，并在实践中活学活用，将思想认识与语言表达高度统一起来，全面提升学生的语文核心素养。也正因为此，这次统编教材的修订一改过去以单篇文本串联组元的形式，大胆创新教材体例设计，统筹安排教材内容，有机融入社会主义核心价值观，变为以人文主题和学习任务群双线组织单元，使“整本书阅读”“群文阅读”等成为重要的学习形式，强化语文实践活动，突出学生学习的主体性。这样一来，学生不再是为学语文而学语文，而是在立人立德的高度上立功立言，有效地学习语文、运用语言，在生活实践中学会了解世界、认识人生、学会成长。

语文课程的第一个特性是习得性与学得性的兼容。一方面，作为母语教学的语文，不同于外语教学，因为每个学生都有母语学习的环境，可以自然习得部分内容，所以从小学开始，有些过于简单的内容其实是不必纳入到语文课程中来的，可以交给学生在实践中完成。另一方面，学得性内容对学生而言更为重要，是区别学生语文能力的关键。对学得性内容需要特别精心地做好整体设计，循序渐进，虽然可以以文本为载体来推进，但也应有一个语言体系方面的课程设计，特别需要关照各学段各年级间的内容的层递性，小学和初中有着量变到质变的不同，初中至高中则是一种跳跃性的升华，其间既有紧密的关联度又有明显的广度、深度的区别。我曾参加过一次安徽省马鞍山市第二中学特级教师郭惠宇校长组织的工作室活动，两天时间里，高中、初中、小学的 6 位教师同台授课，同题异构，上一篇小说、一首唐诗，整个活动精彩纷呈，各学段的教师精准把握了教学重点，从孩子的年龄特点和知识结构出发，上出了不同于其他学段的韵味。

语文课程的第二个特性是沉降性与迁延性的互补。语文学习体现在每一个学生身上的过程不尽相同，但它一定是一个“润物细无声”的逐步积累的过程，没有办法实现短期的飞跃。学生只有通过大量的阅读，广纳博收，不断沉淀。过去学习古典诗词有“沉潜涵泳”之说，其实这用于语文学习，也是同样成立的。诗读千遍其义自现，就是说在古代诗歌鉴赏过程中，学生可通过反复吟诵来感悟体味，准确把握作者表达的思想感情，进入作者营造的特有情境，从而在潜移默化中受到感染，受到熏陶，最终产生顿悟，获得前所未有的审美体验。前人提出的“涵泳”之法还是值得借鉴的。朱熹曾说：“学者读书，须要敛身正坐，缓视微吟，虚心涵泳，切己省察。”（《朱子语类辑略》卷二）即是强调读书要靠虚静的心态，不要先做太多的“理性”的分析，而要沉潜于作品，对作品的哲理意蕴进行反复琢磨，才能体味到精深的哲理和事物的本质。“涵泳”其实是一个积淀的过程，即摄取——消化——积累的过程，就是让学生在参透作品的基础上，加深记忆，储存记忆。没有一定的阅读量，没有一定的知识储备，语文课程对学生而言便是虚空的，无处生根。但仅有沉淀和积累还是不够的，那样会落入死读书的窠臼，所以“迁延性”就尤为重要。所谓“迁延性”，就是在阅读过程中联系社会实际，通过阅读去了解社会、认识世界、学会生活，又在生活中观察世界、体察人生、融入社会，并将自己所思所想形之于文，诵之于口，在活动交流中提升辩证思维能力、价值判断能力、语言运用能力等。《语文学习》杂志有一句著名的宣传语“语文学习的外延与生活的外延相等”，这一方面是对语文内涵的丰富性的说明，另一方面也界定了语文学习的方向，那就是为学生思维成熟和顺利表达交流提供帮助，为他们很好地学习其他学科提供工具性帮助，为他们面对丰富多彩的外部世界和自我复杂细腻的内心世界时提供价值判断、道德准则、行为取舍的依据，为学生身心成长和不断成熟助力，为学生的终身学习和可持续发展服务。

语文课程的第三个特性是传承性与批判性的统一。语文课程的内容包罗万象，文史哲经、数理化生等都在文本内容中有所涉及，还包括书面语言与口头语言的区别与联系、文言文与现代文的演变与关联，以及母语固有的语法规律与外语语法体系的借鉴等，不仅庞杂而且烦琐，如果过于纠结于细枝末节的技术性环节，有时反而得不偿失。我以为，一定要厘清中国语言文学的发展历程，梳理我们母语发展与文学自身繁衍的内部规律，按照去伪存真、去粗取精的拿来主义精神做好传承工作，让学生们对我们民族源远流长的历史有一个清晰而准确的了解，在不断接受熏陶浸润的过程中传承中华民族先进文化，同时兼容并包地吸纳世界文明史中的有益养分，了解人类社会不断发展过程中形成的常识性内容，学会遵从最基本的道德法律框架下形成的规则，在生活中身体力行，并能流畅地宣之于口，晓之以文。总之，对人类文化的传承，是一个扬弃的过程，需要我们的学生学会用批判的眼光去了解，去审视，去取舍，吐故纳新，催生新的文化元素。

我们要重新审视语文课程的建构，在摸索中不断艰难前行。我们要让语文褪去看似鲜丽耀眼的外衣，走到真实的生活中去，引导学生认识社会，学会用理性的头脑去独立思考，用充足的热情去实践开拓，用真诚的心态去沟通交流，用自身的体验去写作运用，将“大语文”与“大世界”紧密联系起来，扣好自己人生的第一颗纽扣，创作自己步入社会前的第一篇“大文章”。

高中语文国家课程的校本化实施路径

高中语文国家课程的框架在《普通高中语文课程标准》（2017 年版）中有明确的规定。课标修订负责人王宁教授对高中语文国家课程的解读为："语文课程既然是一门学习祖国语言文字运用的综合性、实践性课程，它在落实立德树人的教育总目标下，必然要承担与自己特质密切相关的目标。在课程中教育学生继承和弘扬中华优秀传统文化，培育和践行社会主义核心价值观，增强民族自尊心，提升文化自觉和文化自信，培养热爱中华文明、热爱祖国、热爱人民、热爱中国共产党的深厚感情，以及热爱美好生活和奋发向上的人生态度，增强学生为中华民族伟大复兴而努力的历史使命感和社会责任感。这些都是语文课程必须做到的，也必须通过语文课的特质来实现。"

王宁教授将 2017 年修订的课标的主要内容确定为五个方面：①坚持语文课程学科内容与育人目标相融合的改革方向，突出落实立德树人根本任务，充分体现社会主义核心价值观，加强中华优秀传统文化、革命文化和社会主义先进文化的教育。②"语文素养"已被列为本课程的核心概念，它虽有外显的表现，更多的是一种内隐的品质，需要进一步提炼归纳。③明确提出语文课程的特质，准确把握语文课程在基础教育中的定位。经过十余年的实验，语文课程"工具性与人文性统一"的特点已经进一步证实。④根据语文课程的实践性、综合性特征和培养学生创新能力的需要，语文课程必须以学生为中心，走出知识本位、技术主义、文本为纲、讲解分析的传统教学模式，根据新的改革思路调整课程设计和实施路径，加强情境化、结构化和选择性，以及教材编写、教学内容的综合性，语文课标需要提出可行的方案。⑤增强考试评价的指导性和可操作性，进一步与高考有机衔接，即体现新课标、新教材、新考试协调一致的思想。

这一系列显性变化因统编教材时代的到来而更加得以突出。语文、思想政治、历史三科教材，由教育部教材局组织各方专家编校，由中央政治局委员、国务院副总理孙春兰挂帅的国家教材委员会审查，并由负责意识形态和宣传工作的中央政治局常委王沪宁同志阅示，方能最终定稿出版。这样的慎重程度决定了教材的厚重感，也体现了中央对语文课程关乎“立德树人”百年大计的高度重视。

这次的统编教材和以前的人教版及其他版本的教材相比，主要有以下几个重要变化：①提出四大学科核心素养。语文学科核心素养主要包括语言构建与运用、思维发展与提升、审美鉴赏与创造、文化传承与理解。②由五大课程目标变为十二大课程目标。在 2003 年版的课标中，设置五大课程目标，分别为积累整合、感受鉴赏、思考领悟、应用拓展、发现创新。2017 年版的课标则变为十二大课程目标，分别为语言积累与构建、语言表达与交流、语言梳理与整合、增强形象思维能力、发展逻辑思维、提升思维品质、增进对祖国语言文字的美感体验、鉴赏文学作品、美的表达与创造、传承中华文化、理解多样文化和关注，参与当代文化。③新增选择性必修课程。相较于 2003 年版的必修课程＋选修课程的课程结构，新课标课程结构调整为必修课程＋选择性必修课程＋选修课程。三类课程分别安排 7—9 个学习任务群，中华优秀传统文化、革命文化和社会主义先进文化方面的内容始终贯穿这三类课程。④设置十八个学习任务群。这十八个任务群被归置于必修、选择性必修和选修三类课程中。⑤明确学业质量。新课标增加了“学业质量”部分，明确学业质量是学生在完成本学科课程学习后的学业成就表现。学业质量标准是以学科核心素养及其表现水平为主要维度，结合课程内容，对学生学业成就表现的总体刻画。学生的学习结果划分为五个级别的水平。

这样的总体框架设计，为高中语文国家课程的校本化实施留下了宽阔的路径。我们要做好对接精确规划，必须要考虑以下几个方面的问题：

充分落实必修课程，从实际出发选定选择性必修课程，按照本校师资配备和学生学情安排选修课程。高中学校为所有学生开设语文必修课程是课程设置的前提。必修课程涉及的内容可以基本保证学生高中阶段语文基础知识的落实和语文核心素养的阶段性提升，也为学生进入社会从事具备高中学历可胜任的职业打好相应基础，为学生今后有条件继续深造提供基础条件。高中学校要为有升学考试需要的学生开设语文选择性必修课程。这部分内容对学生而言，既有一定的范围拓展，又有一定的深度挖掘，是对必修课程的补充和拔高，在课业难度上是有一定程度提升的。创造条件为学生开设足量的语文选修课程，这部分内容必须充分考量学校师资配备情况，量力而行，否则难以达到既定标准，效果适得其反。但学校还是应该考虑学生的个性化需求，在国家课程选修教材中提供一定量的可选内容，采取教师引导、学生自修、社会力量辅助等多种方式完成选修课内容。同时，充分挖掘校内外的课程资源，建设与本地关联紧密、与学校特点关联密切的语文特色课程，尽可能地满足学生多样化的语文课程需求。学校还可尝试以区域协作、校际联合的方式开发语文选修课程，并可根据本校实际情况引进优质的在线语文选修课程，实现语文国家课程的校本化共建共享，提升整体课程建设的水平。

课程设计要跳出过去关注单一的知识点、课时教学设计的窠臼，更加重视基于学生自助合作探究学习的过程性设计，为语文学科核心素养的落实规划出清晰的学习路径，以教材规定的学习任务群为基本导向，落实具体的学习任务，整合相关学习资源，设置与学生日常生活密切联系的学习情境，稳步推进语文学习活动。在单元整体设计的前提下，将授课流程计划细分到每一个课时，使教案设计和学生学习方案一体化，更加适用于真实有效的课堂教学。有条件的学校可设计基于任务驱动的主题式、项目式大单元学习流程，不断丰富学生的语文实践体验，促进学生的深度学习。

统编教材的学习任务群，有的只在某一册教材中，有的则贯穿了必修、选择性必修、选修三种类型教材。授课教师要注意三类课程之间的衔接，注意不同课程专属任务群和共同任务群的衔接，避免遗漏缺失，同时根据其不同的定位和功能及学生的学习实际，结合教师自身的专业优势和教学风格的不同，创造性地设计任务群教学。必修类课程的教学可立足于共同基础，为学生学习选修类任务群奠定坚实的根基；选择性必修要注重学习“面”的广度，扩展学生的知识视野，在比较的前提下提升学生批判性思维的能力。选修课程的教学应注重学习“点”的深度，突出学生兴趣的差异性与能力的层次性，鼓励开展个性探究，充分激发学生的学习潜能。共同任务群包括“整本书阅读与研讨”“当代文化参与”“跨媒介阅读与交流”“语言积累、梳理与探究”等，要在必修、选择性必修和选修三个阶段全程落实，要关注共同任务群在三类课程中的学习重点、呈现方式和深度广度的差异，科学规划共同任务群的教学内容，创造性地设置课时以及教学实施方式。例如，“整本书阅读与研讨”在必修阶段应完成一部长篇小说和一部学术著作的阅读学习，在选择性必修和选修阶段应完成二至三部作品的阅读研讨；“当代文化参与”以调查研究、专题研讨等方式组织教学，可由教师根据教材相关内容或学校实际情况，在三类学习内容中有选择地实施；“跨媒介阅读与交流”重在引导学生通过媒介应用、实例分析等，提高跨媒介分享与交流的能力，培养求真务实的态度；“语言积累、梳理与探究”注重增强语感，提高对语言规律的认识，学习活动不应追求知识点的全面与系统，切忌生硬地灌输一些概念化的内容让学生死记硬背，而应以在实践中灵活运用语言知识为主要目标。

选修课程的学习，学校和授课教师是有较大的自主权的。但前提是对授课内容的选择与安排应与必修课程、选择性必修课程高度契合，有效衔接，符合统编教材的原则目标。在不违背这一底线的前提下，学校甚至可将地方课程、校本课程中与语文密切相关的内容纳入选修课程，在发挥教师专长、注重学生兴趣的同时，使语文课程与学校特色化发展同步，实现课程建设的双赢效应。记得很多年前上海市育才中学的“茶馆式教学”就独树一帜，不仅是教学方法独特，在教学内容的选择上也别具一格，受到各方瞩目。宜昌市第一中学将“先秦诸子百家”文化讲座纳入选修课程，教师自报课题，学生自由选择听课，形成了语文课程与校园社团活动深度融合的良好氛围。

有人把语文统编教材时代错误地理解为是简单地走回头路，甚至担忧泛政治化抬头对语文课程的侵蚀，这些其实是不必要的。因为统编教材虽然在政治方向的把关、意识形态的强化、社会主义核心价值观的阐发等方面加大了力度，但坚持“立德树人”的教育方向，坚持改革开放、“兼收并蓄”的包容态度，坚持语文“人文性”与“工具性”相辅相成的立场并没有改变。也就是说，语文本身具有的本质性特征不仅没有被削弱，反而得到了强化。作为基础教育的工作者，我们一定要准确领会这一精神，同时设计好国家课程校本化的实施路径，才能更好地使用高中语文统编教材。

国学经典研究课程例谈

“国学热”已成为当代中国的一道亮丽的风景线，它与中国传统文化的紧密联系是无需赘言的。一般认为国学是以先秦经典及诸子百家学说为根基，涵盖了两汉经学、魏晋玄学、宋明理学、明清实学和先秦诗经楚辞、汉赋、六朝骈文、唐宋诗词、元曲与明清小说及历代史学等一套完整的文化学术体系。“国学”之名由来已久，但将之提升到系统研究高度的，有两位大师功不可没。一位是胡适，他在五四运动后期有针对性地提出“整理国故”的口号，主张青年学生要“研究问题、输入学理、整理国故、再造文明”，力图从中国传统文化中寻求中西文明的有机结合点，为中国的新生寻找出路。一位是章太炎，他在苏州创办章氏国学讲习会，对国学进行总结性的讲解，出版了《国故论衡》《国学概论》《章太炎国学演讲录》等书，并首次将国学分为“小学”“经学”“史学”“诸子”“文学”五部分，界定了他认为的国学范围。后世对国学的定义虽有争论，至今并无定论，但也基本上遵循了前人定下的框架和方向。

由此而论，“国学”所囊括的内容极为丰富，可以说涵盖了生活的方方面面，也体现了中华传统文化的源远流长，博大精深。既如此，“去粗取精，去伪存真”就成为应有之义：“秉持客观、科学、礼敬的态度，扬弃继承、转化创新，不复古泥古，不简单否定，不断赋予新的时代内涵和现代表达形式，不断补充、拓展、完善，使中华民族最基本的文化基因与当代文化相适应、与现代社会相协调。”（中共中央办公厅、国务院办公厅《关于实施中华优秀传统文化传承发展工程的意见》）国学典籍多不胜举，但并非所有内容都是适合于当代社会发展进步的，有些已明显与社会主义核心价值观背离的思想糟粕，必须在教学素材遴选时加以清理。研究“国学”，既不能妄自菲薄，也不能盲目拔高，对其内容的理解与借鉴也要跟上时代日新月异的发展步伐。故而对“国学经典”的定位成为研究的起点，对经典中核心要素的把握，则成为研究价值高低的分野。

向优秀传统文化学习的目的是传承、弘扬、光大，从先哲的思想、智慧、情操中获取精神的营养和进取的动力。“我们亟须用能够打精神底色的、有高贵血统的书来指引孩子们。我们必须懂得，这关乎一个人的格调、品位，也关乎一个民族的格调、品位。”（鲍鹏山教授语）国学经典集中华民族上下五千年的文明沉淀，蕴无穷哲理于其中，寓做人常道于无形。带着学生走近国学经典，就是引领他们置身于受用不尽的文化宝藏，在潜移默化中培养他们对其发自内心的亲近感，不断丰富自身的文化文学积累，了解中华历史传承中的文明礼仪、道德伦常、价值理念等，并从中“汲取中华民族的精神力量，增强民族自豪感，增强文化自信，增强作为一个中国人的骨气和底色”（习近平总书记语）。这绝不是靠记忆背诵就能实现的，而需要我们去引导学生长期沉潜于其中，感受体会先贤的价值取向、思想智慧、情感态度、胸襟品格和思维方式，得其精髓而仰慕之，追随之，喜好之，修习之。“粗缯大布裹生涯，腹有诗书气自华”（苏轼《和董传留别》），一个徜徉于中华民族优秀传统文化之中的青少年，当自有一种无私无畏上下求索的凌云之志。

国学经典研究对学生核心素养的提升有特别明显的作用。《普通高中语文课程标准》（2017 年版）对语文核心素养有了明确的框定，这些关键能力和必备品格的熏陶培养都可以在国学经典中找到原生的素材，能让学生在阅读研习中得到民族认同、价值导向、知识启迪、情感熏陶和智力开发。这比任何灌输式教育都要深刻、有效，其长远的影响力是不可忽视的。要让学生继承中华文化传统，国学经典诵读研习是非常行之有效的手段，但在引导学生读经诵典时不能流于形式，泛泛而读，而要沉下心来赏品结合，精读细读，把握内核。这要求每一位承担国学教学任务的教师要下大功夫将主要经典读通析透，理出各篇章的内在逻辑线索，找出历史发展的必然与民族心理共性的结合点，分析重要历史人物的个性情趣与重大历史事件进程的关联点，品鉴作品中流淌着的情感脉络与隐含的价值呈现间的水乳交融的特点，方能激发学生的欣赏兴趣，让经典真正走进学生的内心世界，成为影响青年一代人生观、价值观、世界观形成的重要因素。

基于此，由宜昌市委组织部人才办和宜昌市教育局联合批示，我于2017年领衔成立了宜昌市李伟杰国学经典研究名师工作室，成员共40多人，跨小学、初中、高中三个学段，涉及语文、历史、英语等学科，集结了一批特级教师、高级教师、宜昌名师、学科带头人，其中有多位成员曾获湖北省五一劳动奖章、湖北省五四青年奖章等荣誉。规划在五年内形成持续的综合研究合力，以工作室成员为团队核心，联合本市其他文史类学科名师，致力于国学经典进课堂的研究，在潜移默化中传播中国优秀传统文化精髓，逐步影响并促进中小学生社会主义核心价值观的形成。通过多学科交互研究，并结合宜昌本地民俗文化研究、历代与宜昌有关的经典作品研究，加入宜昌特色旅游风景推介的元素，借助《长在宜昌》《生态小公民》的教材载体及“朝读经典”“起点阅读”等活动，形成宜昌国学经典教学的特色。同时，按照我的“三自三共”的原创语文教学理论构架，在考量新课程文科类课标顶层设计的前提下，致力于跨学段、跨学科的文科类课堂教学结构艺术研究。

目前，宜昌很多学校都在现有课程体系中渗透了不少优秀传统文化教育的内容，还有些学校开设了经典讲坛，但大都缺乏整体谋划和统筹，显得较为凌乱和单薄。工作室已经在本市各学段认真遴选了几所实验基地学校，静下心来厘清当前现有课程体系与国学经典研究的关联，重新规划设计、整合打造国学经典研究特色课程，创编国学经典教材，将中华优秀传统文化教育与学校整体办学的思想理念、育人目标统一起来，并与学生发展核心素养的培养相衔接，与语文学科教学及其他教育活动的具体过程有机融合。将传统文化教育与现代化教育手段有机结合，形成一个开放、兼容、多元的创新实践课程体系。在此基础上，将有目标、有步骤地在宜昌市全面推进“基于核心素养统领下的国学经典阅读课程区域化实施”活动。

工作室自成立之日起，就致力于在中小学阶段做些国学经典课程的推广及国学经典教材的梳理工作，力争整理出一套适合于中小学学生学习研究的国学经典教程。根据研究计划进程安排，现已出版的《说语弄文》《读经析典》《汉语言文化的力量》等，是以上设想走向实施的第一步。还将逐步编写《在温文尔雅中沉静——〈论语〉与文科核心素养》《在纵横捭阖中成长——〈孟子〉与文科核心素养》《在醇厚自然中求道——〈老子〉与文科核心素养》《在汪洋恣肆中飞飏——〈庄子〉与文科核心素养》《在兼爱非攻中行走——〈墨子〉与文科核心素养》《在说难用法中图强——〈韩非子〉与文科核心素养》等系列国学经典教程丛书。同时，还将对宜昌本土（或在宜昌生活过、或与宜昌有关联）的历朝历代大师、名流如屈原、郭璞、郦道元、李白、杜甫、白居易、元稹、白行简、慧安、欧阳修、苏洵、苏轼、苏辙、黄庭坚、陆游、陆羽、雷思霈、杨守敬、王永彬、朱锡绶、张盛藻、曹廷镐等的作品进行深入整理，深度发掘，借此推进国学经典课程的教学研究在本市走向常态化、校本化、规范化。

“师挚之始，《关雎》之乱，洋洋乎，盈耳哉。”（《论语·泰伯》）室外鸟语花香，室内书声琅琅，每天的晨读与经典名篇相伴，对学生而言，实在是一件令人身心愉悦的事情。目前，我省“朝读经典”工程也已经初见成效，每个学段每个年级都配发了一册《朝读经典》教材，书目由湖北省教育厅组织专家统一推荐，内容较为适宜。假以时日，国学经典研究课程势必成为语文选修课程中的首选。

校园文化建设与校本课程建设的相关性

习近平总书记特别重视文化建设，提出“要坚守中华文化的立场”，建立中华民族的“文化自信”。在党的十九大报告中，他明确指出：“文化是一个国家、一个民族的灵魂。文化兴国运兴，文化强民族强。没有高度的文化自信，没有文化的繁荣兴盛，就没有中华民族伟大复兴。”具体到中小学教育，学校管理者对于中华优秀文化传承的关注，对校园文化建设大方向的关注，直接关系到我们的下一代能否顺利接过前辈的大旗，为民族的伟大复兴贡献自身力量。这是关乎“立德树人”的百年大计。

现在，越来越多的学校领导将目光投向校园文化建设，这是教育内行领导的一种必然选择，也是学校发展的幸事。从根本上讲，也只有每个学校管理者有意识地将学校整体规划纳入文化视野，让先进的教育理念统领学校具体办学行为及师生行为准则，学校才有可能实现质的变化与飞跃，教育质量才能在“面向全体学生，学生全面发展、健康成长、终身学习”的前提下得到可持续的提升。

但是我们也遗憾地看到，很多学校的校园文化建设，实际上还是有些名不副实的，办学理念及校训之类只不过拼凑了一些高大上的标签，完全是为了应付上级行政部门的检查，并没有与学校工作实际很好地联系起来，也起不到应有的育人作用。出现这一情况的原因有很多，最重要的一点就是学校主要领导缺乏明晰的办学思想，对校园文化建设的重要性认识不够，以为只是关乎校长面子的形象工程，只能起到供参观者欣赏的摆设作用，只是可以给自己的办学政绩贴一块金字招牌而已。

其实，校园文化建设是最能够持久地对学生品德培养、文化浸润、习惯养成等起到潜移默化作用的催化剂。校园的一砖一墙、一草一木，都能够对学生的身心成长给予充足的养料，让他们沐浴在文化春风里，自觉地向真、向善、向美。教育环境对学生成长的作用是不言而喻的。我们不能寄望于孩子们可以不受到任何外力的牵引，自然地成长为社会需要的品学双优的合格建设人才，所以任何时候都不能放松校园文化建设对他们的正向引导。

我们发现，在实际的校园文化建设中，凡是对学校文化有比较完整的整体构思、能突出自身特色的文化建设方案，都很好地与学校校本课程建设相关联，成为学校课程一体化的构成内容，效果显著。之所以如此，主要是由于学校文化建设的内容基本上都可以归入到课程的范畴中来，结合学校校本课程建设的实际进行整体规划，避免了重复投资建设，与学校特色高度一致，体现了文化的灵魂作用，即将所有内容都统一到一个目标上来，一线串珠，突出中心。

校园文化建设与校本课程建设除了要有一个统一的大方向外，还有几点必须要注意。

其一，要高度重视校史馆建设。任何一个学校的校园文化都不可能也不应该是无根之萍、无本之木，都与学校发展历史紧密相连，息息相关。抓住学校发展的历史脉络，梳理其发展轨迹中最为闪光的精神元素，提炼出以师生为活动主体而创造出的办学理念、价值追求、行为规范等，逐渐形成具有共识的校训、校风等以及随之而产生的制度文化。以上这些内容与办学历史积淀遗留的重要史迹、器物、凭证等组合在一起，经过精心设计建造出校史馆，一方面可供师生及外来参观人员凭吊追思和参观学习，另一方面则可成为学校语文校本课程建设的重要构件。校史馆是收藏馆，校史珍贵纪念品收藏应是一个动态的过程，可安排专业人员搜集，也应发动师生参与整理编撰，这实际上是语言运用的实验机会。校史馆是资源库，学生可做长期研究，写调查考证报告、写观后感，为校史上著名教师、校友写传记等。校史馆是活动室，学生可在此讲解介绍，现场朗诵、辩论、互动交流，甚至自编自演校史剧等。以上活动内容的有机组合，就是很好的语文校本课程资源。

其二，力促学校主建筑群设计与文化理念交融。对新建的学校而言，这一点尤其重要，一方面要保留在学校办学历史中积淀下来的有价值的建筑形式，另一方面要根据学校文化建设的需要做好整体布局规划。像湖北省宜昌市第一中学，其办学渊源可追溯到晋代。相传晋代郭璞曾在宜昌洗砚著述，明代为纪念郭璞而建“墨池书屋”，清代为纪念欧阳修建“六一书院”，后合并为“墨池书院”。1910 年建“宜昌府官立中学堂”，延续至今数易其名，现为“湖北省宜昌市第一中学”，是湖北省示范高中，号称“千年文脉，百年一中”。所以当该校修建新校时就选择了仿古建筑的书院风格，红黑相间的古朴颜色，稳重凝练的建筑造型，给人无限的遐想。从流畅写意的牌坊式大门到逐级而上的阶梯，再到巍峨矗立的“墨池大礼堂”，让身处其中的师生印象深刻。校园群落内的每一处宣传栏都进行统一规划布局，让每一面墙壁都会“说话”，每一处空间都能“育人”，使其既有匠心独运的专业设计布置，又有学生作品展示空间。在办学形式上，他们也部分恢复了书院的走读形式，恰与新高考的走班要求不谋而合。与书院建筑风格和教学方式相契合，学校在校本课程建设上也下了大功夫，开发了“哲人哲思”“诸子论坛”等 200 多门自主课程，并配合“1＋10”阳光行动（每位教师担任 10 位学生的导师）开展“四导”活动，即精神领导（思想素养和心理素质）、生涯引导（志趣发现和职业认知）、学法指导（学习方法指导和非智力因素磨炼）、生活辅导（生活态度及生活习惯养成）。学生在这样的环境陶冶下，自然从人生理想、行为规范、学习理念等各方面对自己提出了高要求，自由成长的同时又高度自律，形成了良好的氛围。

其三，精准提炼学校办学理念之魂。学校办学理念的提炼是一个系统工程，它包括校训、办学目标等，是最能体现学校办学思想同时又能体现教职员工集中意志的价值标尺。虽非具有约束性的法条，但对师生有潜移默化的影响，往往具有深厚的历史底蕴和深远的号召力，既能起到激励师生追求理想、实现愿景的作用，又易于让师生铭记在心，时时鞭策自己不甘人后，为学校发展奉献力量。一所好的学校，在这方面一般都会全力以赴，力求醒目亮眼，同时又具有实效。例如宜昌市夷陵中学，经过总结提炼，提出了“以人为本、为学生的一生发展做准备”的办学理念，以生动和谐的教育引导学生全面发展，形成了“着眼长远发展，关注精神成长”的办学风格。他们在“人走三峡，书读夷陵”的口号下，创建了属于自己特色的“VIP”课程。“V”课程（various 多样化的）：即学生自主选修的多样化拓展课程，包含地方课程和校本课程两个大类，校本课程包括兴趣类校本课程和创新型活动课程；“I”课程（independent 自主的）：即满足学生个性需求的自主发展课程，包括生涯规划课程、心理健康教育课程、生命安全教育课程、学习方法课程和“三自一导”德育课程体系；“P”课程：则是基于国家课程规定的基础性课程。在宏观办学理念之下，有这样具体的课程体系来配套完成，学校各项工作在全省名列前茅的原因也就可想而知了。

其四，将学校办学性质和特色与育人方向紧密结合。每所学校都有自己的定位，也有多年办学历史沉淀而形成的固有特色，这些都是宝贵的办学财富，不能轻易丢弃。湖北省宜昌市枝江职教中心是宜昌市广播电视大学枝江分校、枝江市教师进修学校、宜昌市第二技工学校合并而成的一所职业高中，结合职业教育的特点提炼出“励志、笃学、强技、践行”的校训，并整理出一整套校风、教风、学风等，但校园文化的标识性并不明确，直到 2015 年基于职业院校“产教融合，校企合作”的办学模式和“工学结合，知行合一”的人才培养模式以及学校由四校合并的背景，提炼出了学校“和合”文化。次年学校又在此基础上，敏锐地抓住李克强总理在政府工作报告中提出的“培育精益求精的工匠精神”，将学校文化定位于“铸匠文化”，并解读为：培养、造就具有劳动精神、工匠精神、劳模精神的服务学校发展、学生发展的教师、教育名师以及服务经济社会发展的高素质技能型人才、大国工匠；凝聚时代精神，怀匠心守匠情铸匠魂，践匠行琢匠艺做匠人。在这样一个框架下，学校文化的正向引导力凸显出来，学生培养方向也进一步明确，就是要培养热爱劳动、精益求精、惜岗敬业、无私奉献的创造型劳动者，并牢记“守匠于心，育匠于行”，“劳动创造幸福生活”。这样的文化建设既传承了鲁班文化精神，融汇铸造了“兼爱包容，科学创新”的宏大格局，又契合当下重视“劳动教育”、践行社会主义核心价值观的实际，可以说比较好地达到了校园文化“寓教于行，化育于心”的效果。学校开设的一系列的“立才练技”课程，不仅可操作性极强，对技能要求特别高，而且与社会热门职业直接联系起来，可以帮助学生解决未来就业问题，可以为社会提供紧缺技术型创新人才，一举多得。前不久，宜昌市城区根据课程改革和高考改革的新形势，做出了高中学校布局调整的重大决策，除了三所综合型、研究型的省级示范高中外，还创建了三所特色型高中，即宜昌市人文艺术高中、宜昌市外国语高中、宜昌市科技高中。加上几所自成一格的私立高中，为高中学校多样化发展、高中学生多元化学习需求提供了丰富的选择。

近几年，我多次参与省市的督导工作，特别是经常参与督导检查学校校园文化建设，我发现凡是将文化建设与课程建设联系起来综合考虑的学校，这项工作一般都做得很有特色，很有亮点，而且落在实处，可借鉴推广。

如何看待疫情催生的在线教育高潮

瘟疫突降，教育教学，却在这困窘的境地中奋然突围，形成在线教育新高潮，即使工作量超负荷，也毫无怨言地全情投入。不少教师在他们的朋友圈里发出云课堂的实景照片，乐此不疲地担当起“教育主播”的新角色，对“云上生活”赞誉之情不绝于口，有人甚至发出“在线教学比课堂面授效果更优”的感叹，事实果真如此吗？

笔者以为，答案不应该是一个非此即彼的简单结论，最合乎现实的结果可能会是一个互补共生的全新关系，这将主导未来教育的走势。

实际上，近十几年来我们推进现代化教育的力度很大，收效也算不错，但真正意义上的在线教育高潮的形成，却是由于疫情之下的“封城”之举催生的，宅在家中无法出行的师生被迫采取“停课不停学”的方式，遂使网络在线教育大行其道，各路平台逐鹿中原，在大张公益助学义旗的同时，也开始了富有远见的争夺师生资源的大战。这既是偶然的危机中的机遇，又是教育自身发展的必然趋势。我们欣慰地看到，互联网+时代的现代化教育已成为了不可阻遏的潮流。这些年来，在从中央到地方的教育行政部门的布局下，从城市到乡村的现代化教育水准，和以前相比有了较大提高。互联网的普及程度及运行速度的提升，各种现代化教育技术的应运而生，使多种形式的“云课堂”“实景课堂”在线教学成为了可能，使教育从形式到内容都发生了巨大的变化。在线教育的优势是毋庸置疑的。

其一，加快了知识更新的速度，改变了教育“少慢差废”的状况。与互联网+时代同时到来的搜索引擎、知识付费平台，给了我们很大的启示，那就是原有的知识体系在这样一个巨大的平台上显示出超乎人的极限的库容，学生在掌握相关体系、原则、规律等之后，没有必要去死记硬背，很多东西都可以随时查找。另一方面，很多过时的无用的或被证伪的内容，可以随时被更替、摒弃，而又有更多新的被确证的知识内容在平台上动态化生成，不断更新完善既有的知识体系，有效弥补书本知识的不足，大大提升课堂教学的效果。这将改变学生学习的方向，即从单纯的知识积累转向以关键能力、必备品格为特征的核心素养的提升。

其二，弥补教育资源分配不均的缺陷，重构新的绿色教育生态。在线教育形态下可以实现远程无障碍的互联共通，不仅可以共享平台上的所有物化资源和平台提供的工具服务，还可以通过云课堂共享师资资源。过去所谓的薄弱地区、薄弱学校，可以通过这样的联合方式，改善教学质量，提升教育综合服务能力，带动其原有教育工作者的业务能力的提高，从而使这些学校逐步缩小与发达地区先进学校的差距，实现教育真正的均衡化。目前，很多城市重点学校与偏僻乡镇学校的结对帮扶，就是以这样的远程同步的交互式课堂实现的。例如湖北省宜昌市第十六中学与当地较为落后的五峰县傅家堰中心学校之间，就建立了这种常态的“空中课堂”联系，两地学生同时上同一节课，教师可以对异地的两校学生同时提问、同时辅导，学生之间也可以对话交流。

其三，催生多种多样的全新教育形态，克服了原有教育方式的时空限制。在这次疫情来袭的日子里，我们欣慰地发现，除了“云课堂”之外，“云讲座”“云研讨”“云备课”“云考试”“云阅卷”“云班会”等多种线上教育活动如雨后春笋，迅猛发展。以“云研讨”会议为例，过去一般市州级学科研讨活动，有上百人参加就算是比较大规模的会议了，而现在一次“云研讨”活动，在线人数常达四五百人，还避免了集中群体活动可能造成的诸多问题，并节约了大量开支。教师们线上踊跃发言，发言达数十人次之多，效果超过原来的现场活动。“云研讨”经录播程序保存，还可以供因时间冲突未能参会的教师们会后观看相关内容。再比如一些学校组织的“云班会”，邀请家长在线参加，使家校联系更紧密，让家长了解到学生在校情况，学校管理有序延展，受到普遍欢迎。

其四，技术环节的改善不仅提升效率，还提供了更多的虚拟学习空间。人工智能、云计算、大数据、移动5G、区块链、AR/VR/MR等新技术支持也让新的教育形式层出不穷，例如交互式备课、考试阅卷、作业批改等在网上的实施，实景课堂背景下的现场互动、沉浸式学习情境设置、在线学习行为评价分析、个性化教案学案的精准设计、对接辅导等都已成为现实。过去的外语口语教学是一大难点，而今在线虚拟一对一的口语辅导成为常态，学生通过人机对话可以瞬间了解自己的差距和进步程度。外语写作教学也有了发展，作业批改网可以针对学生的主题作文从语法到语言习惯提出修改意见。母语作文及主观题批改也将成为现实，在人工智能背景下，主题、语法、情感、结构、风格等都可被设定上、中、下不同等级，并对较为个性化的作品保持一定的宽容。在大型考试的网上阅卷过程中，纯人工阅卷所占比例将越来越小，甚至最终仅成为抽查审核者，极大地节约了人力资源成本。

以上是在线教育无可替代的巨大优越性，这将随着时代发展和技术进步得到更大的发展，是任何人都无法阻遏的历史潮流。若墨守成规，拒绝与时俱进，就只能被时代所淘汰。反之，只有抓住机遇，顺势而为，才能成为与现代化教育同成长的弄潮儿，在新的课程改革的时代潮头屹立不倒。

但是，在线教育并不能完全取代常规课堂教学。目前来看，主要有以下几点原因：

其一，在线教育活动毕竟缺乏人与人面对面相处的真实场景，隔着机器对话有一种冰冷的隔膜感，高效的背后隐藏着不可知的封闭和冷漠。这使在线教育注定只能成为传统课堂教育有益补充，而不能完全取而代之。青年学生如果长期脱离群体活动，只参与网络对话形式的教学流程，他们的思维习惯、行为方式及性格的养成势必会受到影响，难以形成真正的团队合作意识，逐步蜕变为精致的利己主义者，甚或产生心理问题和人格障碍。这不仅难以实现教育“立德树人”的根本目标，就连学生最基本的为人处世都会成为问题。

其二，在线教育多借助于电子产品来实施，这对学生视力有着或多或少的伤害，控制使用时间就成为必然。如今很多学生在常规课堂上的用眼都超出了正常范围，需进行一定程度的矫正，更不用说无节制使用电子产品了。据不完全统计，目前全国高中学生视力不良率已达到70%以上，值得教育工作者高度重视，若因错误导向加重这一趋势，我们将无法向后代交代。所以，无论在线教育有多么先进，都只能是在一定时间一定范围内使用的辅助手段。

其三，在线教育的即时反馈与有效评价的效果还不够理想。一些教师囿于以知识传授为主的定式，较少设计出让学生自主学习、深度学习、项目式学习的课程案例。因而，教师在线上教学的过程中，较少关注到学生的接受程度，也没有充分给予每个学生个体表达交流的机会，双向互动流于形式，全看教师兴之所至的随机检查，反馈不及时不充分，更不具备全覆盖的代表性，也就谈不上教学评价的精准性，更不具备对每个学生进行个性化跟踪指导的针对性。因而，如何在教育评价方面开发出配套产品，也是在线教育需要继续思考的内容。

其四，在线教育的课程设计应体现专业化水准。目前，更多只是教师顺势而为，是不得已而为之的权宜之计。教师缺乏在线教育的心理准备和知识技术储备，仓促上阵的结果仅是将“云课堂”变成简单的网上面授直播，最多加上了一些 PPT 多媒体展示和视频播放微课教学而已。很多技术手段的运用还停留在较原始的初级形式，课程安排上与过去传统的课堂教学并无实质性区别。这不利于充分挖掘学生的学习潜力，培养其自主探究意识和合作互促精神，对学生核心素养形成并无太大帮助。甚至，在时间安排及有效利用方面，也未突出网络在线学习的特点，战线拉得过长，师生俱感疲惫不堪。

综合以上各方面的情况，疫情结束之后，在线教育一定会因时而变。因地制宜地生成因人而异的精品课案，成为常规课堂必不可少的有益补充。据笔者所知，教育部正在全国范围内征集网上教学优秀典型案例，这或许是一个很好的契机，我相信，在线教育的真正成熟将会在不久的明天。

云霞篇

“半谷云霞丹灶熟，一天雷雨剑池秋。”语文课堂是有色彩的，是有温度的，是有品质的。语文课堂需要浸润，更需要绽放。我理想中的语文课堂，应是以文本研读为要，师生“自觉、自主、自在，共赏、共振、共鸣”的课堂。

语文课堂：浸润与绽放

语文正迎来一个新的时代：统编教材时代。2017 年 3 月，国务院成立国家教材委员会，中共中央政治局委员、国务院副总理刘延东担任主任，各部委主要负责人及知名教育家担任委员，并在教育部内成立了教材局。以此为起点，语文、历史、思想政治三科教材由国家教育行政部门统一组织编写，全国中小学统一使用。这充分体现了国家对三科教材的重视程度，也体现了党和国家对未来教育改革走向的宏观把握。

新时代有新的特质，从双基到三维目标再到核心素养，语文的目标定位愈来愈清晰："语言的建构和运用""思维的发展和提升""审美的鉴赏和创造""文化的理解和传承"，过去所谓的"工具性""人文性"也融入其中，相得益彰。

总之，"立德树人"的要求在语文学科体现得特别突出。语文从来不仅仅是在技术层面对学生产生影响的学科，它更多的是对学生心灵产生潜移默化的长久影响，并对学生的世界观、价值观、人生观的确立起到不可替代的引导作用。在语文课堂上，"传道"总是被放在"授业""解惑"之前，而语文之大"道"，又总是熔铸在课堂润物细无声的每一个环节，乃至师生交流互动的每个句子、每个动作、每个微笑里。

语文需要浸润。无论是语言运用的感悟体验、思维推理的逻辑训练，还是审美鉴赏的接受重塑、文化传承的基因培植，都需要一个相对漫长的过程，不可能一蹴而就。只能在阅读与写作的长期实践中，通过教师言传身教，让学生沉潜涵泳其中，反复推敲、体会、品鉴，不断吐故纳新，从而提学生的语文素养。在这个过程中，对中国传统文化经典的去粗取精，对外来西方文明的去伪存真，都需要做很多系统的、深入的研究。既要严谨细致又要包容大度，让学生在精神层面得到真正有益的营养，让他们在未来成长过程中学会用语文的方式认识大千世界，了解社会风俗。这样的语文课，知性，柔美，如一粒粒闪亮的珍珠，串联起学生曲径通幽的成长之路。

对学生而言，语文素养提升之路是漫长而痛苦的，浸润的过程也是模仿的过程，一定会经历一个"画虎类猫"的摸索期。学生的底子越来越厚实，对自己的期望值也会越来越高，但恰恰也是在这个时期，他的焦虑值也会直线上升。对作品解读不到位，对学习任务的完成不理想，特别是在写作上的突破不够明显，自己都会很不满意。如果这个时候碰到一位过于严格的教师，提出太多让学生很难完成的要求，对学生习作总是挑剔地指出问题，而少有激励引导，学生就会看不到成功的希望，从而产生自己在语文学习方面缺乏灵性的错觉，甚而自暴自弃，丧失语文学习的兴趣。反之，如果教师能给学生一些比较明确的指示，让他有路可循，有法可依，并对他的每一个小的进步都给予充分的肯定，学生就必然会在日积月累中不断提升，最终破茧成蝶，实现语文素养的提升。

举一个简单的例子，《堂吉诃德》的阅读经历对学生而言就有一个需要浸润沉淀的过程。很多学生在读完堂吉诃德大战风车的章节之后，都会把主人公定位为一个疯疯癫癫的傻子，一个无所事事的流浪汉，甚至会认为这本小说构思太粗陋，与现实世界完全不符合，阅读的意义不是很大。这时候，就需要教师布置学生去了解从中世纪向文艺复兴时期转变的西方文学的概貌，了解那个时代文学的主流，以及塞万提斯个人经历对他创作的影响。知人论世，追踪溯源，了解作者以其真挚的悲悯和深刻的同情来描写主人公的冒险活动。堂吉诃德的身上兼具笨拙与智慧，置身于一个与时代格格不入的环境中却始终抱有坚定的信念、崇高的信仰，所以他的行为举止显得无比怪异，让人无法理解，而这其中恰恰又体现出作者对当时世态炎凉的辛辣批判。要理解作品如此丰富的内涵，学生就必须在教师指导下做好这本书阅读的项目计划，通过螺旋式上升的阅读通道，获得较为完美的阅读体验。

浸润之后，语文更需要绽放。新教材最大的改变在于以“学习任务群”来串联组元，更加注重学生的语文活动。整本书阅读、群文阅读等阅读方式，当代文化参与、革命文化等新的学习任务群元素，都需要在活动中学习，在活动中体验，在活动中提升，这必然要求我们更加重视学生学习的自主性、自觉性，在“共赏、共振、共鸣”中实现阅读的有效突破。这样的课堂，教师在深入研究文本的基础上，设计出符合学生学情的语文活动方案，师生通过阅读自由交流，进行深层次的思维碰撞，在对话交流中形成“求同存异”的阅读共识，对某些暂时存疑的问题、不同的见解也可以允许表达，只要能推进学生阅读经验的自然生成，让学生在自我表现中不断成长。这样的语文课，炽烈，激昂，编织起学生如梦如幻的青春。

语文的课堂，是有温度的课堂。绽放的过程，需要每一个参与者投入激情，真实有效的情感体验是语文课区别于其他课程的一个重要标志。有些时候，语文教师把课上得死气沉沉，教师有气无力，学生无精打采，甚至明目张胆睡觉，那一定是教师游离于文本之外，照本宣科应付课堂，学生体会不到半点乐趣。所以，评价课堂的关键着眼点在教师，不要简单地将责任归之于学生。曾经有一位教师执教《奥斯维辛没有什么新闻》，整堂课特别平淡，师生互动以及学生交流到下课前 5 分钟加起来不超过 6 次。教师一方面介绍本篇新闻是作者跳出了传统新闻“客观报道”“零度写作”的窠臼大胆表达主观感受的杰作，另一方面则是程序化的作者简介、内容提要、学生诵读、词语解析。在整个过程中，学生的参与度都不同，直到最后自由讨论的时候，突然有一位同学自己要求发言，他联想式地谈到自己观看好莱坞大片《辛德勒的名单》的感受，谈到在那样的非人际遇下人性的闪光点，谈到当前和平环境的无比珍贵，说到激动处甚至满眼泪光。他的发言点燃了课堂，触动了其他同学，之后好几位同学的发言也相当精彩。

自然，绽放并不等于表面的热闹，但课堂一定要找到情感体验的切入点，让学生参与其中。这节课的呈现状态说明，教师的教学设计重心放在如何走完流程上，而非如何调动学生深入文本了解体验上，课堂效果是不佳的。如果在前面多给学生一些体验表达的机会，将“没有新闻”的平静表面与过去曾经留下过如此惨无人道的印迹的历史叠加起来对比分析，让学生结合他们掌握的历史资料与现实场景来切入，相信可以很好地调动学生的情绪，使他们对这篇曾获得过美国普利策新闻奖的优秀新闻作品有更加深刻的印象。

绽放的课堂必然是师生共舞的。2016 年的湖北省高中语文优质课竞赛在仙桃市第一中学举行，宜昌市夷陵中学的青年教师袁楚桥执教《离骚》，入情入境，意蕴悠长，给在场的师生带来了一场精彩绝伦的古诗盛宴。她将诵读、感悟、品鉴、赏析完美融合，通过“初读诗歌明节奏、披文入情感其忧、品鉴诗句悟其志、文以润心敬读诗”四个板块，让学生逐层深入到文本之中，从而真正地走近了屈原。教师对学生情感的调动、对文本深意的点拨都相当出彩，而来自学生方面的回应更是让听课者击节赞叹，他们的解读时有妙语妙悟，个性十足，他们的诵读在教师精到的指点下渐入佳境。课堂结束，琅琅读书声还久久回荡在仙桃市第一中学的赛场，令在场观课的教师沉醉其中，不愿离开。湖北省中语会的史绍典先生、蒋红森先生均对这节课给予高度评价：“小女子，大气魄，敢啃硬骨头，敢揽瓷器活。”

浸润与绽放，这是语文课堂的常态，也是新的统编教材时代所需要的语文课堂的样子。准备好了吗，语文教师们？让我们敞开怀抱，一起拥抱这个崭新的时代。

尽情享受交流的愉悦吧

语文活动的本质在于表达交流，在这个过程中，语文教师要引导学生的思想逐步变得成熟，变得深邃。语文教师的最高境界，即是要架设一座跨越年龄、阅历、学养的鸿沟实现真诚交流的桥梁，发自内心地爱抚那些成长中的孩子，视他们为朋友，做他们踏上成功阶梯的垫脚石。在这样一个过程中，让学生认识世界，体味人生，感受文化，学习语言，这是语文教育工作者无技巧的技巧。

我作为语文教师，无论是在基层一线和学生面对面，还是后来当了教研员在课堂上旁听，最重视的都是表达交流。语文课堂的一言堂是无趣的，哪怕教师胸藏万卷博古通今，没有合适的交流语境，教学也会索然无味。而在师生交流过程中，最忌讳那种居高临下、俯瞰众生乃至强加于人的为师态度。无论是学养积累还是阅世经历，一般而言，教师都远胜于学生，自然是交流中的强势一方。如果没有一个真诚的态度，学生便会唯师是从，即使有疑惑也不敢清楚地表达，甚至慢慢地学会投师之所好，从各路教参中拾人牙慧，对很多可能有争议的地方，也只能按教师的讲解去死记硬背。且不说教师未必是真理的代言人，有时候也会有理解不到位的地方，更何况语文的很多内容不一定有既定结论，这样，争论的过程便是澄清的过程，会让学生在交流过程中学会欣赏，学会解析，学会辨伪，这些是比可记忆的知识内容重要得多的财富。

我理想中的语文课堂，应是以文本研读为重，师生“共赏，共振，共鸣”的课堂。其中，“赏”是知识积累的过程，“振”是能力素养提升的方法，“鸣”则是情感态度价值观的潜移默化。三者穿插、交汇，聚焦于“共”：交流探究，平等分享，合作互动，求同存异；教师与学生相互促进，共同发展。成功的课堂，闪耀的主角不应该是教师，而是学生。教师似隐于无形，其真正的魅力在于营造气场，调动每个学生最大的潜能，于关节处稍加点拨即化石成金。

学生在交流讨论中也要养成良好的习惯：尊重、倾听、质疑。尊重即对发言者表达的观点的尊重，尤其是某些看似异端却能自圆其说的独到见解，可以与之辩论，但不应该打压和嘲笑。倾听即在发言者表述观点时，认真记录要点和细节，了解对方观点的支撑点，思考其正误，从而培养自身的思维严密性，切忌只顾表达自己的观点，对其他人的发言采取漠视的态度。质疑即在理性思考的前提下，对自己认为存在疑问的观点提出不同看法，尤其对所谓权威却有漏洞的观点，要大胆进行反驳。从某种意义上讲，课堂也是社会的缩影。民主课堂给予学生的润泽，将使他们在未来的人际交往中终身受益。

记得有一次在一所学校听课，主题是课外阅读辅导。教师问了学生一个问题：我们为什么要读书？没想到，有个学生居然反问：人为什么活着？这位教师或许认为这是学生故意搞笑，多少有点恼火，就简单搪塞过去了。而我以为，这正是阅读教学指导的很好的切入点：一方面可引导他阅读中西方哲人的相关著作，了解在他们看来人活着的终极意义是什么，继而引发思考质疑，进而可著文陈述自己的观点，此即与作者、与文本对话，文章交予教师批阅，即产生师生对话；另一方面，可引导他阅读文学作品，体验角色在重大关口的人生选择，无须评判其对与错，而是从时代、环境、性格、人际关系等研究他们做出选择的原因，由此生发出带有自己是非判断的人生感悟，这样的文章各种文体俱可，可抒、可叙、可评……其实，回想一下我们自己学生时代最初的阅读体验，真正让我们废寝忘食的，不正是那些足以触动我们情怀的作品吗？我们与人物同悲同喜，不正是那样一种感同身受的结果吗？课后，我和任课教师、提问的学生交流很久。了解到那个学生恰恰是位博览群书喜欢思考的孩子，他的疑问的确是有感而发，在探讨过程中还提出了很多有益的新问题，让教师颇为诧异，也沉下心来和他进行了更深入的交流。在这个过程中，我们都感受到了一种研究状态中的畅快，而非得出明确答案的功利性兴奋。这就是交流的愉悦，是人与人之间情感对流、思维碰撞、方法探讨后的精神愉悦，也是我们语文教学希望透过表层能够沉淀下来的思想元素。

这只是我 30 多年的语文教师生涯中的一幕。我在课堂上授课，不太注重所谓的课堂纪律，学生只要不是无理取闹故意搅浑水就行，无障碍的交流始终是我的课堂主旋律，学生在这样的环境中全然没有对教师的畏惧，师生间反而建立了很亲密的关系，即使过了这么多年，那些学生对我依然很不错。这似乎具有一定的讽刺效应：一个从未想过要树立师道尊严权威的人，在学生心中却始终有不可动摇的威信。我担任语文教研员之后，交流的对象虽然变了，但交流的基石却依然未变，我很愿意将自己的心得与年轻教师交流分享，很愿意为学生的终生发展做无私的奉献。近十几年来，我几乎每个月都要到基层一线的课堂去听课，保证自己与真实的课堂不隔绝，不游离，能听到课堂上师生交流的真实对话，能看到师生互动的真实场景，这样才不至于在教学指导时空发议论，纸上谈兵。

我想，我这过去的大半辈子，最幸福的事情就在于能够尽情享受交流的无限愉悦。

附：课例展示

其文疏荡善叙事　鉴史知今明是非

——《史记·淮阴侯列传》课例赏鉴

［教学实录］

一、开篇定向，引导阅读

师：上课，同学们好！

38年前，我和大家一样，也曾在湖北省宜昌市第二高级中学就读。28年前，我回到二中担任了18年的语文教师，送走了1届初中毕业生、8届高中毕业生。2004年才离开，今年4月正好离开了整整10年。今天重上讲台，心情非常激动，也算是一次很好的纪念。

作为大家的校友，也作为曾经的二中教师，我想让今天的语文课给大家留下一点不一样的印象：李老师将作为大家的阅读伙伴，一起来敞开心扉，交流对作品的阅读感受。你不要期望可以从我这里学到什么，因为阅读的感受可以是不同的，一千个读者就有一千个哈姆雷特。但你可以期望，从我这里，从你的同学那里，得到心灵的碰撞和回应。我希望，我们可以在这节课中真正做到"自觉、自主、自在，共赏、共振、共鸣"。

现在，请大家打开课本，我们一起进入《史记·淮阴侯列传》。

（板书课题：史记·淮阴侯列传　司马迁）

师：《史记》作为我国第一部纪传体通史，是大家耳熟能详的史学巨著，其体例大家也都非常清楚，作者司马迁更是大家熟知的汉代史学家、文学家，大家都可以如数家珍般详细介绍他的生平事迹。（请一位同学简单讲述，同时PPT展示：太史公生平）

但我想了解一下，你们读过《史记》中的多少篇作品？

生1：人教社版高中语文教材必修4中就有《廉颇蔺相如列传》。

生2：我好像记得还有《鸿门宴》，初中的《陈涉世家》。

生 3：选修教材中还有《项羽之死》。

师：很好，看来大家读过不少。这些都是经典篇目。廉颇的老将风采，蔺相如的外交智慧及团结作风，刘邦集团与项羽集团的斗智斗勇，陈胜吴广农民起义的烽火燎原之势等，都给我们留下过深刻印记。

那么，这些篇目彭琼老师（该班语文任课老师）会怎么教？

生 1：在学习这些篇目时，彭老师要求很细，对文章中出现的实词、虚词、文言句式、人物情节、写作方法等，都会做很细致的梳理。

生 2：对文言文的学习方法及常规要求，彭老师都不会放过。

师：彭老师的确是一位好老师。但今天我们变换一种学习方式。我们手中拿的这本课本——《史记选读》，是苏教版语文读本教材，主要用以扩展我们的阅读视野、提升我们阅读思维层次。所以，大家尽可结合过去的学习方式并根据自己的阅读兴趣，择其要而读之，甚至可以“不求甚解”，就如邓拓在《燕山夜话》中所说：“不要固执一点，咬文嚼字，而要前后贯通，了解大意。”培根论读书亦云：“书有只可染指者，有宜囫囵吞者，亦有须咀嚼而消纳者。”总而言之，就是要站得更高，用咱们对史记的了解、对作者的了解俯瞰全文。

二、梳理文段，熟悉史实

师：在今天的早自习时，大家对全文做了大致的浏览和梳理，现在再给大家 10 分钟时间快速阅读全文，做两件事情：找一找和韩信有关的熟语典故（不是文中的，但和这些故事相关的均可），思考节选部分讲了几个什么故事。（文章很长，所以是个很大的挑战，但大家预习工作做得到位的话，我相信同学们能行！）

学生自由阅读，圈点勾画。教师巡查，并和部分学生交流心得。

师：读完后，请几位同学来展示一下，你在文中找到的熟语典故。

（教师展示课件 PPT：熟语典故、故事情节）

生 1：漂母之恩，胯下之辱，妇人之仁。

生 2：韩信将兵，多多益善，逐鹿中原。

生3：成也萧何，败也萧何；生死一知己，存亡两妇人。

生1（补充）：解衣衣我，推食食我。

师：很好，大家找得很仔细，一些比较生僻的都能找出来。每个成语典故几乎都与一个或几个故事相关，作者是如何将这些故事串联起来的？请一位同学分析一下全文的基本结构。

（教师在与学生互动的过程中，提示学生利用工具书解决字词的读音、释义。）

生：（第1—3自然段）早年轶事（三个故事），（第4—7自然段）井陉之战，（第8自然段）无端遭贬，（第9—10自然段）“谋反”被诛，（第11自然段）太史公赞。

师：不错，大家能在这么快的时间里读完全文，情节梳理得也很清晰，说明早自习时的读书到位了，也说明咱班同学的文言文阅读基础非常扎实，甚至超出我的预期。（学生笑）

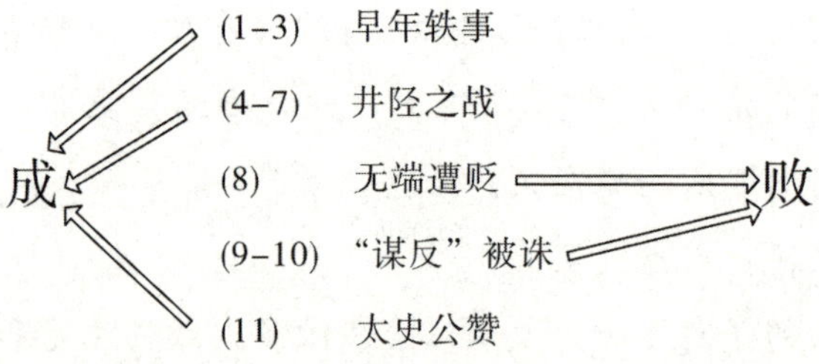

三、结合史料，分析人物

师：先来看看早年轶事，从三个小故事中可看出韩信青少年时代的生活是怎样的境况？揭示了他什么样的个性？请大家从文本中找到依据。

生1：韩信年少时家境贫寒，饱受屈辱。寄食在亭长家，受到亭长妻“不为具食”的羞辱，“怒，竟绝去”。后来又被淮阴屠中少年当众侮辱，“众辱之曰：‘信能死，刺我；不能死，出我袴下。’”韩信“孰视之，俛出袴下，蒲伏”。只有漂母对他有恩，救济过他，连续几十天给他饭吃。

生2：从中可以看出，韩信能够忍辱负重，为实现理想暂时屈服。

生3：有恩必报，后文中对漂母赏赐千金，对亭长仅赐百钱。

生4：漂母和韩信的故事与“铁杵磨成针”的故事颇有异曲同工之妙，说明韩信在成长过程中虽然穷困到极点，但始终没有放弃大丈夫的理想志向，在漂母的激将下，最后成就了一番事业。

师：对那个曾给他巨大羞辱的少年呢？

生5：召辱己之少年令出胯下者以为楚中尉。告诸将相曰：“此壮士也。方辱我时，我宁不能杀之邪？杀之无名，故忍而就於此。”

生6：说明韩信有度量。

师：很好。对少年的处置出乎所有人的意料，韩信对“人”调度使用的才能可见一斑。我们从三个故事的发展可以看到，韩信在少年时代已经崭露头角，由此开启了他后来不平凡的人生道路。行文至此，一个注定要改变历史的大人物已呼之欲出。下面，请大家阅读110页的介绍，以及眉批和旁注，进一步了解作者高妙的叙事艺术，比如隐含观点，感情倾向，对比烘托，渲染铺陈等，请大家全身心投入来体验感悟一下。

（PPT展示）：善叙事理，其文疏荡

师：司马迁的《史记》究天人之际，通古今之变，成一家之言。韩信由井陉之战的成功，走向最终谋反被诛的失败的过程，是人事还是天命？是性格原因还是命运悲剧？

下面请大家分成4个小组，分别找一找每部分中能代表作者观点的蛛丝马迹，结合文本加以分析。每部分的故事都与韩信的成败有着直接的关联，大家从这些故事里，能大致看出韩信是个什么样的人物吗？怎么看出来的？

（学生自由发言，教师在学生发言过程中穿插点评）

生1：从韩信对滕公说“上不欲就天下乎？何为斩壮士”的睥睨自信中，可看出太史公对笔下这个人物的敬重，韩信时刻准备有所作为，建功立业是他的追求。他少年时代的忍辱负重，也是后来能成大事的必备品格之一。

师：嗯，忍辱负重。司马迁自身也遭受了极大的屈辱，但终于成就大业，在这一点上的相似性，使太史公对韩信倾注了欣赏和同情。

生 2：萧何月下追韩信的故事千古传诵，其实是作者从侧面描写韩信对于汉家事业的重要性。“诸将易得耳，至如信者，国士无双。”这个评价出自老成持重的萧何之口，汉高祖刘邦自然不能不重视，所以后来才给予了韩信越来越大的信任。大家看：“於是汉王大喜，自以为得信晚。遂听信计，部署诸将所击。”

师：说明韩信为汉王夺取天下立下了汗马功劳，他的将才是毋庸置疑的。

生 3：韩信井陉之战大获全胜，而后又连战连捷，势力大增，再后来，韩信就有点儿飘飘然了，居功自傲，逼刘邦封他为王，这为后面的悲剧埋下了伏笔。刘邦先是勃然大怒，后又顺水推舟封韩信为“齐王”，等到天下大势一定，立即“巡狩会诸侯”，借机抓捕了韩信。果如人言：“狡兔死，良狗烹；飞鸟尽，良弓藏；敌国破，谋臣亡。”这也可以看出刘邦的帝王之才远高于韩信。

师：这里固然有韩信的居功自傲，但起码说明韩信也只是想得到应有的奖赏，而并无“谋逆”之心。反观刘邦，则时刻猜忌，随时防范，老谋深算的形象给我们留下了深刻印象。你说帝王之才，这其实不一定是个褒义词啊！（学生笑）古之帝王的驭人之术，是很狡诈也很残忍的。

生 4：是的，我同意老师的观点。刘邦在文本中虽然出场比较少，但形象照样栩栩如生，一代枭雄跃然纸上，是个地地道道的政治流氓。韩信太小儿科了！（学生笑）

生 5：我在网上查到了一首诗，是北宋诗人张耒写的《韩信》：“登坛一日冠群雄，钟室仓皇念蒯通。能用能诛谁计策，嗟君终自愧萧公。”我认为，韩信在蒯通劝反的时候犹豫不决，丧失了三分天下的大好时机，显示出这个人物在关键时刻的决断力不够，畏首畏尾，投鼠忌器。

师：很好。这位同学善于利用资源，也有自己的评判能力。

生 6：如果是讲带兵打仗，刘邦或许不如韩信，韩信是多多益善。但在政治权谋上，韩信远不是刘邦的对手。后面的每一步，都是刘邦处心积虑的安排，韩信除了束手就范，没有什么办法应对。被贬之后的韩信，“日夜怨望，居常鞅鞅，羞与绛、灌等列”。进一步引起了刘邦的疑忌，“畏恶其能”。我个人觉得，韩信虽然最后败在吕后与萧何的联手诱杀，但其实刘邦外出前已做好防范准备，韩信早就成了笼中之鸟，无计可逃。得知韩信死讯，高祖“且喜且怜之”，一个“喜”字，表明韩信确是心头之患，一个“怜”字，说明韩信确有不世之才。（学生自发的掌声）

师：漂亮！你能结合文本分析，而且，能做到“入乎其内，出乎其外”，这是读史的关键。

生6：韩信是个矛盾体，既是一位战无不胜攻无不克的大英雄，又是一个政治斗争的低能儿。我认为蒯通看相看得很准：韩信只堪将帅之任，不配帝王之资。发迹前他很能忍辱负重，被贬后却又沉不住气，喜怒形于色，被刘邦及其暗探全看在眼里，哪里还有好下场？这既有性格原因，也算是命运悲剧，对后世的政治家有着很好的警示作用。（掌声）

师：矛盾体，这个总结不错。你直接切题了：“既有性格原因，也算是命运悲剧。”

师：同学们讨论得很有深度，点评人物既能结合文本，又有自己的观点，还能结合现实来剖析历史。其实，历史上对韩信是否“谋逆”，一直有不同的观点（太史公的评价也只是一家之言），而这对我们评价韩信这个历史人物有着重要的支撑作用，大家不妨开动脑筋认真思考，得出自己认为站得住脚的结论。

下面，我们一起了解一下易中天教授是如何评价韩信的，看看对我们能否有所启迪。

（PPT 展示）：韩信，一代名将，旷世功臣。他在困境中挣扎，在草莽中崛起，在战斗中奋进，在胜利中沉沦。他在最有条件背叛刘邦的时候忠贞不贰，却在最不可能反叛时涉嫌谋反。正如司马迁所说：“天下已集，乃谋叛逆。”因此，有人认为韩信釜底抽薪谋反并不可能，也有人认为其造反证据确凿，还有人认为他是被逼上梁山。

但这也许并不重要。重要的是，韩信作为英雄时代的英雄人物，他的忍辱负重，他的自强不息，他的叱咤风云，甚至他的犹豫狐疑、患得患失，都给我们留下了深刻的印象和永久的记忆，耐人寻味，令人深思。

——易中天《汉代风云人物·韩信成败之谜》

四、拓展延伸，比较研究

师：清代大学者王国维曾用三句诗词来描述人生的三重境界：

(PPT展示)：古今之成大事业、大学问者，必经过三种之境界：①“昨夜西风凋碧树，独上高楼，望尽天涯路”（晏殊《蝶恋花》）；②“衣带渐宽终不悔，为伊消得人憔悴”（柳永《蝶恋花》）；③“蓦然回首，那人却，在灯火阑珊处”(辛弃疾《青玉案》)。

这实际上也是读书的三重境界：①艰苦求索，博览群书；②执着思考，厚积薄发；③返璞归真，体悟自然。

读《史记》，我们也需要达到这种精神境界。首先，我们要用挤牙膏的精神挤出时间，研读感兴趣的篇章，梳理历史发展的脉络，思考历史人物对于历史进程的作用。其次，要善于进行横向和纵向的比较研究，将历史中有关联的人物和事件串起来，放在历史大环境中去比较鉴别分析，了解在特定的时间节点人物的历史性选择，关注其性格、人品等对历史事件的作用，即必然的决定性作用或者偶然的次要性作用。最后，还要学会辨析历史事实的真伪。

司马迁的《史记》，就像是他用手中的笔搭建起的一座历史大舞台，无数英雄豪杰在其间上演了他们的人生大戏，也因之演绎了五彩斑斓的历史画卷。这些人物的一笑一嗔，或喜或悲，都纤毫毕现，精彩纷呈，走近他们也就走进了中华文化的历史长河，可以尽情徜徉，流连忘返。

课后，请同学们阅读《高祖本纪》，从中找到韩信“谋逆”被擒而诛灭九族的真实原因。有兴趣的同学，可以写一篇关于韩信或刘邦的杂感和我交流。我希望你们从今天开始，认真阅读《史记》的其他篇章，并初步了解《左传》《汉书》等中国历史典籍。

最后，请大家以一句话或一个词谈谈你对淮阴侯韩信的印象，强化阅读《史记·淮阴侯列传》之后的感受。

生1：我认为韩信是历史上少有的军事奇才！

师：简洁到位。在战场上正面交锋，韩信战无不胜。

生2："滚滚长江东逝水，浪花淘尽英雄。古今多少事，都付笑谈中。"韩信悲剧既有偶然性，也是历史的必然。

师：化用明代诗人杨慎的《临江仙》，罗贯中在《三国演义》开篇也借用了这首诗。不错。

生3：叹霸王无眼识英雄，恨高祖无情杀豪杰。

师：好啊，这位同学开始用对仗句了！意思也很准确。在政治斗争的中，韩信一败涂地，输就输在做不到"无情"二字上。

生4：韩信首鼠两端，妇人之仁，难成大事。反观吕后，倒是很有决断力，此时不杀韩信，后来推翻吕后的，也许正是韩信，汉代历史就将彻底改写。

师：呵呵，你可以去写小说，很有几分想象力。

生5：遗憾，惋惜！和项羽一样，既是英雄，也是悲剧人物。

师：嗯，双重性，两面性，不是那种非黑即白的扁平人物。好，还有一些同学要发言，但因时间关系我们的讨论先暂时结束。也应了最后一位同学的发言：遗憾！但不要紧，课堂上言终有尽而意蕴无穷，大家还可以找时间进行进一步的交流。

同学们，一节课时间太短，而且过得太快，不知不觉就要下课了。希望以后还有机会和大家一起研讨。你们班开展语文活动，也可以让彭老师通知我来参加。

谢谢大家，下课！

生（齐）：李老师再见！

［教学后记］

2014年，我参加湖北省第九批特级教师评选时现场抽签上了一节课，所讲课文是苏教版读本教材《〈史记〉选读》中的《史记·淮阴侯列传》。当天下午抽到课题和授课班级，晚上独自一人在家写教案、做课件，第二天早自习赶到学校，指导学生预习课文，上午第三节课正式上课，一气呵成。

说实话，面对这样长的文言文，又是立即抽签立即授课，作为执教者还是有些没底的。别的不说，学生能否迅速读通文字并在此基础上了解人物情节，就是一大难题，更不用说在此之上分析拓展了。好在这个班的学生基础不错，语文学习习惯很好，原先设想的障碍很快迎刃而解，推进得很顺利，让我能够从容地实施引导他们从单篇阅读延伸至整本书阅读的教学策略。

这篇课文被苏教版读本教材作为《史记》"其文疏荡，善叙事理"的典范之一，但用一节课的时间解决这一问题颇有些力不从心。我便索性抛开这一套路，让学生在理清韩信一生主要事迹的过程中，思考人物在重大历史事件中决断选择的内在性格逻辑，研究讨论其个人成败得失与汉代历史的微妙关系，学会如何带着问题去阅读史传经典，学会带着探究问题去系统地阅读整本书。

从授课流程上看，对学生的信任收到了效果，我仅做了些串联工作，学生活动占了课堂的绝大多数时间。在短短一节课中，学生能整理重要字词，能清晰地梳理文章的结构及主要事件，课堂讨论既具有开放性，又有着明确的目标。可见收到了一定的阅读指导效果。学生阅读体验十分丰富，兴趣得到有效提升，从彭琼老师后来的反馈得知，确实有些同学读了《史记》的其他篇目，对历史，他们有了进一步了解的兴趣及重新审视的视角。一节在他们高中生涯中普普通通甚至微不足道的随堂课，却能收到如此之效果，足矣！

我自2004年离开教学一线担任教研员，授课或作报告的对象变成了中学教师或在校大学生、研究生，已有10年多未给中学生上过课。虽经常在各高中学校听课、评课，课堂感觉犹在，但总不及自己亲自上课那么亲切、自然，那么触及灵魂，触动灵感。一站上讲台，学生们回答问题的声音，犹如天籁，时时激荡在耳边，引人憧憬遐思，甚至在课堂上不由自主地精骛八极，神游万仞。

因这节课的出色发挥，我在众多优秀的竞争者中脱颖而出，最终获授“湖北省第九批特级教师”荣誉称号，继而又获评湖北省首届中小学正高职教师（被聘三级教授岗）。故而，对这节课印象深刻，历久不忘，实录之以资纪念。

（执教：李伟杰）

［名师观察］

曲径通幽处　儒雅自高格

与其说这是一堂阅读课，不如说这是一场高难度的考试：现场抽题，独立备课，限时交卷。其难度可想而知，而伟杰先生却成功地交上了一份满分答卷，实在是难能可贵。究其成功的原因，有以下三点。

一、高屋建瓴，弱水三千取一瓢

时间只有一个课时，而课文是一篇数以千计的文言文，该如何实现长文短教呢？弱水三千取一瓢饮。伟杰先生舍弃了字、词、句、篇的惯常套路，选择了精要的教学目标，即《教学实录》的标题所示“其文疏荡善叙事，鉴史知今明是非”，就是学习文本写人叙事的方式和艺术特色，进而汲取文化经典的思想蕴含，以古鉴今，古为今用。

目标既定，则“开篇定向”，即为教和学的目标和方式定向。先晓之以教材定位，即教材编辑意图。《史记·淮阴侯列传》是苏教版读本教材《史记选读》“其文疏荡，善叙事理”单元的典范作品，作为读本教材，意在“扩展我们的阅读视野、提升我们阅读思维层次”。进而告之以学习方式：俯瞰全文，前后贯通，了解大意，不求甚解。方向既定，大步前行：“梳理文段、熟悉史实——结合史料、分析人物——拓展延伸、比较研究。”三步到位，举重若轻，充分显现了执教者大开大合的教学风范。

大道至简，大象无形。大胆的教材处理，精准的教学定向，体现了执教者高瞻远瞩的教学理念。《普通高中语文课程标准》（2017 年版）明确指出，中华传统文化经典的研习，意在“理解作品所表现出来的价值判断和审美取向，做出恰当的评价”；要求“引导学生合理运用精读、略读的方式，由点到面地体会中华传统文化的精深和丰富”。伟杰先生正是站在课标的这一高度处理教材，设计教法和学法，才有了如此高屋建瓴的教学创意。

二、激励引导，曲径漫道通幽处

在激励中引导阅读，在阅读中激发思考，在思考中合作探究，步步深入，曲径通幽，是本节课的一大亮点。

借班上课，最怕师生隔膜，气氛紧张，而伟杰先生的一段开场白完全消除了这种隔膜和紧张。从昔日的“校友”“教师”到今天的“阅读伙伴”，全然抹去了师生之间的距离。进而热情地激励，希望师生之间、同学之间，“得到心灵的碰撞和回应”，“真正做到自觉、自主、自在，共赏、共振、共鸣”。多么精彩的开场白，真诚中尽显亲和，亲和中透着期待，执教者激励、引导的艺术初见端倪。

伟杰先生很善于设置环环相扣的问题，创设教学情境，引导阅读。例如，“梳理文段，熟悉史实”教学环节中的连环三问，就是颇具匠心的。先问文中有哪些和韩信有关的熟语典故，要求一一找出来——由此切入文本，引导阅读，多么小巧而快捷。再问节选部分讲了几个什么故事——由找典故到说故事，进一步激发阅读兴趣。三问作者是如何将这些故事串联起来的——由点到篇，梳理情节。连环三问，阅读步步推进，思考步步深入，同学们争先恐后找典故、说故事、理情节，呈现出生动活泼的教学情境，令人欣喜。

伟杰先生课堂提问的另一个特点是挑战性强，极富张力。在“结合史料，分析人物”时，他的提问是韩信最终走向谋反被诛的人生结局：“是人事还是天命？是性格原因还是命运悲剧?”这两问极富挑战性，点燃了学生思维的火花，引领学生深入探索文本内容。在分组讨论中，同学们各抒己见，有心灵的碰撞，有激烈的争鸣，课堂气氛进入高潮。学生的自由发言质量很高，都能言之有理，持之有据，见地不凡，其教学效果令人喜出望外。最后，伟杰先生引出易中天对“一代名将，旷世功臣”韩信的评价，既是对这一教学环节的小结，也是对教学目标中“鉴史知今明是非”的照应与落实。

三、儒雅风度，诗意课堂自高格

伟杰先生一节课，把一篇洋洋大观的《史记·淮阴侯列传》教得如此摇曳多姿，叫人不禁联想到“羽扇纶巾，谈笑间，樯橹灰飞烟灭”的周公瑾。二者有什么相似之处吗？有的。我想应该是那种豪放大气、指挥若定的儒将风度。

这种风度不仅表现在大刀阔斧地处理教材上，不仅表现在挥洒自如的教学推进上，不仅表现在纵横捭阖地阐述讲授上，更表现在课堂的优雅与诗意。邓拓先生的读书策略“不求甚解、了解大意”，高度概括韩信悲喜人生的对联“生死一知己，存亡两妇人”，易中天礼赞韩信“一代名将，旷世功臣”，教师教诲读书三境界“艰苦求索、执着思考、返璞归真”，学生发表阅读《史记·淮阴侯列传》观感“叹霸王无眼识英雄，恨高祖无情杀豪杰”……无不赋予课堂盎然的诗意，高雅的格调。

读伟杰先生的“执教感言”，不禁动容。课堂感觉“那么亲切，那么自然，那么触及灵魂，触动灵感。一站上讲台，学生们回答问题的声音，犹如天籁……”。著名特级教师于漪有言：“教学艺术说到底是爱的艺术。”正是因为对学生的爱，对语文的爱，使伟杰先生如此这般地享受语文，享受课堂。

课如其人，人如其名。美哉，伟杰——伟岸的开拓者，杰出的语文人。

（点评：周世忠，著名语文特级教师、正高级教师）

课堂设计的密钥

所谓教学设计，就是按照课程标准的框架要求，对每个课时的教学流程进行整体规划。它一般包括教学目标、教学重难点、教学过程、技术应用、板书设计、教学反思等内容。简而言之，教学设计就是授课教师为进行教学活动所做的准备工作，它体现了教师对文本内容的理解，以及如何通过该文本内容学习促进学生素养提升的思路。

教师对教学设计进行构思时，有三大要素是不能回避的。一是教师传授。教师如何根据自己设定的教学目标，找到合适的切入点和突破口，让本节课的教学重难点较为容易地被学生接受，语文素养及能力得到有效提升。二是学生接受。这是所有学习活动环节设计的出发点，一般而言，教师既要考量多种可能性，这是预设的内容，还要考虑突发状况，这更多的要靠教学经验和智慧来应对，这是生成的内容。只有预设而无生成，课堂是死板的、僵化的；只有生成而少预设，课堂就可能陷入杂乱无章之中。三是时间分配。在教学设计的每一个环节预留多少时间，如何按照预定的时间管控来推进教学流程，也是对教师授课能力的一大考验。其实，这是有一定的规律可循的。教师作为策划者、调度者、参与者、对话者置身其中，充分调动学生参与的积极性，以学生主动探究、合作对话、交流碰撞为课堂学习活动的主旋律。教师只在适当的时候出现，或巧作点拨，或反馈评价，或总结提炼，让学生既有效掌握该文本所涉知识点的相关内容，又能够举一反三学会运用，提升语文核心素养。

实际的教学设计中对这三大要素的考量必然是综合的，但同时又必须是多维度地来安排部署的。关于教师授课，在设计过程中应该注意对授课内容的把握程度，对教学目标的实现途径也应有清晰的预见，准备通过怎样的方式方法来组织学生活动（包括学生学习组织建设、合作探究学习方法点拨），教学情境的创设是否有新意，是否有利于营造适于学生融入文本的氛围，如何提问，如何应对学生提问，如何对学生进行有效反馈，如何就核心内容进行讲述点拨，教师的语言组织（包括肢体语言）、板书设计、多媒体运用等，都要在教案中有所体现。关于学生学习，教师在设计过程中应考虑布置他们做哪些准备工作，在每个学习环节中他们如何参与、如何互动，对授课内容的倾听程度、消化程度，学习层次是否能兼顾，在专题研究过程中的拓展与迁延，派生的问题逻辑是否周延等。这些都建立在对授课对象实情的把握之上，否则就是对牛弹琴。也只有这样，才能在课堂出现突发状况时，能找到化不利为有利甚至化腐朽为神奇的方法。关于时间分配，则是体现教师教学理念的试金石，因为学生主体与教师主导之间的关系一直以来争论不休。我个人认为，只要摆正了这个关系，教师讲多讲少其实并不是问题，人为规定讲授时间不得超过多少分钟还是太过机械了。需要反对的是两种情况：一是教师不顾学生接受的实际情况满堂灌，美其名曰“权威主义”；一是学生活动热热闹闹，课堂处于无序状态，美其名曰“自由主义”。真正有效的课堂时间管控，应该是尊重教学规律，教师引导得法，适时点拨；学生主动参与，探究深入。每一个环节的时间都有限制，起承转合自然流畅。教师当讲时可滔滔不绝，把问题讲深讲透，不给学生留疑点；不当讲时则惜言若金，把舞台交给学生，让他们充分发挥。

好的教学设计一定是经过千锤百炼的。授课之后的有效教学反思，会让执教者有更合理的教法选择。不懂得在反思中对教学加以改进的教师，很难有实质性的突破与成长。所谓的教学经验，不就是在无数次看似枯燥的重复中，找到完全不一样的呈现方式，进而发现最优的流程组合吗？很久以前，我自己还在一线教学的时候，曾经给自己定下了一个较为严苛的规矩：绝不上完全一样的课。每次在不同的班上同一课题时，我都要尝试找一个不一样的切入点。在某些问题的阐释上，也希望听到来自学生的不同的声音。记得有一次，我给学校艺术特长班的学生上《记念刘和珍君》时，讲到鲁迅先生述及刘和珍君外貌时，只是反复强调她“常常微笑着，态度很温和”，我问：先生笔下的刘和珍君到底是什么模样？先生强调其形象特点有何深意？此问一出，班上20几位美术生不约而同拿出纸笔，刷刷几下勾勒出心目中刘和珍的形象，他们通过想象在画面上“复制”的刘和珍各具风采。经同学们评选，选出一幅“代表作”：画中的刘和珍留着齐耳短发，穿中式斜襟女学生装，面含微笑，温柔漂亮而不失洒脱干练，善良沉稳中透出坚毅果敢。在这篇课文中，鲁迅先生为这样一位优秀青年无端遇害而出现愤怒的情感波涛，正是在前文肖像描写的铺垫后一泻而出，凝成“不在沉默中爆发，就在沉默中灭亡”的惊雷。睹画忆人，学生也就不难理解这种运笔行文的技巧了。还有一次，点评朱自清的经典名作《荷塘月色》，学生对“淡淡的喜悦和淡淡的哀愁”理解不能到位，我正思索用怎样合适的语言来描述，一位音乐生自告奋勇，跑回寝室拿来古筝，当场献奏一曲。琴声悠悠，清音袅袅，朦胧中我们已看到那位不甘灵魂扭曲而又无可奈何的诗人痛苦的身影。至此，学生已进入一种特定的情境，一切语言都成为多余。当然像这样的即兴发挥，完全是根据学生学情而定的，不能在别的地方套用。

类似的例子还有很多，来自学生的天才反应，的确会让课堂教学出彩，而这也成为下一次备课的优质资源。记得有一次我给学生上《大堰河——我的保姆》时，他们对艾青为何赋予大堰河母亲以“紫色的灵魂”而争论不休。有的说，作者借用诗的特点给看不见的灵魂染上“紫色”，是沿袭中国古代传统对色彩的认识，显示大堰河母亲品德的高贵。有的说，紫色是殷红的血色和黄黑的泥色的混合，代表了大堰河母亲所受的苦难，也代表了她质朴坚韧的本性。有的说，紫色是阳光中最夺目、最具穿透力的颜色，暗喻了大堰河博大的母爱给诗人心灵带来的最强烈的震撼。这些观点是前所未有的，学生能结合自己的感情，体味作者的心声，甚而进行某种意义的再创作，读诗的目的便达到了一大半。而这也启发我重新审视这首诗，审视大堰河这位伟大母亲，审视艾青给予我们内心的那种震撼，并将这些整理到我后来上这一课的教案中。

我担任教研员后，对青年教师上课也经常会有这样的要求。例如，人教版选修教材《中国古代诗歌散文欣赏》中选了一篇苏轼的《文与可画筼筜谷偃竹记》。有一次在宜昌市第七中学听课，有三位教师同时选上这篇课文。最初并无出彩之处，于是我要求他们进行同题异构的专题研究。一位教师从第一自然段的“画论”破题，一位教师从第二自然段的交往趣事入手，一位教师则从第三自然段的惊闻文同辞世的噩耗切入。最后在全市教研组长会上进行集中展示，赢得满堂彩，同时也对听课者产生了“课原来可以这样上”的启发。2019 年，在全国第八届高中语文青年教师基本功大赛上，宜昌市夷陵中学谭志鸿老师执教《望海潮》。抽到这篇课文后谭老师下了很大的功夫，对课堂流程有了一个清晰的设计。但我们看后总觉得还差一点什么。临上课前他再次把这首词诵读了一遍，情绪激动处竟脱口唱了出来，大家一听都说唱得好，建议他在课堂上领着学生一起唱。谭老师果真试着唱了，而且唱得特别出彩，学生模仿得也有模有样，一下子掀起了课堂小高潮。最终，谭志鸿老师荣获大赛一等奖。这样的设计看似有些取巧，但却恰好与诗词教学的特点完美结合。其实是执教者平时磨刀不误砍柴工的钻研积淀，才有“众里寻他千百度，蓦然回首，那人却在，灯火阑珊处”的意外之得。试想，如果不是他对中国词学研究会会长王兆鹏教授倡导的诗词吟唱教学素有研究，想要临时抱佛脚，恐怕效果也不会好到哪里去。

好的课堂设计还需要注重细节。如课前导入，也需要设计者统筹安排。在不少人看来，课堂导入只不过是一碟开胃小菜，可有可无，实际上，课堂导入却对整节课设计的成败有极其密切的关系，不能轻视。课前导入主要有以下几种作用：

激发兴趣。好的课前导入，能比较迅速地将学生的兴趣集中到与课文有关的内容上来。比如宜昌市夷陵中学袁楚桥老师执教《离骚》时的导入：“端午时节，龙舟飞动，粽叶飘香，人们用朴实鲜活的方式表达着对屈原历久弥新的敬重与思念。梁启超先生曾说‘凡为中国人者，须获有欣赏楚辞之能力，乃为不虚生此国’。今天就让我们走进《楚辞》的代表作《离骚》，走进屈原的心灵世界。”用梁启超先生的经典论断吸引学生，激发学生深入探究的兴趣。这样的导入，有时还可同时布置学生思考与之相关的问题：“屈原饱经忧患，发而为《离骚》。请结合直抒胸臆或间接显志的诗句品读诗人之志（精神品格、道德情操等）。活动要求：抓关键词、句赏析作者怎样的品格。”

奠定基调。课前导入的情感表达方式，实际上也是关乎全篇的情感基调，必须把弦调准，才能未成曲调先有情。如应城市第二高级中学史琴老师执教《李清照词两首》的导入：“李清照的一生，就像一首词。她遭际迥异的早年和晚年，就是她‘人生之词’情韵迥异的上阕和下阕。”简洁明晰，形象生动，概括了李清照的生平：词人一生经历了少女时代的天真无邪、无忧无虑和中老年时期的沧桑巨变、家国愁恨，正如词的上下阕，遭际迥异。有些教师比较喜欢虚拟式导入，通过自己情感代入式的抒情来调动学生，但抒发情感的立足点应与文本一致，否则效果便适得其反。

与单元、任务群内容前后关联。新教材的任务群贯穿一本甚至数本教材，课前导入正好将本篇与本单元的其他内容、任务群中的内容联系起来。例如宜昌市人文艺术高中李晓蕊老师在上《廉颇蔺相如列传》时有这样一段导入：“在浩瀚的中国古典文学宝库中，闪耀着一部部流传不息的史传文学经典，塑造了一个个鲜活的历史人物。品读《左传》，我们了解了爱国义士烛之武；打开《战国策》，我们铭记了刺客英雄荆轲；研习《国语》，我们认识了贤明君主齐桓公。英国哲学家培根说：‘读史使人明智，读诗使人聪慧，哲理使人深刻。’今天，让我们通过节选的《廉颇蔺相如列传》，走进《史记》，探究司马迁用他的遒劲健笔刻画的蔺相如。”将学习内容与读史挂钩，举一而反三，明确自己通过本文教学提升学生学习史传文章能力的目的，增强了单篇教学的效果。再如葛洲坝中学代梦涵老师执教“中国革命传统作品任务群”时是这样导入的：“学语文，不可不知历史。文学作品的魅力是永恒的，但它们最初散发出来的光芒，照耀的是彼时彼地，引领的却是那人那事。何为革命战争时代？那时的中国土地上究竟发生了什么？那时的华夏儿女究竟经历了什么？想要真正走进这些作者的内心世界，真正理解这些作品的价值意义，我们就不可不知那一段山河垂泪却又自强不息的岁月。”即将本任务群的学习任务做了很好的串联，使学生在学习之前有一个较明晰的轮廓。

建构学习模式。课前导入的环节有时也是对学生的培训，通过小活动让他们进入一种新的学习模式的建构准备。如武汉市实验中学张练兵老师执教《定风波》时的导入：“同学们好，一件生活中的小事，可能触发诗人的创作灵感，成就一篇动人的诗作。这节课我们一起来欣赏一首苏轼的《定风波》，看苏轼在一次道中遇雨后，有了怎样的感悟。今天，我们主要以诵读为主要手段，通过品读、美读、背诵等方式来深入解读诗歌，读出情感，读出美感，学会几种赏读诗歌的方法。”这样的导入就让高一学生快速进入到高中古典诗歌赏析模式的建构中。

由此看来，好的课堂是需要设计的，而且教学设计不只是教师的入门技法，它需要我们穷尽一生去精益求精，才能渐臻至境。

课堂评价的精准定位

课堂评价需要智慧。有的教师举重若轻，信手拈来，随便一两句话，就让学生心服口服，茅塞顿开；一句及时的鼓励，便让学生信心倍增，充满探索未知的动力。而有的教师则不然，要么过于严厉，语言太过生硬，对学生的神来之笔也采取视而不见的态度，永远是念自己抄好的经。学生很难得到只言片语的表扬，或者无论学生的回答有无道理都是一通廉价的表扬。这些做法，都很难得到学生的肯定，达不到课堂评价应有的效果。

精准课堂评价的前提是倾听。教师只有与学生真诚对话，认真倾听学生发言，方能有一个基本的定位。我认为对课堂评价的内容不要做太多预设，而应该随机应变。有时候教师根据自己的经验判断，学生在某个阶段会有怎样的反应，提前做些准备也未为不可，但不能因自己的设定而机械处置。2019 年全国第八届高中语文青年教师基本功大赛在宜昌市举办，一位参赛的男教师就差点在这个问题上因小失大。其实，这个教师挺不错的，身材高大却谦恭有礼，语气温和带有天然的亲和力，一上场就营造出一种春风骀荡的课堂氛围。但他在课堂提问方面明显有提前预设的成分，一旦遇到突发状况，便有几分准备不足。他在导入课文之后，便请一位男同学朗读课文。按照他的设想，学生的诵读水平肯定达不到他的要求，但这个男同学诵读得不仅字正腔圆、抑扬顿挫，而且情感投入与诗词意境浑然一体，几乎没有什么破绽。这与这位教师的设想相差太大，他只能硬着头皮评价："这位同学的诵读还有提高的空间，我们再请一位同学试读一下。"第二位朗诵的是一位高个子的女同学，读得也很用心，应该说也不错，但明显比那位男同学差一些。这位教师有些不知所措，只能要求女同学："嗯，不错，但还可以更好。你能再来一遍吗？"

这样的结果大家都能想象得到，女同学非常努力地配合教师，但仍达不到那个男同学的水准，而且教师对男同学"尚有提高空间"的点评明显给了她压力，所以好几处忙中出错。给听课者的感觉是，学生在教师并不具体的指导点拨下，越读越差了。好在这位教师还算处变不惊，后面的应对比较得法，通过几个问题的研讨调动了学生的积极性。宜昌市夷陵中学的学生素质很高，发言经常一语中的，触及问题本质，观课的教师们听得如痴如醉，掌声不断。这一节课最终取得了成功，获得了一等奖。但问题却是十分明显的，教师对学生表现的关注度不够，对学生发言的倾听不够细致，体现出了教师执教理念中的"生本中心"还未真正建立的问题，预设的主观性不能根据课堂即时生成内容做出合理调适，并迅速做出正确的评价。

精准课堂评价还应该是助推教学策略的有效手段。教师的评价本身就是一条承上启下的纽带，可以实现问题过渡、环环相扣。有经验的教师，在对同学回答的问题进行评价时，一般都会于无声处激发学生进一步探究的兴趣。宜昌市葛洲坝中学谭小红老师在武汉"新教材课堂教学展示暨新高考报告会"执教了一节很有挑战性的课"抖音现象的文化思考"，涉及当代文化参与任务群的内容。首先，她在选切入点上下了功夫，以"抖音"切入吸引学生，然后通过指导学生完成制作问卷调查表的前置性任务，巧妙地将全体学生都带到活动中来。但又没有仅停留在活动表面的热闹上，而是在每一个环节设计中都关涉学生语文核心素养的培养与提升，并在与学生讨论互动中对学生设计的问卷问题给予有效地评价，从而一环套一环，推动了整个教学流程。谭小红老师与学生的每一次问答，都在无形地推动着课堂的进行，学生却没有感受到任何压力，反而是在愉悦的交流中自然地阐释着自己设计问卷的心路历程。教师偶作停顿，便能让学生感受到这一处的问题或许还值得推敲和打磨，但整个流程却不受任何影响。最后，教师才开始略微掺入自己对"抖音"的评价，和学生一起整理这一文化现象在社会发展中的利与弊，学生也慢慢陷入沉思，思考自己设计的问卷与本节课的关联以及当代文化现象的问题。由此引发的社会价值层面的思考，才是这节课的精华所在，也是当代文化参与学习任务群教学的方向所在。

同样的例子是大冶市第一中学王良老师执教当代诗人卢卫平的作品《在水果街遇到一群苹果》。他设计讨论的是“苹果”的形象，由“苹果”的“善良、健康、朴素、干净、一尘不染”与“榴莲”的“臭不可闻、恶刺”，“水蜜桃”的“轻佻”，“草莓”的“腥气”作比较，将由偏僻山乡来到城市的“苹果”那种“它的脸都红了，是乡下少女那种低头的红”描摹得如此纯真无邪，如此让人怜爱。王良老师引出了一个比较生僻的专业词语“悖论性修辞”，让学生从这个特定的角度来赏析这首诗歌，布置的课后作业也是让学生“阅读几首现代诗歌，结合本节课阅读的两首诗，以‘现代诗歌中的悖论性修辞赏析’为题，进行专题研究，完成一篇文章”。应该说，这是一次特别大胆的设计处理。王良老师颇具教学智慧，他首先在板书设计的细节上进行了比较性处理：

在水果街碰见一群苹果

卢卫平

善良　　健康　　朴素　　干净

……

悖论——苹果——→赞美　担忧　困惑

恶刺　　轻佻　　喧嚣　　污浊

……

让学生得以一目了然，然后由这些形容词引出学生的一系列联想，“苹果”的“乡下进城打工女”的形象在讨论中呼之欲出，教师再适时肯定强化，略加点拨就使学生对“悖论性修辞”有了深刻的印象。由此可见，课堂评价的精准定位对实现教学目标的关键性作用。

课堂评价的优劣与教学设问也有着非常密切的关联，如果教师的设问本身就已经误导了学生，或者太过于宽泛让学生无所适从，那注定评价也是难以到位的。教师对学生的不满意，其实很大程度来源于教师自己，此时教师完全处于一个尴尬的境地，已经不是评价反馈能解决问题的了。很多年前，我曾在某地听过两位高一教师执教鲁迅的《〈呐喊〉自序》，两位教师都非常努力，也做了一定的准备，或许是年级备课组集体备课的结果，课堂设计也有着惊人的趋同性。但我却不太满意。因为教师将主要教学目标定位在对鲁迅人生经历的几个重要阶段进行概括，我们反复听到的就是教师向学生追问："这一段写了些什么事儿？"甚至似乎连作者对这段经历是如何描写的，教师也不太舍得花一点儿时间让学生思考，最多也就问一问："这一段中你最感兴趣的词是哪一个？"

我们当教师的，都有过学生时代，那时我们对鲁迅先生的崇仰，主要是由于鲁迅与任何人都绝不雷同的独特的笔法、深刻老到的思想和别具一格的幽默，以及在他精心设置的情境中闪烁着的灼人的光芒和摄人的魅力。现在的学生生活的时代和鲁迅所处的时代大不相同，要引导他们走近鲁迅、了解鲁迅，就应该结合相关知识，从字面的意思深入研读其内在深义，逐步消除阅读障碍，对文本产生一种发自内心的亲近感，从而形成情感共鸣。基于此，对鲁迅作品的教学安排，应重在赏析，要引导学生通过对文字的咀嚼和感悟，理解作者的思想情感。《〈呐喊〉自序》是鲁迅先生对自己青年时代的经历和早期创作心路历程的一个总结，是我们了解、认识、研究鲁迅的一个非常重要的依据和途径，更是学习鲁迅作品的一个总纲。知人论世，是读懂鲁迅的前提。回到刚才提及的课堂，概括能力固是语文训练必不可少的一项内容，但并非教授本文之重心。同样的事情，鲁迅以切身体会述切肤之痛，这难道不值得好好品读玩味吗？作者描述的不断由一个"梦"向另一个"梦"转向的驱动力何在？几个"梦"之间有何内在关联？其间作者的心路历程和学生过去学过的鲁迅作品所呈现的人物精神状貌有无联系？从事文艺创作初期时的失败带来的"寂寞"，为他日后的作品提供了怎样的积累？他与钱玄同的思想交流乃至碰撞体现出的精神实质是什么……一系列值得探究并对培养学生创造性思维会起到积极帮助的问题，何以丝毫都不涉及就草草收场呢？过去史绍典先生把纯结构分析的语文课堂称之为"格式化教学"，他批评有些教师在教学预设上不太合理，设问要么太过泛化，学生无从回答，要么显得低幼化、机械化，问得毫无意义；对课堂生成的内容，有时又缺乏充足的准备；评价反馈支支吾吾，模棱两可。学生难以有大的收获，语文素养、能力的提升也就很有限。福建师范大学孙绍振教授也认为中学语文教学不应该是重复已知的过程，语文教师应该有一种自觉，“把重心放在那些学生认为懂，实际上却不懂的内容上”。他尖锐地指出，语文教学中“把丰富复杂的语言现象抽象成几个简单的修辞方式”的做法是不妥当的，应对文本进行深度分析。我们强调的课堂教学的有效性，不是单纯看教学进度，而是看学生在单位时间内接受知识提高能力的效率。

既然鲁迅作品重新纳入高考的范围，教师们对鲁迅作品教学的重视程度也应更进一步地提高，如何有效设问、如何精准评价，应该是在这类作品的教学中必须解决的一大问题。

从正反例子的截然不同的效果来看，课堂评价是课堂教学中非常重要的一环，要高度重视。从设问阶段开始做好铺垫，对学生回答的问题要尊重、要倾听、要判断，要迅速做出正确的反馈，有效引导学生思维，让每一节课的互动都能对学生价值观的形成、语文素养的提升起到潜移默化的影响。

“磨课”的意义

教研员的重要工作之一，便是对一线教师（尤其是刚入职的青年教师）的课堂教学进行指导，这在一般教研视导活动中可算是一项基本工作。教研员推门听课，课后组织议课评课，也是教研员下校工作的日常。遇到一些比较重要的活动，对展示课、研讨课、示范课、公开课之类的教学任务，教研员更是有从课堂教学框架设计到教学流程进行全方位指导的责任，即布置执教者创设课程主题、设计教学流程，听取执教者说课、试讲，组织专家和老教师观课，课后集中议课评课，结合教师自我反思指导重构课堂流程，实战演习检验指导实效，这样的过程可总括为“创、说、讲、观、议、构、练”，一般称之为“磨课”。

很多次听有些同志说：你们这个“磨课”，不就是公然做假课吗？这与歌星在舞台上“假唱”有什么区别？我想，发出这样疑问的人，多数当然是秉持着对课堂教学严肃性的尊重，出于对青年教师健康成长的关爱，并非有意污蔑“竞赛课”“示范课”之类的“公开课”，但因他们一般对一线教学的情况不太了解，对于我们“磨课”的过程更是知之甚少，所以才会有以上的误会。

在实际的“磨课”过程中，也可能会有极少数急功近利的执教者，为了让课堂展示过程更“出彩”，通过与学生反复“试课”达到一种所谓的默契，这种“课”当然是让人嗤之以鼻的“假课”，不仅毫无价值可言，而且与做人最基本的诚信背道而驰，缺乏起码的道德底线，这是我们要旗帜鲜明地加以反对的。

真正的“创课”，是执教者通过对所授内容进行深入研究之后，对课堂流程进行创造性的个性化设计，该设计使自己的执教过程既符合课程要求的大方向，又能有效突出重难点。在每个教学环节的转换过程中做到自然无痕，天衣无缝。在一些关键的地方也有预设性的精巧设计，并能在激发学生能动性的同时产生生成性的亮点。这样一个完美的过程中，教师还要能有效地掌控课堂节奏，并在及时互动反馈中给予恰当的评价，让学生在学习进程中不断地有所收获，师生间民主、和谐、舒适，能在潜移默化中产生情感态度和价值观的共鸣。

但对一个刚踏上讲台的青年教师而言，课堂设计及实施过程要达到这样的高度，实际上是非常困难的。这就需要有经验的教研员、老教师在听课之后给予针对性的指导。执教者改进教学方案后换班授新课，再改进再换班授课，反复打磨，有时会是好几遍，甚至十多遍，一直达到一个对他自己而言堪称彼时极限的高度，这就是所谓的“磨课”。

按照一般经验，青年教师一定要学会在抛开参考资料的前提下“裸读”文本，找到对自己心灵触动最深的“易感点”，确立自己导入文本的切入点，并在学生可能产生分歧、容易误读的地方预计多种对应处理方案。在此基础上，需要执教者根据自己设计的授课框架去查阅大量参考资料，不断地完善授课方案，同时根据每课时40—45分钟的容量进行剪裁，按照平时的正常进度去“试讲”。说到底，中学课堂与大学课堂不同，虽然也强调发掘学生自主探究精神，但并非可以任由师生信马由缰，一节好课是有时间限度的。借用前人对格律诗的比喻，中学课堂是“戴着镣铐跳舞”，是在诸多约束中实现课堂的有效推进，还要在引导启发中调动学生的参与热情，激发他们的自由想象，提升他们的能力素养。完美演绎的课堂进程也像一篇优美的文章，既有起承转合的结构要求，又有抑扬顿挫的节奏要求，还有师生互动合作的角色要求。既然对青年教师有如此苛刻的高要求，没有多次“打磨”的训练，怎么可能轻易达到呢?

“打磨”的过程就是学习的过程，也是研究的过程。专家和老教师们提出的意见因各自关注的点和各自的习惯风格不同而各不相同，对此，如何加以扬弃选择，如何重组布局，如何为我所用，不同的教师能做到的程度都有不同。有的人一点就通，有的人处处受限，这里处理好了，那里又出问题。像前面提到的“裸读”文本，有的教师在阅读过程中很快能找到与作品“共振”的方法，进入文本之后也能在“接受”的过程中“再创作”，产生自己的独到的见解，获得心灵层面的情感“共鸣”。而有的教师脱离了“教参”的拐杖就无所适从，找不准文本解读的方向。所以，“磨课”的次数也是因人而异的。青年教师只有亲自经历了这个过程，才能真正了解备课的关键，才能找到教学设计出彩的切入点，才能掌握与学生交流激发学生参与灵感的设问技巧，才能自如地应对课堂突发情况。这样，便能成长为一名优秀的语文教师：一举手一投足，就足见其气场和魅力；一提问一答疑，也足见其教学智慧，不枝不蔓，要言不烦，切中肯綮；一吟诵一表演，则更见其综合素质。

我带过很多选手参加省级、国家级优质课竞赛，也组织过很多次市级优质课竞赛。通过这些竞赛获得省级、国家级优质课竞赛一等奖的青年教师已达 20 人之多，我见证了他们参加大型竞赛课前后的蜕变。他们中的很多人，就是在一次次的反复中悄悄地发生着改变，一点点地成长，有的甚至就是在大赛中被激发、被点燃，一下子产生顿悟，在大赛前后变成完全不一样的执教者。他们中还有一些人，是真正的有心人，他会在今后的日常教学中像准备优质课一样认真对待每一次课，而且每一次上同一课题的课时都会找一个不同的切入点，或者采取不同的授课方式，每次都进行“同题异构”的尝试，并认认真真地做反思记录。在积累到一定程度时，他还会找到某个研究点将之事理成文，和我进行更深入地推敲、商榷。说实话，我对这样的年轻人往往比较溺爱，只要是他们发给我的文章，我都会认真提出意见，甚至亲自帮他们修改，推荐到合适的专业杂志发表。

武汉大学原校长刘道玉曾说：“学必悟，悟而生慧。”就是说接受指导的青年教师在学习他人所长时，必须有自身的思考，有自己的悟性，否则很难有好的效果。当然，这是需要一定的天赋的，如果没有一定的天赋，只是单凭一味地下苦功，不见得有好的成绩。但只有天赋，没有持久的恒心，没有精益求精的态度，没有深研课堂的责任心，也难以有大的作为。反之，虽天赋一般，但能始终专注于每一次研究打磨的机会，倾尽全力去投入，去创造，那也一定会有所作为。青年教师要善于发现自己的特长，并善用特长获胜。在宜昌市语文界历次参赛获得成功的选手中，有很多是有明显的优势的。谭小红精于流程设计和课堂把控，陈鹏善于沟通、有亲和力，邓少平精于诵读示范及指导，周新对诗意的情怀有自身的理解，谭志鸿对理性精神的分析透辟入微等，都找到了属于自己的成功的密钥。现在，他们中的不少人已成为特级教师、正高级教师、湖北名师、宜昌名师、学科带头人，有的还获得了湖北省五一劳动奖章、湖北省五四青年奖章、湖北省三八红旗手等荣誉。

枝江市第一高级中学著名特级教师周世忠老师曾将优质课竞赛比作时装发布会，我个人认为非常恰切。时装发布会代表着时尚风向标，所有最前卫、最具引领性的式样、色彩或其他元素，通过 T 台展示得到最大范围、最快、最有效的传播。那些看似大胆、出格的设计，往往代表着未来的流行趋势，会被眼光独到的成衣制造厂家迅速发现，做成为老百姓所接受的日常衣饰，进入到千家万户。优质课竞赛也是一样，选手们的创意设想一旦在竞赛的舞台上得到专家评委的认可，也会很快地走进校园，引领课堂教学改革的潮流，传布先进的课程评价改革理念，成为教师们日常授课的学习样板，使他们随堂课的授课水平得到普遍的提升。这不正是我们举办类似活动期望达到的目的吗？由此可见，举办各级优质课竞赛以及开展日常的“磨课”活动，对推动基层的教科研活动有着不可替代的意义，是青年教师成长的重要阶梯。对于教师而言，在“磨课”的反复历练中，可以通过不断摸索适应教学的全流程，可以找到适合自己优势发挥的教学风格，可以逐步学会将看似虚空的教学理念融入到课堂的实际操作之中，可以在与学生的碰撞交流中渐窥“教学相长”的奥秘。而对于学生而言，在他们的教师成长之后，带给他们的每一节课都会有想不到的惊喜，学生们会在今后的课堂上看到更成熟更自如的“新教师”，“苟日新，日日新”，何乐而不为呢?

苏霍姆林斯基在《给教师的建议》中讲过一个让人印象深刻的故事：帕夫雷什中学一位有 30 年教龄的教师上了一堂出色的公开课，课下有教师问她“花了多少时间来备这节课”，那位教师说：“对这节课，我准备了一辈子。而且，总的来说，对每一节课，我都是用终身的时间来备课的。不过，这个课题的直接准备，或者说现场准备，只用了大约 15 分钟。”也就是说，花在平时的“磨课”时间要多于临场的准备，只有在日常研究中把各种可能的变化都了解了，才会有现场出神入化的随机应变。

被授予“人民教育家”国家荣誉称号的全国著名语文教育家、上海特级教师于漪先生也曾强调：“做教师非常重要的一条，就是要谦虚谨慎，好学不倦。教师应该要有两把尺子伴随自己的人生，一把尺子专门量别人的长处，一把尺子专门量自己的不足。每次开教研组会，我都拿本子记。每个人思考问题都会有很精彩的地方，我用心听，认真记。教师要学会借脑袋，要博采众长，把别人所有的长处、思考问题的结晶都学过来。要不断地‘照镜子’，寻找自己的不足。每一次课结束后我都有‘教后’，每堂课都要反思。‘教后’记两点：一是记学生的闪光点。当学生全神贯注的时候会超水平发挥，往往超过我备课时的所思所想，这是学生创造的火花，我就会把它记下来。二是记自己的不足。不管备课的时候多么认真，但是当学生的主动性发挥出来以后，就会发现自己的准备总有这样那样的漏洞，因此我就记下自己的不足，这样长期下来就掌握了教与学的规律。”

于漪先生的这一段论述，说尽了教师自我磨炼的过程。如果青年教师将每一节常规课都上成“优质课”，每节课都用这样挑剔的眼光来反思校正，那在重要的优质课竞赛中只需顺其自然，能上出平时常规课的水准即可，也就大可不必“临时抱佛脚”地去“磨课”了。

高中群文阅读新视野

2017年高考（全国卷）迎来考纲、题型的大变局，将对未来几年的语文教学及备考导向产生深远影响。其中最引人注目的就是文学类文本阅读、实用类文本阅读由选考变为必考。实用类文本阅读题型也因之发生突变，由过去单一的传记文本阅读变为现在集新闻、报告文本及图表、数据等非连续性文本为一体的群文阅读。新题型既体现与文学类文本阅读题型的差别，又凸现了自身的本质性特质。笔者曾在《语文教学通讯》A刊2017年第5期发表《积极适应变化，重视新闻阅读》，准确预测了这一变化，如今预测变为现实，本文将对高考改革背景下高中群文阅读教学的研究前景再次进行探讨。

一、高中群文阅读教学的现状

群文阅读，顾名思义即对多文本的集群阅读。一般而言，这多个文本可以是集合式单个文本，也可以是聚合式非连续性文本，但它们之间均有着一定的主题关联性，能够引发阅读者就一个或多个话题进行探究讨论，生发出新的阅读感悟，进而产生新的思想碰撞。群文阅读课堂的特征之一，是教师不对文本阅读做太多预设的问题答案，对文本边际的不确定性保持高度容忍的态度，学生在开放性讨论中对话交流，“共赏、共振、共鸣”，在倾听、质疑、反馈的过程中，不断寻求共同赏析、阐释理解、批判对峙、说服妥协、碰撞融合后达成的共识。整个阅读过程实际上是对文本的一次再建构，从某种意义上来说，这与接受主义美学、多元智能阅读理论有着某种相通之处。

国内群文阅读的历史，最早可以追溯到20世纪的单元阅读教学。但单元阅读教学强调的是以单元主题内容串联起相关教学内容，举一反三，求同倾向根深蒂固，往往限制了学生的思维，因而只能算是具备了群文阅读的雏形而已。后来的比较阅读教学研究，在阅读方式上出现了较大的跨升，对比较的对象有了更复杂的处理，比较点也更为多元化，不单单拘泥于主题、形象、手法等，这与现下的群文阅读较为接近，但往往又会拘泥于同一流派内的作家比较、不同流派作家的异同比较、同一作家不同作品的比较。选文视野也基本未超出文学范畴，与当下群文阅读的文体选择跨度相比仍有一定的局限性。

21世纪以来，教育部西南课程教育研究中心、重庆树人教育研究院、四川省教育科学研究院、重庆市教育科学研究院、湖北省宜昌市教育科学研究院及全国部分大中小学校等，在义务教育阶段开展群文阅读教学课题研究，从理论、实践两大层面推进群文阅读教学研究。2013年12月，人民文学出版社等多家单位举办了“第三届儿童阅读与语文创意教学观摩研讨活动”，来自台湾、香港、北京、上海等地16个省市和地区的近千名语文教育工作者参加了研讨活动，展示了群文阅读教学最新研究成果和进展，堪称这一研究的阶段性盛事。

如今，高考语文全国卷的内容的改变为高中开展群文阅读教学研究提供了很好的动力。2017年8月，四川省教育科学研究院、重庆树人教育研究院联合召开了“高中群文阅读教学研究启动会”，标志着高中群文阅读教学研究与实践正式展开。

二、高中群文阅读教学的特色

基于高考新政策背景下的语文教学研究有两大热点：一是整本书阅读，指向宏观；一是群文阅读，指向微观。二者相辅相成，互为补充。高中群文阅读教学研究应时而生，与过去高中语文课堂常见的单个文本教学相比，具有比较明显的优势和特色。

其一，文本选择的多样性。《普通高中语文课程标准》（2017年版）要求："遵循共同基础与多样选择相统一的原则，构建开放、有序的语文课程……能阅读理论类、实用类、文学类等多种文本。根据不同的阅读目的，针对不同的阅读材料，灵活运用精读、略读、浏览、速读等阅读方法，提高阅读效率。"但教材选文是有限的，只是起到一定的范例作用，远不能满足学生的实际阅读需求。因而通过群文阅读，可以使课内阅读教学与课外自由阅读联系起来，极大地补充学生阅读面与阅读量的不足。教师精心选择的群文链，文本的组合更为多元化，同时又符合社会主义核心价值观取向，可以让学生进一步了解阅读对象的丰富性以及创造性阅读的趣味性，以批判性思维分析阅读所得，比较与同类文本的异同，在整合、探究的基础上，思考人类生存的共性问题。

其二，文本教学的开放性。选文虽由一定的内容联系起来，但这种关联并非是强制性的，具有较大的兼容空间。这正与新课改提倡的"以生为本""培养创造性批判思维"的理念高度一致，将使课堂教学具有更大的开放性和包容性。师生在文本阅读的过程中，秉持"共赏、共振、共鸣"的阅读态度，在原生态的"裸读"基础上展开真正意义上的体验阅读、分享讨论、交互共融，无论是宏观建构还是微观感悟，都与过去阅读教学不一样。学生有了这样的阅读经历，会对未来的自主阅读积累更多有益的启示，"深入文本、对话心灵、体味语言、感悟人生"的阅读要求才能落到实处。每一次不一样的阅读都会带给学生不一样的触动，让他们得到不一样的收获。所谓"触及灵魂"的阅读往往是潜移默化的，其效用并不见于当时，而是融入学生阅读成长的血脉之中，会在他们人生的每一个关键时刻产生效力，起到无比重要的作用。教学的开放性与阅读的开放性同步，对培养与学生必备品格、关键能力相关的语文核心素养，也将起到至关重要的作用。

其三，文本交互的建构性。与单文本阅读教学相比，群文阅读教学的基点不在于教师选择一组相关联的文本进行教学，而在于引导学生通过阅读、比较、研究等一系列过程学会从不同的视角重构文本。在互动交流中，师生间的讨论、倾听、质疑都会在不同程度上丰富原有文本的阅读张力。也就是说，群文阅读不是简单意义上的文本聚合或者叠加，而是一种在交互过程中的融合乃至重构。这期间，对学生创造性批判思维的开发、想象能力的培养、语文运用能力的提高，都是有着重要作用的。

德国康茨坦斯大学姚斯教授曾提出接受美学概念，其核心就是从受众的接受出发。姚斯认为，作品即使印成书，在读者没有阅读之前，也只不过是半成品而已。在他的理论中，文本和作品是两个性质不同的概念：文本是指作家创造的同读者发生关系之前的作品本身的自在状态，作品是指与读者构成对象性关系的东西，它已经突破了孤立的存在，融会了读者即审美主体的经验、情感和艺术趣味的审美对象；文本是以文字符号的形式储存着多种多样审美信息的硬载体，作品则是在具有鉴赏能力的读者的阅读中，由作家和读者共同创造的审美信息的软载体；文本是一种永久性的存在，它独立于接受主体的感知之外，其存在不依赖于接受主体的审美经验，其结构形态也不会因事而发生变化；作品则依赖接受主体的积极介入，它只存在于读者的审美观照和感受中，受接受主体的思想情感和心理结构的左右和支配。

由文本到作品的转变，是审美感知的结果。也就是说，作品是被审美主体感知、规定和创造的文本。群文阅读教学的关键，即是引导学生凭借既有的审美经验参与文本重构，使教师选择的这一组文本在学习过程中产生新的审美意义。其间的未知空间很大，充满教学挑战性。正因如此，群文阅读教学的课堂魅力更取决于教师的启发力、掌控力乃至学养底蕴。

其四，文本体验的探究性。从某种意义上讲，对未成年学生而言，阅读是他们认识生活的重要途径之一，较之生活实践而言，阅读往往更为直接。这其实对他们提出了很高的要求：对社会规则的理解、对历史演变的判断、对人性善恶的辨识、对生活常态的了解、对情感表达的分析等。如果学生不是在主动体验的状态下探究世界、历史，获取人生经验，而是被动盲目地接受教师传递的经验性结论，那对他们而言就永远存在着阅读盲区。

笔者认为，群文阅读的研究过程，恰恰能够最好地激发学生阅读的主观能动性，引导他们从“习得”到“学得”到“修得”到“悟得”，逐步进入阅读的自由王国，享受自在闲适的阅读情态，真正从阅读中得到最丰富的人生给养。

三、高中群文阅读教学的几点思考

针对目前正在启动的高中群文阅读教学研究，笔者有以下几点不太成熟的思考，提出来供其他研究者参考并批评指正。

1. 高中群文阅读教学与高中群文阅读备考的区别

如上所述，高考语文全国卷的题型变化必将对今后的语文复习备考带来重大影响。2017 年三套全国卷的实用类文本阅读题均采用群文阅读形式，阅读文本材料包括新闻、报告、时评、图表等。这意味着教师在备考时会把群文阅读训练的方向着眼于实用类文本阅读，并指导学生根据高考题型进行深入挖掘，强化训练，规范作答。自然，这是没有任何问题的。复习备考的目的就是整固知识系统，梳理考点联系，促升综合素养，适应考试题型，提高答题能力。但是，如果将群文阅读教学仅限于应付高考，那实在是巨大的浪费，也是错误的路径。笔者以为，群文阅读教学应该从高一开始，纳入常规的语文教学计划，集阅读、讨论、朗读、演讲、写作于一体，使语文课与语文综合性活动合而为一，变得更加丰富多彩，更加贴近生活。使群文阅读成为一条检阅历史、思考现实、畅想未来、浏览人生、凝练哲思的阅读高速公路。

2. 高中群文阅读教材重组与选文构想

从当前了解的课标修订情况来看，教材将按任务群教学重构。普通高中语文课程由必修、选择性必修、选修三类课程构成。三类课程分别安排 7—9 个学习任务群。中华优秀传统文化、革命文化和社会主义先进文化方面的内容，始终贯穿在必修、选择性必修、选修三类课程中。必修课程有 7 个学习任务群：“整本书阅读与研讨”“当代文化参与”“跨媒介阅读与交流”“语言积累、梳理与探究”“文学阅读与写作”“思辨性阅读与表达”“实用性阅读与交流”。选择性必修课程有9个学习任务群：“整本书阅读与研讨”“当代文化参与”“跨媒介阅读与交流”“语言积累、梳理与探究”“中华传统文化经典研习”“中国革命传统作品研习”“中国现当代作家作品研习”“外国作家作品研习”“科学与文化论著研习”。选修课程有9个学习任务群：“整本书阅读与研讨”“当代文化参与”“跨媒介阅读与交流”“汉字汉语专题研讨”“中华传统文化专题研讨”“中国革命传统作品专题研讨”“中国现当代作家作品专题研讨”“跨文化专题研讨”“学术论著专题研讨”。

这些学习任务群覆盖了高中学生语文学习、日常生活和未来工作所需的各种语言实践活动类型，也给群文阅读教学提供了极好的教材基础。在此基础上，要有效地组织高中群文阅读教学，还可灵活地重组教材，为群文阅读的展开做更精细的准备。笔者以为，群文选本组合策略有三：一是教材集萃重组，二是教师精选，三是师生共选。

教材重组的模式其实是多样化的，从教材角度看，既可直接以任务群为教学内容，进行群文阅读教学；也可以在任务群的基础上，组合必修、选修、读本教材中的相关篇目。既可以以必修教材的某篇文本为基础，附加多篇课外相关联的文本；也可以完全是课外内容的文本组合。就分类而言，可以是现当代作品序列，也可以是古代作品序列；可以是中国作品序列，也可以是外国作品序列；还可以是中外作品混合序列。就文体而言，可以以文学创作类文本为主，可以以文化经典类文本为主，可以以科技创新类实用文本为主，可以以哲学伦理类的思辨论述性文本为主，还可以以跨媒介的非连续性文本为主等。

从教师出发主导群文选材，优点是比较容易把握文本的质量，去粗取精，去伪存真。但师生共选文本也有其不可替代的好处，能加强学生阅读的参与感、自觉性和自主性。

群文阅读文本的选择一定要遵循社会主义核心价值观，在兼收并蓄的同时注意政治方向的正确性，力避可能产生的争议。

3. 高中群文阅读教学与国学经典研究相结合

当前，中华传统文化经典进校园是“立德树人”的重要举措之一，新编教材也提高了古代诗文所占的比例，基础教育阶段的“国学经典研究热”应运而生。

在笔者看来，国学经典中的很多文本内容，特别适合当作群文阅读的对象。国学经典中存载着优秀传统文化思想的内容，在学习中接受熏陶，在鉴别中提升素养，当是极妙的研修过程。国学内容庞杂，需要有一定的辨识优劣的眼力，在选文过程中，这种能力提升会是比较明显的。国学经典中有大量篇幅短小的文段，非常适合当作群文阅读的选材，学生在学习过程中可管中窥豹，以一斑而推知文本系统的全貌。

中共中央办公厅、国务院办公厅正式印发的《关于深化教育体制机制改革的意见》提出，要注重培养学生四大关键能力，即认知能力、合作能力、创新能力、职业能力；要建立促进学生身心健康、全面发展的长效机制。在这样一个新的高考改革背景下，高中群文阅读教学将有一个值得期许的明天。笔者相信，随着高中群文阅读教学在多地有序展开，将会不断整合一些全新的阅读教学手段，逐步实现群文阅读教学课程规范化、群文阅读教学研究课题化、群文阅读教学课堂多样化。

金风玉露一相逢，便胜却人间无数

——首届鄂浙语文名师交流活动侧记

浙江师范大学主办的“浙派名师”培训班，一直是浙江教育培训的一股清流，其中诞生了不少浙江省特级教师、正高级教师，是培养未来浙派教育名家的摇篮。2017 年年末，经湖北省教育科学研究院语文教研员蒋红森老师牵线搭桥，“浙派名师语文班”学员赴湖北宜昌进行交流培训，留下一段难忘的佳话。

小雪刚过，宜昌的天气突然变得阳光明媚，天高云淡，路边银杏叶缓缓飘落，气温也渐升至 18℃左右，格外温暖宜人。2017 年 11 月 23 日，浙江师范大学“浙派名师语文班”在湖北宜昌葛洲坝宾馆六楼会议室开班。同时，由“李伟杰国学经典研究名师工作室”倾力策划的首届鄂浙语文名师交流活动也拉开帷幕。

按照培训方案，首先由宜昌本地特级教师、正高级教师为客人作专题报告，介绍宜昌语文教学概况。当天上午的活动由湖北省语文特级教师、正高级教师、宜昌市第二十五中学教育集团教学副校长朱莉萍老师主持，由我作题为“身无彩凤双飞翼，心有灵犀一点通”的专题报告。报告结合我掌握的大量教学案例，对“自觉、自主、自在，共赏、共振、共鸣”的语文教学精髓进行了详细的阐释，并对涉及语文教学的很多具体问题提出了解决方案。对语文教师的定位，我强调了天赋与激情，强调了人文情怀，强调了无私奉献，这些都得到来访嘉宾的认同，在互动交流阶段进行了探讨。下午的活动由湖北省语文特级教师、正高级教师、葛洲坝中学语文教研组长陆美娟老师主持，湖北省语文特级教师、正高级教师、宜都市第一中学的杨邦俊老师主讲《语文人本教学的实践与探索》。杨邦俊老师激情飞扬，与来访的客人充分交流，探讨他独创的“语文人本教学论”的相关理念与实例，并就浙江、湖北语文教学的现状进行了分享剖析。这一天的活动，两地名师团队在分享经验的同时，还就一些教育热点进行了热烈的辩论。从客人们的发言反馈来看，他们认为宜昌市的同行理念先进，准备充分，教学案例既有前沿引领的独创性又有可资借鉴的实践操作性，体现了宜昌市作为“鄂派语文的一张名片”的风采。

次日，浙江客人来到“千年文脉、百年老校”的宜昌市第一中学，参观了既巍峨气派又秀外慧中的校园建筑，了解了图书馆阅览室等功能室配备情况，观摩了本地 4 位中青年名师的示范课。这 4 节课各有特色，精彩纷呈，很好地展示了“自在语文”的特有韵味。夷陵中学的邓少平老师执教《蜀道难》，以诵读指导带动学生沉潜涵泳于李白奇特瑰丽的想象世界。学生诵读方式多样，渐入佳境，高潮迭起，琅琅的读书声营造出让人流连忘返的诗意氛围。邓少平老师以她饱满的激情、高超的朗诵技巧、准确而适时的点拨，带领学生在诵读中去感知、体验、表达、创造，深切领悟这首千古奇诗之独特魅力。葛洲坝中学的曹诗芹老师执教《记梁任公先生的一次演讲》，抓住文本的核心要素，通过作者印象勾勒人物，传神地再现梁任公先生的雅量高致的神韵风采，将梁任公先生心系苍生的热心肠和率性的人格魅力展现在学生眼前。曹诗芹老师教学风格稳健从容，课堂设置环环相扣，层层深入。宜昌市第一中学的陈鹏老师执教《边城》，仅用一块黑板、一支粉笔、一本教材，以原生态的教学方式呈现沈从文笔下的湘西人物风貌。整节课紧紧围绕小说三要素展开，立足文本、回归本真。教师用真心与文本对话，用真情与学生交流。在质朴、自然的状态下引领学生去体悟作品的魅力。陈鹏老师俊朗帅气，气场十足，课堂点拨细致入微，写意传神，入脑入心，充分调动学生参与研讨的积极性，课堂气氛极为活跃。三峡高级中学的语文教研组长刘艾国老师执教《治乱亦进，以道觉民——〈论语〉〈孟子〉中的殷商圣臣伊尹及其他》。这节课有几个突出的亮点：其一，以深厚的国学功底，将“治大国如烹小鲜”的殷商圣臣伊尹与《箜篌引》“知其不可而为之”的白发狂夫作比较，凸显“仁”与“义”的主线，为大家呈现了一个极具研讨价值的有深度、有广度、有温度的国学经典研究课堂；其二，对《论语》《孟子》两部经典进行筛选整合和主题重组，多个文段的“群文阅读”激发了学生的研究热情，也开启了宜昌市高中语文“群文阅读教学研究”的新篇章；其三，以同步直播、全景课堂的形式惊艳全场。学生和听课教师端坐于一方室内，却能够跟随外景教师的脚步，身临商丘、步入孟府，去触摸古代圣贤伊尹“治乱亦进、以道觉民”的高尚灵魂，这种身临其境一般的实地感受，效果自然不同；其四，与学生的对话既亲切自然又不失严肃，对他们理解不到位的地方均直指其弊，并无太多遮掩避讳，学生也欣然接受并无不适，对培养学生的严谨思维起到了较大的帮助作用。

几位教师的观摩展示课赢得了听课教师自发的掌声，课后的交流也非常热烈、深入。两天的活动分别由湖北省语文特级教师、正高级教师、夷陵中学的语文教研组长万永翔老师和湖北省优秀语文教师、宜昌市第一中学的语文教研组长谢兴吾老师主持。两地名师互提问题，相互交流，收获颇多。“浙派名师语文班”的金波老师、程永超老师等，夷陵中学的赵华老师、雷冬梅老师，宜昌市第一中学的秦建军老师、葛洲坝中学的毛群老师、金东方学校的向立力老师等都发表了很有见地的意见，既针对课堂中实际存在的问题，也拓展延伸到带有普遍意义的相关语文问题。

本次鄂浙两省语文教学研讨活动，真实地展现了两地优秀教师在语文教学理念上的相通性，为语文教学、教研提供了一个开放性的平台。宜昌名师的报告以及在课堂上的演绎，体现了理论与实践互促共生。两地名师基于课例的思想碰撞让我们欣喜地看到，两地名师在教育风格与个性探索上展现的教育智慧，就是语文教学的生命力之所在。鄂浙两地语文名师之间的相互学习、共同提升虽然才刚刚开始，但这次活动带给与会教师们的感悟和思索，也必将是真切而深远地影响身处活动现场的每个人，并最终作用于教学实践，在成就教师自身的同时，更会成就一代又一代的学生。

"李伟杰国学经典研究名师工作室" "万永翔高中语文名师工作室" "朱莉萍初中语文名师工作室"全体成员均参与了本次活动，城区高中语文教研组长和全市高中、初中部分教师也参与了观课、议课，甚至还有部分学生家长也闻讯赶来听课。两地语文教师在交流中增进了了解，也增进了情谊，双方都希望以后能有更多这样的交流机会。

鸟瞰学生写作核心素养

很多年前说起语文能力，一般无非指“听、说、读、写”而已。现在则上升到了语文核心素养的范畴，即“语言建构与运用、思维发展与提升、审美鉴赏与创造、文化传承与理解”四个层面。无论是涉及范围还是理论高度，都有了较大的扩展和提升。而这几项内容，其实与写作教学都有非常密切的联系。

如果要从写作层面来重构上述内容的话，笔者想用下面一组词来定位高中学生写作核心素养：“历史理解的精准与文化传承的积累，语言建构的严谨与文字表达的流畅，辩证思想的深刻与思维逻辑的清晰，审美创造的灵动与叙事风格的独特。”或者更简洁地说，就是要培养学生的认知力（客观真实的发现与还原）、思辨力（思维逻辑的梳理与辩证）、想象力（主观镜像的建构与升华）、表现力（历史文化的储备与释放）。

写作的根本目的，是了解社会，直面人生。对高中生而言，学会敏锐地发现客观存在的真实性，同时通过语言来描述自己感知的世界，让读者有所体会，有所感悟，甚至得到某种启迪，这就是我们所说的认知力。而要具备精准的认知力，一是要不间断地学习进取，二是要有计划地积累体验，三是要有必要的好奇心。

从小学阶段开始，学生逐步养成观察、体验身边事物的习惯，但这还不够。因为他们往往只是停留在了事物的表面。高中生必须具备在更广阔、深远的背景之下思考问题的能力，具备从微观联系到中观再联系到宏观的能力。

“发现”是一个奇妙的过程，它既与每个人的知识积累息息相关，更与观察事物的切入点密不可分。有时，它仅是对大家熟视无睹的现象的再次剖析，换一个角度看世界，换一种思维方法分析问题，得出的结论就会大不相同。

思辨力的获得则是认知力发展到一定程度的升华，是在已有知识积累和实践经验的基础上，对现实或历史等问题采用概念、判断和推理等形式进行逻辑思考进而形成自身思想观点的过程。在层层推进的论述过程中，选择一个或多个适当的观测角度，避免偏执与绝对化，警惕草率的从众心理，学会辩证理性地思考问题，透彻有序地阐明道理。高中时代是人生观、世界观、价值观逐渐成形的关键时期，有意识地培养学生的思辨能力，不仅有助于提高他们的写作能力也有助于他们健康成长。

想象力和表现力则是互为关联的。刘勰在《文心雕龙》中曾有一段著名的论述：“文之思也，其神远矣。故寂然凝虑，思接千载；悄焉动容，视通万里；吟咏之间，吐纳珠玉之声；眉睫之前，卷舒风云之色：其思理之致乎?”这其实指明了写作中想象力与表现力的来源：历史文化的储备与释放，主客观易位的虚拟与重构。从某种意义上讲，这既需要广泛阅读学习的基础，也需要信手拈来运用自如的天赋。读大师的经典作品，可以模仿借鉴其篇章结构的繁复精巧和语法修辞的谨严华美。但这还不够。因为作品风格的形成，需要从前人的基础上进行推陈出新。“江山代有才人出，各领风骚数百年”，而每一位文坛大家，都是敢于在前人基础上“翻唱杨柳枝”的高手!

想象力有时需要跳出客观现实的圈子，再造属于作者的与众不同的主观世界，正所谓源于生活而高于生活。很多写作者的形象思维是靠直觉推动的，但这种直觉又来源于自身的生活积累和阅读积累，通过某种交织而产生出超越常态的重构与升华。屈原“制芰荷以为衣兮，集芙蓉以为裳”的美幻，李白“飞流直下三千尺，疑是银河落九天”的飘逸，顾城“黑夜给了我黑色的眼睛，我却用它寻找光明”的奇崛，无不出自作者不同寻常的想象力。

前面已经提到，表现力与想象力密不可分，它是将作者天赋完美呈现于读者面前的媒介，需要作者调动多种感官敏锐地捕捉自己的独特感受，同时娴熟地运用多种表现手法准确塑造人物、再现场景、表达情感，让读者感同身受，得到与众不同的艺术体验。

培养想象力与表现力的途径为“习得”——“学得”——“悟得”。其实在教师介入前，学生已具备了一定的写作基础，只是有时会被忽略而已。在学习写作之前，通过与外界的语言交流，一般的学生均掌握了一定的口头表达能力。而口头表达与书面表达有着密不可分的关系，这其实就是很好的写作基础，也就是“习得”。某些教师一开始就规范限制学生的写作，美其名曰“入格”，从而给他们戴上难以摆脱的紧箍咒，使学生一开始就不得不写四平八稳的作文。学生自然不得写作的要领，更难以激发出写作的兴趣，甚至早早地闻“文”丧胆，唯恐避之不及。

“学得”是重要的途径，方法与规范是“习得”的重要内容。但如何教方法，如何让学生在自由表达思想与合乎写作结构章法及修辞之间寻求某种兼容的平衡，是区分教师高明与平庸的试金石。有些教师担心，一旦让学生自由表达思想，那岂不是天下大乱，学生要是无所顾忌胡说八道该怎么办？其实，你只要静下心来想一想，作为学生思想方法形成的主要引领者，教师在课堂上潜移默化的导向会是怎样呢？教师们身教胜于言教的精神楷模何在呢？这些会在学生思考写作过程中完全遁形吗？难道只有让学生变身为无趣说教的传声筒，说些连自己都不信的诳语、废话，才是我们希望看到的“鸡汤美文”吗？殊不知，这些教师在无端压制学生那些发乎性情、合乎人性的表达时，本身就在传导某种极为扭曲的价值理念，让学生从小就体会到“投师所好”带来的“好处”，自然会形成投机取巧的拙劣文风，这实在是得不偿失的。

“悟得”是写作更上一层楼的必由之路。没有哪一个真正的作家是教出来的。从生活中体验，从阅读中感悟，加之对语言文字独到的感受，对章法结构乾坤大挪移的驾驭能力，这些其实都是属于前面所说的“天赋”的。“众里寻他千百度，蓦然回首，那人却在灯火阑珊处。”能达到这样的境界，当然是可遇不可求的。对于绝大多数学生而言，如果能够在“悟得”的过程中，逐步体会到某种写作的乐趣，真实地记录成长经历中每一个有意义的片段，从自己的每个“第一次”中体察人生的酸甜苦辣，在面对必须独立处理的个人事务或无法回避的社会问题时，能够自由而准确地表达思想观点和情感态度，或者甚至仅仅只是得到哪怕一鳞半爪的心得感悟，也就足够了。不是每一个人都可以成为专业作家的，但是，写作可以成为每个人一生中最忠实的伴侣，只要你真诚地对待它，它便永不会背叛你的心灵。

据说，在闻名世界的伦敦威斯敏斯特大教堂的出口处，有一块无名氏的墓碑，其碑文如下：

当我年轻的时候，我的想象力从没有受到过限制，我梦想改变这个世界。

当我成熟以后，我发现我不能改变这个世界，我将目光缩短了些，决定只改变我的国家。

当我进入暮年后，我发现我不能改变我的国家，我的最后愿望仅仅是改变一下我的家庭。但是，这也不可能。

当我躺在床上，行将就木时，我突然意识到：如果一开始我仅仅去改变我自己，然后作为一个榜样，我可能改变我的家庭；在家人的帮助和鼓励下，我可能为国家做一些事情。然后谁知道呢？我甚至可能改变这个世界。

从改变自己开始，一切并不困难，培养写作习惯也是如此。学生一旦从思维训练和技巧训练中获得不断提升的能量，语文核心素养对他们而言，就不再是虚无缥缈的纸上谈兵，而会是帮助他们在写作中妙笔生花的神奇方法。

在金陵古城遇见写作

芳菲四月，春风和煦，万物生长。这个季节，最适合约三五好友小聚，翻几页书，吹几许风，喝点小酒，写几句文不一定对题的诗。而在脑中搜索，最宜作为聚会背景的，当是秦淮河畔，桨声灯影，遍览白下旧时风光。当然，一位中学时代很要好的同学在南京工作，也是这个城市对我特别有吸引力的原因。

也恰在此时，我收到全国第四届“三新”作文教学研究活动的邀请函，地点就在南京。本次活动由全国中语会指导，由全国“三新”作文教学研究会理事会、《新作文》杂志社主办，研讨会会场设在百年名校江苏省南京市宁海中学。兴之所至，我爽快地接受了邀请，带着湖北省高中语文名师工作室的几位成员欣然赴会。

说起“三新”作文，不得不提《新作文》。这是一本全方位聚焦中学生写作的良心杂志，在写作教学研究方面走在很多同类杂志的前面，主编张水鱼老师为人很随和，做事却非常认真，只要认准前进的方向，排除万难也要抵达目标。圈子里都叫她“水先生”，她倒是特别满意这样的称呼，因为她觉得，“水利万物而不争。能自己活动且能推动别人的，是水；经常探求自己方向的，是水；遇到障碍能发挥百倍力量的，是水；以自己的清洁洗净他人的污浊，有容清纳污度量的，是水；千变万化而不失其本性的，还是水”。而这些特性，正是办好一本学术性杂志的必备品质。她联合全国著名语文特级教师黄厚江老师创办的全国“三新”作文教学研究会，扛起“新思想、新探索、新课堂”的大旗，集结了一批在全国有影响的写作教学名家，每年召开一届研讨会，从荆州到苏州，从中山到南京，现在已经是第四届。

本次活动时间跨度不长，两天的活动，但安排很紧凑，信息量大，内容丰富，让与会者不虚此行。四个半天共分四个板块："专家新视野""对话新课堂""聚焦新探索""名家新思想"。设计上考虑到了不同层次的互补，既有理论阐释又有实践操作，每个板块都是精彩纷呈、亮点突出。

第一个板块是"专家新视野"。首先由全国中语会理事长、人民教育出版社编审顾之川老师作题为"作文研究现状和思考"的专题报告，对作文教学的研究现状与发展趋势作了精准的剖析和宏观的指导。顾之川老师从以下几个方面进行了交流：写作是关键能力、课程标准中的作文、语文教材中的作文、考试评价中的作文、作文研究与作文竞赛以及作文教学现状与思考。他强调要指导学生学会多角度地观察生活，丰富生活经历和情感体验，对自然、社会和人生有自己的感受和思考；学生应能考虑不同的目的要求，陈述自己的看法，表达真情实感，培育自己科学理性的精神；作文是一种书面表达，写作的时候要观点明确，内容充实，思路清晰连贯，能围绕中心选取材料，合理安排结构；学生要学会有个性、有创意地表达，能够根据个人特长和兴趣自主写作，在生活和学习中多方面地积累素材，多想多写，做到有感而发；学生要不断提高记叙、说明、描写、议论、抒情等基本表达能力，并努力学习运用多种表达方式，能调动自己的语言积累，推敲、锤炼语言，表达力求准确、鲜明、生动；学生还要学会独立修改自己的文章，结合所学语文知识，多写多改，养成切磋、交流的习惯。

紧接着，河北省唐山市开滦第一中学校长张丽钧作题为"写作：一种邀请对话的姿态"的专题报告。张丽钧校长有多个头衔：唐山市十杰青年、全国十佳教师作家、河北省语文特级教师等，还获得过全国五一劳动奖章、全国三八红旗手等荣誉称号。张校长从为何对话、与谁对话、好的对话、坏的对话以及我的对话五个方面对写作进行了阐释。她以幽默风趣的语言，结合自己的教学和写作实践，使教师们对“对话”有了直观的体验。她的故事本身便具有一种天然的吸引力，加之她的热情、率真以及周身散发的自信的魅力，使得现场屡次掀起掌声潮。

全国“三新”作文教学研究会理事长、著名特级教师黄厚江老师作题为“关于‘写作目的’等话题的异向思考”的专题报告。黄老师娓娓道来，以讲故事的形式，生动形象地说明了“写作目的”是多样的、多元的，没有高下之分。他还给听众分享了他的写作经历及从中得出的几点体会：不依靠作文书，要读写结合；喜欢写，想要写很重要；关注心灵，生活是取之不尽的源泉；关注生活体验；怎么教作文，要善于引导学生从生活中发现素材；善用自己的写作体验去激发学生的写作兴趣；在写作中教写作，脱离写作讲写作是误人子弟；作文课成为一起写的过程；不是每一个孩子都能把作文写好，因此我们所能做的是让每一个孩子有进步，能享受写作的快乐。

第二个板块是“对话新课堂”。这个板块由苏州工业园区语文教研员徐飞老师主持，展示的是作文教学的课堂操作。太原市教育科学研究中心中学语文教研员任海林老师执教《以公民的姿态做理性的表达——让你的认识更深刻》，南京市宁海中学副校长刘宏业老师执教《反弹琵琶，守正出奇》。任海林老师找了一个比较有话题性的热点来切入课堂。他以曾经的理科状元、清华研究生石悦选择做一名网络游戏主播的事例，引发学生讨论。让学生自己找素材支撑观点，并提供正反事例让学生点评选择，在比较中做出符合理性的判断。结尾处要求学生给石悦写一封信，阐明自己的观点。刘宏业老师则是以《随园诗话》中的文言小故事导入，启发学生看问题时要善于运用逆向思维，对作文的立意进行创新。并设计了“世语新说”环节，针对司空见惯的俗语进行“反弹琵琶”，要求有理有据，同时强调“反弹不是乱弹，既反常又合道才有奇趣”，引导学生在敢于质疑的同时保持辩证思维的理性。学生思维被很好地调动起来，课堂发言精彩不断。随后，江苏省中小学教学研究室语文教研员、特级教师张克中老师对两节作文课进行了精当而中肯的点评。张克中老师肯定了两节课的共同优点是课堂设计精巧，重心落脚在思维训练，而非技巧训练。思维训练是作文教学的本质属性，技巧训练只能是附属物，有时候机械的应试技巧指导多了，学生反而不会写作文了。

活动的重头戏是课后的“三新论坛”，组委会邀请了王尔楷、沈建军、曾宪一、封义珑、罗小维五位专家主讲，他们都是全国知名语文教育专家。我作为湖北省特邀代表，也忝列其中作了关于作文教学的专题发言，发言的题目是“高中写作教学的基本定位”，主要内容如下：“过去说起语文能力，一般无非听、说、读、写而已，现在则上升到了语文核心素养的范畴：‘语言建构与运用、思维发展与提升、审美鉴赏与创造、文化传承与理解’四个层面，无论是涉及范围还是理论高度，都有了较大的扩展和提升。而这几项内容，其实与写作教学都有非常密切的关联。如果要从写作层面来重构上述内容的话，我想用下面一组词来定位高中学生写作核心素养：历史理解的精准与文化传承的积累，语言建构的严谨与文字表达的流畅，辩证思想的深刻与思维逻辑的清晰，审美创造的灵动与叙事风格的独特。或者更简洁地说，就是要培养学生的认知力（客观真实的发现与还原）、思辨力（思维逻辑的梳理与辩证）、想象力（主观镜像的建构与升华）、表现力（历史文化的储备与释放）。高中写作教学应该实施分类教学、分层指导，逐步独立出来，形成与阅读教学相辅相成的一大分支。高中写作教学是一个承前启后的阶段，既不同于小学、初中作文教学的入格训练，也不同于大学写作课的理论指导，它应该是在入格合规的基础上进行升格出彩的指导，是在指导学生熟悉各类文体写作的基本法则之后的批判性思维训练，是对学生人生观、世界观、价值观形成过程中的一种潜在牵引。所谓精骛八极，心游万仞，开阔视野和深邃思想的打磨过程其实远比写作本身更为重要。”

第三个板块是“聚焦新探索”。前半部分是作文教学先进区域或学校的经验分享。武汉第三寄宿中学的语文教师李晶执教《让时代气息扑面而来》，核心是植根现实热点材料，力求培养学生思辨能力。武汉市教育科学研究院的语文教研员梅晴老师介绍湖北省作文教学课改经验，发言的题目是“在对生活的思考中找到自己”。梅晴老师从研究课的尝试价值、研究过程的探索和收获两个方面说开去，告诉我们写作应有“独立之精神、自由之思想”，我们要牵着学生的手行走在生命最鲜活生动的一段岁月中，用心感受，学会思考，找到自我。这一板块的后半部分是“个人新实验”。“创课”代表深圳的游云云老师执教《“病”写真“情”》。游云云老师注重课堂活动的设计与推进，从学情出发，巧妙引导，帮助学生自我构建。接着三名“创课”代表说课，说课内容分别是广州的徐惠丽老师的《学会围绕中心选材和组材》、四川的刘小芳老师的《从一座“桥”说开去》、湖北的苏良明老师的《巧用穿插显神韵》。三位教师的说课，妙趣横生，生动朴实，赢得了教师们的阵阵掌声。最后，江苏省特级教师、南京市第十七中学校长袁爱国老师对三位“创课”老师的课进行了点评。

第四个板块是“名家新思想”。大会特邀的上海师范大学中文系教授郑桂华老师执教的内容是初中的作文讲评，随后作了题为“写作任务设计的思考和建设”的发言。郑桂华老师指出：“造成写作教学课效果不佳的原因比较复杂，有时代因素、社会因素和课程建设因素，而前两点是语文教师不可控的因素。语文教师首先要想清楚的就是把写作教学本来不该承担的许多职责拿掉；其次要想清楚写作教学应该承担什么，应该怎么做。写作教学的特殊性有很多，关键在于培育学生愿意写作、喜欢写作的种子，引导学生意识到写作是一项生活技能，是生命的需要。写作教学的设计、实施与评估，均应围绕培育这颗种子来建构。”

高朋如云，气氛热烈，尽情演绎语文人的情怀，书写“新思想、新探索、新课堂”的新篇章，共同探索作文教学的正道。写作，让我们心灵相通；写作，让我们听见孩子们拔节生长的声音。全国第四届“三新”作文教学研讨会吸引了全国各地五百多位语文教研员、语文教师参加。这场盛会传播了作文教学新理念，推动了各地作文教研成果的交流，产生了积极的影响。最后进行的全国“三新”实验学校授牌和“创课”颁奖，为本次作文研讨盛会画上了圆满的句号。当阳市第二高级中学、枝江市第二高级中学成为现场被授牌的实验学校之一，为本次会议的宜昌元素增加了新的光彩。

重视诗歌教学的唤醒意识

松永贞德俳句云："辰光只开一刻钟，但比千年松，并无甚不同。"在这诗句里，我们体会到人生美好时光的珍贵，"朝闻道，夕死可矣"的拨云见日，使人顿然了悟，回心向善。可见诗歌之于人的内心世界，是有着一种巨大的唤醒作用的，在日常语文教学中不可不重视。

在全社会重视素质教育的今天，语文教师应重新审视诗歌教学，应把诗歌教学作为提高学生整体素质、培养学生综合能力的一个重要手段。

那么，如何在语文教学中体现对诗歌的重视呢？这是一个见仁见智也不易把握的问题。有人提出应在教材中增加诗的分量，在高考中增加诗的份额，我颇不以为然。目前的教材已承载了过多文学、政治的内容，不宜再增，而诗歌由于其特殊性，选入教材的更应精益求精。倒是编辑相应的中学生课外诗歌读本，不失为一种好的形式。在刚刚开始使用的部编版教材中，涉及诗歌的有六个单元，其中两个单元涉及现代诗歌。这个比重不算很大，但已足以体现对诗歌教学的重视。至于高考，古代诗歌赏析一直是固定的题型，每年必考。其实恰好是现代诗歌与高考的"距离感"，给我们提供了一个改革传统教学形式的机会，可以大展拳脚。2019 年底推出的高考全国卷样卷新题型中，将现代诗歌纳入文学类文本阅读，这是一个极为大胆的尝试，而且极大地增加了现代诗歌在试题中的比重，但能否真的实施还需考察。

在过去的教学实践中，我比较注重在课程标准规定的教学时限内，激发学生赏析乃至创作诗歌的兴趣。通过经典名作的点评举一反三，引导学生到课外去吮吸更多优秀诗歌的养分。通过诗歌教学唤醒学生对世界的认知，对真善美的体悟和感知，教会他们用全新的视角审视世界，用全新的语言文字表达来勾勒内心世界。据此，在进行高中诗歌教学中，我特别注意营造一种诗歌讲析的氛围，并使整个单元教学的结构更符合诗歌的特点，名之为“诗歌教学结构的诗化”：吟咏、浸润、启知、探寻、勃发。

吟咏。诗歌是感性的，过于佶屈聱牙的就不是好作品。所以，学习诗歌的第一步就是要反复吟诵，通过直觉去体验诗歌。“熟读唐诗三百首，不会吟诗也会吟”说的就是这个道理。朱光潜先生说：“我欢喜读英文诗，我鉴别英文诗的好坏有一个很奇怪的标准。一首诗到了手，我不求甚解，先把它朗读一遍，看它读起来是否有一种与众不同的声音节奏。如果音节坚实饱满，我断定它后面一定有点有价值的东西；如果音节空洞零乱，我断定作者胸中原来也就空洞零乱。我应用这个标准，失败的时候还不很多。”(《诗论》）这实在是很有效的方法。在接触作品之初，我就指导学生按此法进行泛读，在吟咏中揣摩作者的所思所想所喜所悲，以及作品传达的独特趣旨和感受。然后，由学生自选一首本单元中最喜欢的作品，在小组中朗诵，并由其他同学按节奏、读音、情感几方面的标准进行评判。这样，多数同学对本单元的内容不仅有了初始的印象，且对喜爱的诗基本能背下来。

浸润。诗与散文最大的不同，在于诗歌所蕴含的文字之外的意义，在于符号之下附载的意象、暗蕴的哲理、流淌的音韵、跃动的情趣。在诵读的基础上，能对每首诗中潜藏的独特内容进行初步发掘，便可算是入门了。对于不同层次的学生，教师应有适度的把握。对此，我的做法是让学生找出每篇中自己最喜欢的句子，然后对其独到的句式、节奏及用词加以品评，并相互交流讨论其在篇中的作用。学生的讨论有时会得出奇妙的结果。例如他们曾为艾青为何赋予大堰河母亲以“紫色的灵魂”而争论不休：有的说，作者借用诗的特点给看不见的灵魂染上“紫色”，是沿袭中国古代传统对色彩的认识，显示大堰河母亲品德的高贵；有的说，紫色是殷红的血色和黄黑的泥色的混合，代表了大堰河母亲所受的苦难，也代表了她质朴坚韧的本性；有的说，紫色是阳光中最夺目、最具穿透力的颜色，暗喻了大堰河博大的母爱给诗人心灵带来的最强烈的震撼。诗无定论，学生能结合自己的感情投入其中，体味作者的心声，甚至进行某种意义的再创作，读诗的目的便达到了一大半。在讨论之余，教师可根据每首诗的特点拟一些小问题，引导他们进行更深入的思考，为后面的鉴赏、比较打下基础。

启知。这一步以教师的范读、讲析为主。教师的责任在于通过这些诗的范例，引导学生了解诗、热爱诗。所以，讲析并不需要对某一首诗做到面面俱到，只要能使学生了解这首诗与众不同的特质，并由此了解诗歌某一方面（或几方面）的要素和规律，就算有所收获了。例如，讲评艾青的《大堰河——我的保姆》，着重让他们了解作者如何以诗的形式塑造乳母形象，以及这种真挚情感中蕴含的思想内容，回环往复的包孕式结构中流动的自然旋律；讲评流沙河的《就是这一只蟋蟀》，则需让学生知晓作者如何借助古典诗词中“蟋蟀”这一牵人乡思乡愁的意象，在诗中跨越时空编织出炎黄子孙对故土的怀恋，从而让学生懂得意象何以被称作“诗歌的灵魂”。舒婷的《致橡树》以纤细的情思、拟人的手法唱出女性对平等自由爱情的渴望；普希金的《致恰达耶夫》则以重重叠叠的比喻，形象贴切地深入到自己的内心，体现出诗歌表达内在情感的巨大穿透力；惠特曼的《啊，船长，我的船长》建造起整体象征的大厦，而读者还能感受到更多的东西，并由诗人流露的战士对统帅、水手对船长的敬仰之情，联想到我们浴血牺牲的先辈，从而使学生在联想中认识诗歌无限的包容性。

探寻。在指导学生鉴赏的过程中，教师还要善于通过比较的方式拓展学生的视野，激活学生的思维。这种比较是多层面的，不拘一格的。可以是本单元内两首或几首诗之间相似性的比较，如《大堰河——我的保姆》《就是那一只蟋蟀》《啊，船长，我的船长》的结构比较；可以是同一诗人不同时期不同风格诗作的比较，如流沙河的《就是那一只蟋蟀》与他稍前创作的《乡愁》，普希金的政治抒情诗和他早期的爱情诗的比较；可以是风格相类的不同诗人的比较，便如惠特曼与郭沫若的比较。这些往往能使学生对诗歌有更深刻的认识，并因此产生浓厚的兴趣，到课外天地里探寻更多诗的奥秘。

勃发。诗歌对于学生最大的牵引，不是阅读的满足，而是被唤醒后创作欲望的勃发。只有当他们进入到这个层面，诗歌的感染力和号召力才是最大的。学生苦心孤诣地寻求灵感突破，推敲词语架构与诗的旨趣间的关联时，诗歌在语文教学层面的特殊作用就会发挥得淋漓尽致。“藏红花/飘落在青藏高原/血一滴滴浸润/却见顽强的格桑花/在炙热的阳光下/明媚绽放”，以两种常见的藏地花卉，暗蕴了某种文化传承的神奇，足见诗人慧眼。“时间在跳动/水里的温度将冰川融化/陆地上的鱼儿跳跃着/时间啊/踩着脚印/一步一步走向凋零/芬芳即将盛开”，看似荒诞的场面，却将沧海桑田的宇宙变迁，一下子浓缩成踩着脚印行走的跫音。这些由学生们创作的文字，便是语言创造力被唤醒后的模样。

中学语文教师肩负弘扬中外优秀文化、培养学生正确审美观的历史责任。以诗歌教学为突破口，培养学生的综合能力及相应的文学素养，唤醒其审美与创造的潜能，应是很好的方向。

云集篇

“九日登高眼界宽，羽衣云集尽清欢。”在曾子的理想画面中，“莫春者，春服既成，冠者五六人，童子六七人，浴乎沂，风乎舞雩，咏而归”是最宜人的场景。这也是语文人的终极理想。得二三知己相携相伴，做志同道合的研究，解决语文教学的实际问题，岂不快哉！

筚路蓝缕的盛大节日

我在教研部门工作的这十多年里，经历了宜昌教育从义务教育阶段课程改革到高中课程改革、高考改革再到中小学教育质量综合评价改革的主要过程，见证了宜昌教育改革起步、徘徊、冲刺、腾飞的光辉历程。身在其中既感受到变革的压力，体会到摸索的艰难，又不断地为身边的领导、专家、一线教师投身改革事业的果敢无畏、敬业奉献而由衷感动，更为我们不断取得的丰硕成果而无比自豪。作为一个教研人，我深刻体会到，在宜昌教育这个大熔炉里，尸位素餐是一件很羞耻的事情，要办老百姓满意的教育，就必须时刻开动脑筋做些实实在在的事情。但教育关系到千家万户的切身利益，又切忌轻举妄动，必须统筹全局，时时处处从老百姓享受优质教育的需求出发，做扎实的社会调研，才能把好事办好，才可能得到社会各界的一致认同。

“其作始也简，其将毕也必巨。”（《庄子·内篇·人间世》）让我特别庆幸的是，在我将要迈入教研工作倒计时的时刻，又迎来了中国教研人的春天。2016 年 7 月，教育部基础教育课程教材发展中心刘月霞副主任出席全国首届教研创新论坛，发表了题为“中国教研的价值与使命”的重要报告，第一次明确教研员队伍在中国教育体系中不可替代的重要作用。继而在 2019 年 10 月，教育部正式发布实施了《关于加强新时代教育科学研究工作的意见》（以下简称《意见》）（教政法［2019］16 号），这是中华人民共和国成立以来教育部印发的首个教育科研规范性文件，对推进新时代的教育科研工作具有划时代的重大意义。该《意见》充分肯定了教育科研在教育改革发展中的地位和作用，确立了新时代教育科研工作要以“坚持正确方向、服务实践需求、激发创新活力、弘扬优良学风”为基本原则，以建设教育科研强国为发展目标的总体要求；提出了“丰富完善中国特色社会主义教育理论体系、全面提高服务决策能力、推动解决教育实践问题、充分发挥专业引领作用、着力提升国际影响力、加强科研成果转化”六个方面的重点任务；明确了“健全教育科研机构体系、完善协同创新机制、提升治理水平、创新科研范式和方法、改革教育科研评价”五个方面的教育科研体制机制创新；强调了“高度重视教育科研队伍建设、切实增强教育科研工作者的使命担当、促进教育科研人员专业发展”三个方面的高素质创新型科研队伍建设要求；强化了“加强党对教育科研工作的全面领导、加大教育科研经费支持力度、加强对教育科研工作的政策保障”三个方面的教育科研工作保障条件。

在这样一个激动人心的大背景下，经过一年多的谋划筹办，宜昌市教育科学研究院在 2019 年 10 月推出了建院史上的第一个属于宜昌教研人自己的盛大节日——“宜昌市首届中小学、幼儿园教研节”。据我所知，这对国内市州级以上的教研部门而言，也算是一次首创性的活动。教研节并不仅仅是一个单纯的节庆活动，也不仅仅局限于教研部门，而是“市教科院搭台，教研部门与学校共同唱戏”，以“教科研是教育第一生产力，是教育核心竞争力，是教育可持续发展推动力”为号召，将全市所有与教科研有关的教研员、学校管理者、基层教师紧密地团结在一起，呈现创课、磨课、评课的过程思路和具体做法，展示课堂教学研究心得成果，分享校本教研带给我们的发自内心的愉悦，共同推进日常教学活动与教科研工作的紧密结合，让课堂改革与中小学教育质量评价综合改革的新理念、新思维在每一个偏僻的角落生根发芽。全市高中、初中、小学、幼儿园共 4 个学段设立了 10 个分会场，教师们总共开展了 44 场主题活动，作了 38 场专题报告，上了 56 节示范课，点评了 66 节次的课例，分享了 94 次经验交流。每个分会场都是一处宜昌基础教育教科研成果的展示现场，每个教育流程安排都是一次设计精妙的校本研修实践活动，每个专题报告都是一次闪现先进教育思想理念火花的培训。全部活动历经10余日，内容充实饱满，效果艳惊四座。兄弟市州教研部门及中小学校组队前来参观，本地高等院校如三峡大学田家炳教育学院、文学与传媒学院、马克思主义学院、外国语学院的师生也闻讯而来，观摩人员总计超过3500人，盛况空前。宜昌市各学科工作室成员在教研员们的指导下，倾力参与活动全程，积极设计活动方案，组织教师精心打磨活动细节，共同的努力让示范课精品迭出，为学科教学打开了一扇扇研讨示范之窗。每一节示范课上，教师通过“情境导入——问题探究——巩固应用——评价反思”的教学方法引导学生自主思维，合作探究，教师鼓励学生们通过亲身实验与独立思考，弄清楚各知识点的来龙去脉，循循善诱的过程化展示教学与研究，让大家看到核心素养究竟是如何贯穿课堂，又是如何具体落实的。教研节的所有授课教师和多数现场点评专家都是由宜昌本土培养，是一线教师身边的榜样，让参观者觉得既亲切又振奋，心生向往，跃跃欲试。来自监利县第一中学的教师兴奋地表示：“宜昌的教研节是一种大胆的创新！过去听过很多关于宜昌教育的神话，但百闻不如一见，这样的全流程展示，不仅让我看到了课要怎么上，更看到了一节好课诞生的过程，看到了备课组组织教研活动最精细的所在。我通过观摩受到很多启发，回去得好好研究。”

本届教研节还有几大亮点，受到基层学校的欢迎。亮点一是中国科学院老科学家科普演讲团受邀出席盛会，副团长白武明教授作专家报告《科学就在我们身边》，为师生普及现代科学常识，介绍最新技术前沿领域，引领学生们了解当今科学技术的发展及与我们生活的关系。主要内容包括信息科学技术、生命科学和生物技术、生物多样性、生态与环境保护、地球科学、核科学技术、天文、航天、航空、激光、微电子、遥感、新材料、新能源、现代磁学及应用技术及公共安全。白武明教授采取互动式演讲方式，不仅突出知识性、科学性和通俗性，更强调趣味性和新颖性，极大地调动了与会师生了解科学最新成就的热情。

亮点二是集中展示备课组校本教研活动。除了示范课展示之外，还有集体备课，授课教师反思，同事互助评课，专家指导点拨等一条龙呈现展示。如宜昌市科技高中语文教师熊臻臻、何俊分别展示了她们执教《堂吉诃德》的思路和重点后，从同课异构的角度进行比较反思。同组的孟娜、李家贵、李秀萍、徐珩、李颖、易康、向薇等老师畅所欲言，从把握整本书阅读的方法、教学目标的达成、课程流程设计、学生创新能力的培养等角度发表观点。邱望清副校长作点评小结，结合学生的实际，指点课堂迷津，要求两位教师要更加注重引导学生提高读书兴趣。他认为这次“同课异构”的尝试，实现了教师间的“合力效应”，促成了教师间的知识共振、信息共振、心理共振。教师在同课异构中发现问题，课堂教学水平在不断解决问题的过程中逐步提高。教研节中类似的场景经常出现，例如宜昌市夷陵中学思想政治教研组“模拟＋”课程的现场展示：由文敏老师负责的“模拟法庭”，由朱爱华老师负责的“模拟产品发布会”，由杨运芬老师负责的“模拟企业招聘会”，精彩而又非常专业地模拟了社会生活，得到了与会教师的高度评价。教研节突出地彰显了“教师即研究者，教研组即学科课程研发团队”的理念，展示了基层学校“校本化、特色化、专业化”的教研活动特点，真实地记录了“研究在教师身上发生，研究在教学活动中发生”这一精彩过程。

亮点三是高中学段集中展示了“学科教学渗透生涯规划教育第一课”，为学科教学与生涯规划教育的融合提供了宜昌教研人的思考和示范。自2014年浙沪两地开始推行新高考，包括“学涯、职涯、生涯”在内的生涯规划教育就迅速成为热点。但很多地方的生涯规划指导只停留在“分科选课指导”“职业兴趣测试”“高考志愿填报”等方面，没对如何激发学生兴趣潜能、为未来适合的职业选择夯实基础做出引导，尤其是把学科教学与生涯规划截然分开，使学生处于一种茫然无措的迷失之中。本次教研节上，每个学科有一节“渗透生涯规划指导的学科示范课”，以期对此问题进行更深入的研究，并在实践中加以解决。教师们通过观摩学习，明白了每个教师都应成为学生生涯规划导师，在常规课中也可以对学生进行“三涯”指导。例如宜昌市人文艺术高中的徐娟老师执教的《高中语文第一课》，用令人耳目一新的情境化教学策略，与学生一道从“什么是语文”出发，从生涯、生命的角度思考梳理语文的价值和意义。她以语文教师独有的魅力带领学生通过认识自我、认识社会来探索人生的意义，最终引导学生在思考辩论中得出“应该很好地掌握语言交际功能，为自己的人生做好妥善的安排，并借此调整心态，摆正自己在社会中的位置”的结论。整节课形式活泼新颖，有效地调动了学生参与探究的热情，将生涯规划有机融入到语文教学中，让学生明白为什么要学习语文，了解学习语文对自己未来职业发展有何帮助。

亮点四是为学校教育与家庭教育的完美结合提供了表现的舞台。宜昌市教育科学院组织的家庭教育讲师团活动高潮迭起，一幕幕由学生、教师和家长自编自导的情景剧让教育回归到真实的生活场景。微讲座和圆桌论坛环节脑洞大开，发言嘉宾妙语连珠，赢得场下阵阵喝彩。在小组讨论中大家各抒己见，充分交流。宜昌市第一中学的陈晓伟老师以“用爱陪伴，与孩子共成长”为主题，主持了“家长成长课堂第一课”，报告厅座无虚席，过道里坐满了家长，窗边门外也挤满了家长。通过这些活动，家长们真正认识到了家庭教育的重要性，认识到了家校协同教育引导学生“扣好第一颗纽扣”的必要性，都希望能以本次活动为契机，搭建家校合作共育平台，推动家校协同育人，促进孩子们的身心健康与全面发展。

“修德、笃研、敢为、有恒”，我们一直在路上。“宜昌市首届中小学、幼儿园教研节”是宜昌教研人自己的节日，是全面展示宜昌教科研成果的传递正能量的载体，也是充分体现宜昌教研人精神价值追求的宏大舞台。精心扎实的准备，丰富多彩的呈现，回味无穷的底蕴，都给予我们教研人一份无上的荣耀，一份满满的幸福，也赋予了我们一份永不停歇的追求和沉甸甸的责任担当。

夷陵中学思想政治特级教师谢彬老师为这届教研节专门撰写了歌词，

其余音绕梁不绝：

“宜学之城必有宜教之师，宜教之师必有宜研之风，宜研之风必有宜思之行，宜思之行必有宜惑之处。惑起而思出，思出而研发，研发而教改，教改而学生。学依存教，教促进学，故教学相长。教无研则浅，研无教则空，故教研相生。惑起于思而结于思，思源于惑又解于惑，故惑乃思之源。思成于研，研源于思，故研乃思之本。研之所存，教之所在，学之所依，思之所求。研者，道也！”

在素质教育大旗下创建语文有效课堂

湖北省宜昌市是省域副中心城市，也是湖北教育大市和教改先进城市。多年来，宜昌市义务教育阶段课程改革、中考改革等都走在全国最前列，多项改革举措开一时先河，高中语文“双促双发”课题（《教师的发展促进学生成长，学生的发展促进教师提高》）也在全省产生了广泛的影响。2009 年湖北省进入高中课程改革以来，课堂教学改革在各县市区开展得如火如荼，语文高考成绩长期在全省居于前列。宜昌语文教师队伍整齐，功底扎实，具有开放的视野和广阔的胸怀。一大批特级教师、正高职教师、湖北名师、宜昌名师、学科带头人形成团结的集体，在全省乃至全国的知名度很高；青年教师在各级优质课竞赛均捧得一等奖。“大宜昌，大语文”的口号，引导宜昌语文人对“生活即语文，语文生活”有了更深的认识，并对语文课程资源开发充满动力和热情。宜昌语文教育教研团队多次受到教育部、人民教育出版社、湖北省教育厅、湖北省教学研究室的表扬。刘国正、巢宗祺、苏立康、王本华、顾之川、史绍典等名家都曾亲赴宜昌指导，并撰文赞扬宜昌语文取得的不俗成绩。

2007 年，自成立全国教育科学“十一五”规划教育部重点课题《课程资源促进有效教学的研究与实验》、子课题《语文课程资源促进语文有效教学的研究和实验》课题实验区以来，我市召集 17 所课题实验学校的语文教研组长开会研究，划分了协作片区，确定远期目标和近期计划，分解课题研究任务，迅速展开有效工作。经反复讨论研究，我们确定了以高中语文新课程的核心理念为指导，全方位开掘语文课程资源，促进语文有效教学。我们认为，本实验必须以学生为本，努力培养学生终身受益的“基础性学力”“发展性学力”“创造性学力”，促进学生的全面发展。在此前提下，我们做了如下课题分工：宜昌市第一中学、宜昌市葛洲坝中学、远安第一高级中学负责“课外书籍对语文有效教学的影响”；宜昌市夷陵中学、宜昌市第二中学、宜昌市第二十一中学负责“网络资源对语文有效教学的影响”；枝江市第一高级中学、秭归县第一高级中学、宜昌市外国语学校负责“报刊对语文有效教学的影响”；宜昌市三峡高级中学、宜昌市第七中学、长阳土家族自治县第一高级中学负责“音像制品对语文有效教学的影响”；宜都市第一中学、夷陵区小溪塔高级中学、宜昌市第十八中负责“影视作品对语文有效教学的影响”；当阳市第一高级中学、宜昌市十三中学负责“流行歌曲对语文有效教学的影响”。2009 年湖北进入高中课程改革，本课题实验成为推动本地高中课程改革的强有力的手段，举办了多次大型活动。

本实验注重用现代教学的理念来观照其过程。其核心问题是教学的效益，即什么样的教学是有效的。主要包含以下内容：有效教学的实现目标在于学生的进步和发展；有效教学关注教学效益，但这一效益并不单指每节课单位时间内产生的效益，它仍需在整个学习过程中学生能力提升的效益佐证；有效教学注重量化目标的可测性；有效教学是一种系统性策略，教师应具有反思精神；有效教学的观察维度一般分为基础性目标和发展性目标。

语文有效教学具有如下特征：课堂能够引导学生广泛关注生活，兼顾知识传承、情感交流、智慧培养和个性塑造；课堂能够给予学生先进文化和民族精神的熏陶，营造崇尚学问、追求真理、感悟美善的精神氛围，全面促进学生的成长和发展；课堂能够提供交流、表达、沟通、对话、辩论的场景，通过品读、赏鉴、探究，培养学生对文本思想内容和表现技巧的双重观照，从而潜移默化地影响学生形成正确的人生观、世界观，培养学生的创造灵性和实践能力。

总之，有效教学涉及教学形态、教学思维、教学理想境界。表层的有效教学着眼于教学的现实，中层的有效教学着眼于教学的延展，深层的有效教学着眼于教学的未来。三者相辅相成，即有效教学应该是一个动态的转化过程，把有效的“理想”转化为有效的“思维”，再通过适当的教学手段转化为一种有效的现实“状态”。

而要实现这样一种状态，语文课程资源的开发利用就成为重要的条件。钟启泉先生认为，课程资源有两种载体形式。其一是课程资源的生命载体形式，主要指掌握了课程素材并具有教育教学素养的教师、教育管理者、课程专家等教育研究人员；其二是课程资源的非生命载体形式，泛指素材性课程资源所依存的非生命物化形式，主要表现为各种课程教学材料的实物形式，如课程计划、课程标准、课程指南、教学用书、参考资料、报刊、课外书籍、练习册等纸质印刷品和电子音像制品，这些都属于条件性课程资源，只有在生命载体的操控下方能成为课程的实质内容。

我们在实验中强调了这几个方面的问题：教师始终是最重要的课程资源，课程资源开发利用是一个系统工程，必须依据不同学校的学生的现有发展基础和差异来确定方向，及时提供反馈资料，总结反思其教学过程，不断进行调整；将课程资源建设纳入高中课程改革计划，并和宜昌市高效课堂创建活动紧密结合；教材不是唯一的课程资源，校本课程开发是将各种有效的教学资源纳入课程体系的最佳途径；课程资源开发应遵循优先性的原则，在众多可选择的资源中筛选出重点内容并优先运用于课程，不必面面俱到。

目前，实验已经取得丰硕的成果。作为实验的领导者和课题主持人，宜昌市教育教学研究中心副主任、高中语文教研员的我，三年多来共发表数十篇论文，主编的《高中新课程文言文导学导练》《学能步步高》《探究之旅》《创新课堂》《汉语言文化的力量》等教学用书已由上海译文出版社等正式出版，参编的《湖北省高中新课程语文教学指南》《全国优秀语文教师示范作文选》《百所名校学生作文选》等反响良好，主审的地方教材《长在宜昌》已在本市中小学使用。李伟杰被湖北省教学研究室评为首届湖北省优秀语文教师；被全国中语会评为全国优秀语文教师、全国优秀语文工作者；2005 年、2008 年被评为湖北省教育学会先进工作者；多次被评为单位先进工作者、优秀党员、工会积极分子，市级学科带头人。2006 年当选中国当代语文教学专业委员会理事，2007 年当选湖北省中语会理事、副秘书长，2009 年被宜昌市委组织部、人事局、教育局表彰为“宜昌名师”，同年成为湖北省高中新课程教材选定委员会委员，并担任语文专家组组长。2011 年全国中语会会刊《语文教学通讯》高中版第 3 期用了 6 版的篇幅，以“俱怀逸兴壮思飞，尔雅台畔邀明月”为题，对宜昌市语文教研方阵进行宣传报道。全国中语会副会长、湖北省中语会理事长、著名特级教师史绍典先生专门对此写了点评文章，称颂宜昌为“鄂派语文教育的名片”。湖北省教学研究室中语室主任、高中语文教研员、特级教师秦训刚老师曾称赞说：“宜昌的课既注重新、活，屡有闪光点，同时又注重基础落实，不搞虚空的花架子。教师对课堂的把握完全基于学生的内化过程，将预设与生成结合得天衣无缝，经验值得好好总结。”同年，光明日报《考试》杂志在“中国名师”专栏头版对我的的教学成就和教育心得进行了推介。参加本次实验的学校也涌现出大量名师，并在教学教研一线日趋活跃。枝江市第一高级中学周德富、刘孚忠、周新，宜昌市夷陵中学的万永翔、周敏，秭归县第一高级中学的刘元德、简家红，宜昌市第一中学的李明富、庹丹丹、邱望清，葛洲坝中学的陆美娟、伍红春、谭小红，当阳市第一高级中学的李龙富、肖生银，远安县第一高级中学的曹德宏、毛儒仙，宜昌市第二中学的丁亨标、张昌祝，宜昌市三峡高级中学的何斌师、胡平、刘艾国，宜都第一中学的许地林、程光新、杨邦俊等特级教师以及正高职教师、湖北名师、宜昌名师除了主持课题研究、出版著作、发表论文，将本地语文教研活动开展得分外红火外，还行走在全国各省市传经布道，和各地教学名家交流切磋。宜昌青年教师参加全省、全国语文优质课竞赛，也尽数折桂而归（谭小红、陈刚、卢红芹、邓少平、辛娟、何洋、陈鹏、周新、熊亚萍、程光新、王健、罗欣、彭琼、张晓亮等），效益显著。教师科研成果不仅数量多，而且质量高。学生活动丰富多彩，对学生发展起到了极大的帮助作用。

高中选择性教育应当何去何从

一、课题研究的依据与意义

1. 研究的背景

2014 年 3 月 30 日，教育部印发了《关于全面深化课程改革，落实“立德树人”根本任务的意见》，第一次提出“核心素养体系”这个概念。并将其置于深化课程改革、落实“立德树人”目标的基础地位。今天，这个概念体系正在成为深化课程改革的方向。教育部组织研究并提出了各学段学生发展核心素养体系，明确学生应具备的适应终身发展和社会发展需要的必备品格和关键能力，强调自主发展、社会参与与文化基础。其中，自主发展是促使个体适应社会和实现个人价值的重要前提。在现代社会中，自主发展要求人要具有健康的生活态度和行为习惯；能够选择适当的学习方法，有效地解决实践问题；能够有效地自我反思、自我认识、自我调控、自我选择，以主动适应变化发展的社会环境，同时具有开拓创新的意识和积极行动的能力，实现人之所以为人的独特价值。

同年 9 月 4 日国务院出台了《国务院关于深化考试招生制度改革的实施意见》，从此拉开了考试招生制度改革的序幕。本次改革是我国自恢复高考制度以来力度最大的一次改革，旨在形成分类考试、综合评价、多元录取的高等学校招生制度。与过去高考相比，变化最大的就是普通高中毕业生实行“3＋高校招生选考科目”为主的科目设置，学生可以根据自己的兴趣、特长选择考试科目。

核心素养体系的构建更加注重学生的自主发展，学生核心素养的获得是为了使学生能够发展成健全的个体，更好地适应未来社会的发展变化。高考改革更加注重学生的个性发展，二者方向一致，紧密相连。国际上长达 20 多年的研究和我国的教育改革实践表明，当今的教育改革，核心素养提升是方向，学生个性发展是关键。

客观地讲，我国的教育改革取得了长足进步，高中学校教育也取得辉煌成绩。教育理念、教师观、学生观、课程资源观、高考科目的设置、高考内容、招生制度等都发生了翻天覆地的变化。但是，知识本位、应试教育以及文理分科一统天下，这些做法忽视了学生个性差异和需求，导致学生想象力和创造力的发展严重受阻。

我们认为，最好的教育是适合学生的教育。而适合学生的教育，只有在被教育者、教育者的不断选择中才能发现、才能实现。兴趣是最好的老师，志向是最持久的学习和进步动力，而兴趣、志向也只有在选择中才能发现和确立。

鉴于此，适应学生个性发展的核心素养的培养，落实到学校教育上就可以实施满足不同需求、不同层次的学生的教育——选择性教育。这将成为核心素养体系构建下的高中学校教育的新常态，各高中学校也迫切需要与选择性教育有关的理论指导与实践范式。

2. 研究的现状

早在古希腊时代，柏拉图就主张精英教育的选择性教育，但历来受到主张平等教育的人的批评。应该说柏拉图的这一主张有其合理性。20 世纪 70 年代初，一种新的尝试在全世界的教育界悄然展开，这个新的尝试就是选择性教育运动。关于选择性教育也存在不同的观点。比如其名称，常见的英文表达有"alternative education"和"alternatives in education"。其中"alternative education"意味着替代当前教育的新的教育模式，但新的教育模式替代传统的教育模式并普遍化以后，它就自然而然地成为传统的教育模式，因此可以说"alternative education"没有将选择性教育的真正含义表达出来。"alternatives in education"意味着几种可选择、可替代的教育模式，因此在欧美国家通常更倾向于使用这个名称，在韩国也同样如此。

美国的选择性教育模式（alternative education）最早出现在19世纪30年代，是当时一些社会团体和个人为了打破种族和宗教隔离，促进民族和宗教和解而建立的一套有别于一般传统学校的特殊教学模式。该模式在传统课程的基础上通过开设普通公立学校所不具备的专门课程以吸引学生前来就读，从而扩大学校的办学影响与规模，具有形式多样性和办学灵活性的特点。采用这种教育模式的学校在20世纪60年代到70年代得到了巨大发展，逐渐成为专门帮助那些存在学习困扰、身心缺陷或有违法犯罪记录青少年的教学机构和场所。这些学校独立于传统的教育体系之外，通过非常规教学模式下的教育和培训，帮助学生最终通过高中毕业证书的评定。如今，选择性教育模式与方案已成为美国整个教育体系的有机组成部分和补充。

20世纪80年代末，英国开始在基础教育阶段实行择校政策，试图在保证教育公平的原则下促进教育的多样化，主张“有差异的平等”，承认所有学生具有不同的天赋。在提出多样性学校选择范围的同时，提出所有学校取得成功的政策目标，强调好学校必须发挥示范和带动作用，与本地区其他学校、地方教育管理部门和企业界合作，改造薄弱学校，推动整体教育水平的提高，达到均衡发展的目标。这一政策在取得效率与公平方面迈出了一步。

韩国的选择性教育初始于20世纪90年代中期，在短短的十余年时间里迅速发展，目前提供选择性教育的机构已有近100所。选择性教育在韩国立足并发展的初期，分为“制度外”“制度内”“制度边”等三种类型，这种分类主要是根据选择性教育机构所提供的教育形式划分的。“制度外”选择性教育反对现存的教育编制，通过新的教育模式和教育内容实现选择性教育。“制度内”选择性教育维持现存的教育制度和教育方式，通过改革教育内容实现选择性教育。“制度边”选择性教育则利用课外时间，如课后、周末或假期向学生提供传统教育所不能提供的教育内容。近年来随着选择性教育的进一步发展和扩张，选择性教育的分类依据也从教育形式转变为教育内容。目前，根据选择性教育的内容，大致分为“自由型”选择性教育、“生态型”选择性教育、“再适应型”选择性教育和“理念追求型”选择性教育。与选择性教育相适应，韩国的选择性教育机构主要包括全日制选择性教育机构、课外选择性教育机构和家庭学校。

应该说一些国家对选择性教育的研究与实践取得了很大进步，对学生的核心素养提升有一定的促进作用，但选择性教育实施的对象范围有限，并非以提升全体学生核心素养为目的。

我国选择性教育起步较晚，基本上由民办学校承担，相对于公办学校所占比重非常小，处在“择学校”阶段。关于选择性教育的研究也鲜见诸报端。当前，选择性教育在上海、浙江等地全面展开，从形式到内容都有很大的改变，但仍处于起步阶段。对选择性教育的认识较为肤浅，围绕选择性教育而展开的生涯教育、选课走班、学程建设、学校特色创建等活动多停留于实践层面，还未形成完整的体系，也未形成系统的理论。特别是对选择性教育与学生核心素养的研究基本处于割裂状态，没有从提升学生核心素养的高度去设计选择性教育的内容、手段与评价体系。

3. 研究的依据

本课题研究主要依据有《普通高中课程标准》，2014 年 4 月出台的《教育部关于全面深化课程改革落实“立德树人”根本任务的意见》、2014 年 9 月出台的《国务院关于深化考试招生制度改革的实施意见》等文件精神以及教育学、心理学、课程论、有效教学理论、“最近发展区”理论、“多元智能理论”教育测量与评价理论等教育理论。

(1)“最近发展区”理论。维果斯基的“最近发展区理论”，认为学生的发展有两种水平：一种是学生的现有水平，指独立活动时所能达到的解决问题的水平；另一种是学生可能的发展水平，也就是通过教学所获得的潜力。两者之间的差异就是最近发展区。教学应着眼于学生的最近发展区，为学生提供有难度的内容，调动学生的积极性，发挥其潜能，超越其最近发展区而达到下一发展阶段的水平，然后在此基础上进行下一个发展区的发展。选择性教育基于学生的个体差异与需求，着眼于学生的最近发展区，充分调动学生的积极性，有利于学生的个性发展，创新能力的培养。

（2）“多元智能理论”。多元智能理论是由美国哈佛大学教育研究院的心理发展学家霍华德·加德纳在1983年提出的。加德纳从研究脑部受创伤的病人发现他们在学习能力上的差异，从而提出本理论。传统上，学校一直只强调学生在数学和语文（主要是读和写）两方面的发展。但这并不是人类智能的全部，不同的人会有不同的智能组合，例如建筑师及雕塑家的空间感（空间智能）比较强，运动员和芭蕾舞演员的体力（肢体运作智能）较强，公关的人际智能较强，作家的内省智能较强等。根据加德纳的理论，学校在发展学生各方面智能的同时，必须关注每一个学生在某方面特别突出的智能，有选择性的实施学校教育，从而实现各尽其才、各尽其能的教育目标。

（3）教育测量学理论。实行高中选择性教育就需要有教育评价。通过教育评价，检讨、引导、规范教育教学行为。而高中选择性教育是可以测量的。教育测量的创始人之一桑代克在他1904年写的《精神与社会测验学导论》中有一句名言：“凡存在的东西都有数量，凡有数量的东西都可以测量。”选择性教育是一种客观存在的复杂的社会现象，应该说，它是需要而且也是可以进行测量的。在测量过程中，主要运用教育测量学的有关理论如经典测量理论、项目反应理论、概化理论等。通过测量和非测量手段监控高中选择性教育行为，确保高中选择性教育改革有序稳步推进。

4．研究的意义

（1）理论价值

选择性教育就是让不同需求、不同层次的学生都能够选择到合适的教育。当前，选择性教育虽然在上海、浙江等地全面展开，但总体而言仍处于起步阶段，特别是围绕选择性教育而展开的生涯教育、选课走班、学程建设、校本课程开发、学校特色创建等活动多停留于实践层面，还未形成完整的理论体系。因此，本课题研究以考试招生制度改革为出发点，从学校教育实践的角度，对高中选择性教育进行全方位的探索，这有利于我们进一步明晰高中选择性教育的内涵，充实选择性教育理论。

（2）实践价值

由于选择性教育对学校软件、硬件的依赖度性大，不同学校对选择性教育的具体实施应各不相同，不可盲目照搬上海、浙江等地的经验，因此立足我市本地实际而开展的本课题研究，必将对我市进入高考改革后的选课走班、分层教学、学程建设、校本课程开发以及学校特色创建等方面产生巨大推动作用。这不仅可以为各高中学校实施选择性教育培养一支专业队伍，而且还可以通过试验点培育一批实验样本校，为全市各高中学校选择性教育的实施提供范式，同时通过本课题研究还将形成一批物化成果，通过成果的推广与应用，进一步规范、指导高中选择性教育实践。

二、课题研究的内容与方法

1. 总体思路

本课题研究坚持《教育部关于全面深化课程改革，落实立德树人根本任务的意见》，2014 年 9 月出台的《国务院关于深化考试招生制度改革的实施意见》，2014 年 12 月教育部公布的《关于普通高中学业水平考试的实施意见》等文件精神，以教育学、心理学、课程论、有效教学理论、教育测量与评价、核心素养理论等基本理论以及高中新课程理念为指导，以实验样本校以及信息化网络平台为依托，坚持理论与实践相结合，充分发挥课题专家组的引领作用与样本校的示范作用，通过文献法、调查法、谈话法、观察法、实验法、案例法等研究方法，深入研究高中选择性教育的内涵、特点、主要内容、实施策略与一般规律，构建高中选择性教育的评价体系，促进高中学生健康、自主而有个性地发展以及学校特色的发展。

2. 研究内容

（1）高考改革背景下的高中生生涯教育的实践与研究

生涯教育体现了学生自主发展方向，是学校实施选择性教育的基点。为此，本课题将以萨帕的生涯发展阶段划分与特征理论为依据，着力探讨高中生生涯教育的途径与方法，建立高中生自主规划指导中心，对学生进行心理辅导与职业规划指导，使学生学会自主规划、自我选择。

（2）高考改革背景下的高中学校特色创建的实践与研究

课程是学校教育实施的重要载体，是落实学生核心素养的重要支撑，为给学生提供可选择的内容，本课题将着力探讨以学科为轴心的课程群建设，构建符合选课走班、分层教学、兴趣特长、知识拓展、社会实践需要的校本课程体系，实现国家课程校本化、校本课程特色化、选修课程精品化，以促进学生个性发展、学校特色发展。

（3）高考改革背景下的高中选课走班、分层教学的实践与研究

选课走班、分层教学体现了学生核心素养发展的层次性，是落实学生核心素养的有效手段。基于此，本课题将着力探讨走班制教学管理（如课表编排、班级管理等）、分层教学实施与有效策略、学程规划与建设等问题，对学生选课、学考以及选考进行科学安排。

（4）高考改革背景下的高中选择性教育评价的实践与研究

着力探讨基于不同选课模式、不同学程学科教学评价标准，修订完善与高考改革相适应的学业质量监测评价体系，进一步推进我市高中学校的教育质量综合评价改革。

3. 研究方法

文献法：通过查阅相关理论等资料，学习生涯教育、心理健康教育、分层教学、学校课程建设与特色创建、核心素养等方面的基本理论与实践经验，及时了解国内外选择性教育的研究成果与最新动态。

调查法：通过问卷调查、访谈调查、测量调查等调查方法，充分了解学生志趣爱好、发展方向、选科意向以及学生对教学的合理诉求、对教师的教学评价，为学生的选科走班、分层教学的实施与评价提供依据。

观察法：通过感官或辅助仪器对学生的日常行为表现以及选课走班、分层教学的实施过程等进行观察，充分了解学生的兴趣爱好、气质性格、特长禀赋、心理状态以及选课走班、分层教学的开展情况，为学生的生涯规划指导与心理健康教育以及学校分层教学、选课走班、学校特色创建等活动的实施提供第一手材料。

实验法：以样本校为立足点大力开展分层教学实验，通过样本校与其

他学校的对比试验，着力探讨实施分层教学的有效途径与策略。

案例法：加强基于案例的实证性研究，通过典型案例深入探讨分层教学、生涯教育、心理健康教育、学校特色创建等选择性教育实施过程中的成功经验与主要问题。

由于选择性教育涉及面广，内容庞杂，为确保本课题研究的顺利进行并取得成效，除采用上述科学研究方法之外，还务必落实好以下工作：

（1）加强队伍建设。组建以教研员为核心、以高中学校骨干教师为主体的研究队伍，充分发挥研究成员的引领与辐射作用。对教师进行系统培训，打造一支高中生生涯教育专业队伍。

（2）精心培育样本校。课题研究必须坚持理论与实践相结合的原则，充分依托样本校展开研究。要有计划地深入到样本校，共同探讨课题实验中存在的主要问题、提炼样本校的经验与成果，充分发挥样本校的示范效应与辐射作用。

（3）加强展示交流。定期组织开展课题研究成果的展示与交流活动，着力探讨课题研究中所面临的主要问题，以相互借鉴、相互促进、共同提高。

（4）注重文本开发。及时将研究过程中的一些成果、经验文本化，加强课程资源的开发，以指导各高中学校的选择性教育实践。

（5）充分利用网络平台。开设课题研究网络平台，及时发布课题实验研究信息、交流课题研究经验、展示课题研究成果，积极探索并构建基于网络平台和大数据下的学业质量监测评价体系。

三、课题研究的进程与步骤

本课题计划大约用五年的时间完成，从 2014 年 12 月至 2019 年 12 月，具体实验步骤如下：

1. 前期准备阶段（2014 年 12 月—2016 年 11 月）

（1）考察学习（2014 年 12 月－2015 年 7 月）：宜昌市教育科学研究院高中教育研究室全体成员两次到北京、上海、浙江学习考察，深入了解选课走班、分层教学、生涯教育、学程建设以及学校特色创建等方面的实施情况。

(2) 课题论证（2015年8月—2015年12月）：通过在前期学习考察、收集资料这两个环节的基础上对本课题研究的价值以及可行性等进行论证。

(3) 课题立项（2016年1月—2016年6月）：确定课题研究方向及子课题，制订课题研究计划以及具体实施方案，并予以申报立项。

(4) 子课题申报（2016年7月—2016年11月）：申报子课题，并根据申报情况确定实验样本校，组建研究队伍，各子课题制订子课题研究实施方案。

2. 具体研究阶段（2016年12月—2019年6月）

(1) 课题开题（2016年12月）

课题开题并进行与选择性教育、学科核心素养相关的培训，使参与实验研究的学校、教师了解本课题研究有关动态，提升参与教师的理论水平与研究能力。该课题现已由人民教育出版社基础教育课程研究所列为“十三五”重点课题，正式立项，并于2016年12月23日正式开题。

(2) 前期研究（2016年12月—2017年6月）

①以现有参加课题研究的学校为试验点进行分层走班实验研究，积极探讨分层走班模式下的班级管理、教学实施与教学评价等问题。

②分学科展开对学科核心素养及其培养实践的研究。

(3) 中期研究（2017年7月—2018年6月）：

①继续对前期研究的内容进行研究。

②积极开展生涯教育相关理论的研究，着力开发生涯教育相关课程。

③开展高中学程研究，形成与不同学校、不同选课方式、不同层次的学生相适应的学程规划方案，对学校课程计划、课时安排予以指导，同时分学科制订学程教学指导意见与评价标准。

(4) 后期研究（2018年7月—2019年6月）

大力开展生涯教育师资队伍培训，打造一支具有一定专业水准的生涯规划指导咨询队伍，并从实践层面对生涯教育、选课走班、分层教学、学程建设、校本课程开发、学校特色创建、教育评价进行全方位探索。

3. 课题总结阶段（2019 年 7 月—2019 年 12 月）

（1）子课题结题（2019 年 7 月—2019 年 9 月）

①收集整理资料（2019 年 7 月）：各子课题学校收集整理课题研究过程中的一些纸质、影像等过程性资料以及发表的文章、获奖论文、案例、特色校本课程等研究成果，并汇编成册。

②撰写子课题结题报告（2019 年 8 月）：各子课题负责人根据课题研究情况及其所取得的研究成果撰写结题报告。

③课题结题（2019 年 9 月）：由课题组对各子课题进行结题。

（2）总课题结题（2019 年 10 月—2019 年 11 月）

由宜昌市教育科学研究院牵头对本课题研究进行资料汇编、总结，形成课题结题报告，迎接人民教育出版社、课程教材研究所对本课题的结题。

（3）课题成果推广（2019 年 12 月）

将课题研究的一些成果、经验在全市甚至全省进行推广。

四、课题研究的预期成果

1. 明确高中选择性教育的基本内涵，充实选择性教育基本理论。

2. 打造一支具有较高水准的生涯教育师资队伍，对学生生涯规划、选课选考进行指导。

3. 培育一批实验样本校，为选课走班、分层教学、学程建设、校本课程开发以及学校特色创建等方面为全市各高中学校提供范式。

4. 形成一批物化成果，如撰写结题报告，编写高中生生涯教育与心理健康教育指南，制订各学科学程建设方案、教学指导意见与评价标准，构建特色各异的校本课程体系，以及汇编发表的文章、论文、案例等。

5. 初步建立与考试招生制度改革相适应的学业质量监测与教育教学评价体系。

6. 通过课题研究提高高中学校、教师对高中选择性教育重要性的认识，改进学校教育教学模式，提高教学质量。

五、课题研究的时间安排

主要研究阶段	完成时间	课题组成员分工	阶段成果形式、数量
前期准备	2014 年 12 月—2016 年 11 月	课题组组长、子课题组组长	到北京、上海、浙江学习考察，形成考察报告； 制订课题研究工作方案； 课题申报并制订子课题研究工作方案； 向人民教育出版社课程教材研究所提交课题申报资料
具体实施	2016 年 12 月—2019 年 6 月	课题组全体成员	课题开题及培训； 子课题研究； 中期成果交流展示（一年开展一次）
总结结题	2019 年 7 月—12 月	子课题组组长、课题组组长	各子课题结题报告； 总课题结题报告； 发表的文章、获奖论文、案例等课题研究成果，汇编； 特色校本课程汇编； 学生生涯教育指南、心理健康教育指导用书； 学科教学标准与学程指导意见汇编； 建立与考试招生制度改革相适应的学业质量监测与教育教学评价体系

六、课题研究的人力资源

1. 健全的研究组织机构

为保障本课题顺利实施并取得预期成果，成立课题研究组、课题专家指导组以及课题研究协调组。课题研究组组长负责规划课题研究工作进程、组织各子课题研究活动，并对各子课题研究组工作进行评估、监控与指导。课题研究组成员主要负责子课题研究各项具体工作。课题专家指导组成员主要负责指导本课题研究，为本课题研究提供学术、技术等方面的支持，参与各子课题的开题、中期评估、研讨会与结题等活动。课题研究协调组主要负责收集相关研究资料，建立课题研究资料库，及时收集、整理、发布课题研究信息，为各子课题研究活动提供协调和服务。

2. 建立梯级互联的研究队伍

总课题组主要成员中有中学特级教师3人、湖北名师1人、宜昌市名师工作室主持人3人、市管优秀专家1人、大学特聘教授、硕士研究生导师3人、宜昌名师3人、市学科带头人共9人、高级教师12人，他们均主持过多项省级以上重大科研课题，有较强的研究能力，积累了丰富的课题研究经验。各子课题单位与总课题组保持密切联系，梯级互动，定期开展课题研究展示及交流活动，推动研究工作顺利开展。

3. 建立定期检查报告制度

总课题组定期对各子课题组、子课题校进行检查，并由子课题组相互交叉检查，督促各子课题组的研究按计划实施。各子课题研究组每学期向总课题组书面报告研究工作进展，整理上交研究成果，提出下一阶段的研究计划，并对总课题组提出书面建议。

4. 提供学习交流平台

总课题组以宜昌市教育科学研究院的网站为平台，开展课题网络交流活动。各子课题研究组制订课题研究学习计划，通过网上交流和定期研修，加强与课题专家指导组、其他子课题研究组之间的联系与沟通，协作攻关，形成合力。在研究的各个阶段组织成员到外地参观考察，扩展研究视野，提升研究能力。

5. 提供研究经费保障

课题研究组将积极为参与研究的成员提供适当的研究经费，同时强化各样本校的领导对课题研究工作的重视，督促其为课题研究成员提供制度保障，在时间和经费开支等方面提供有力的支持。

课堂教学改革的出口在考试评价改革

湖北省基础教育学科类课题《语文教学改革与考试评价综合研究》正式开题已历四年，今天终于迎来了湖北省教育厅、湖北省教学研究室的各位领导、专家，迎来了收获果实、隆重结题的大喜日子，我的心情既兴奋又忐忑，实在无法找到一个合适的词语来准确形容。当初，宜昌参加课题研究的十多所学校共拿到19个子课题，其间苦乐参半，艰辛备尝。能坚持到今天拿出实实在在的研究成果并集结成如此丰硕的结题资料的，只有10所初、高中学校的11个子课题，这也算浪里淘沙见真金，此所以兴奋；教师们通过各种探究活动推进课题研讨的不断深入，自身得到了很好的锻炼，研究水平也得到了很大的提高，积淀了大量的物化成果，能否通过专家们的最终认可，即将有一个明确的结果，此所以忐忑。但无论如何，这四年的历程都会对宜昌语文教学改革起到重要的作用，在宜昌语文的年历上留下浓墨重彩的一笔。

作为宜昌语文教育工作者中的一员，我常常有一种浓浓的幸福感。这种幸福感来自团队的整体和谐，以及这样一个和谐团队不可估量的实力。从个体而言，宜昌成长起来不少在全省乃至全国有影响力的语文专家，也涌现了一批教学艺术精湛、教研能力突出的中青年骨干教师。更为重要的是，这批人能通力协作，使宜昌语文成为鄂派语文的一支重要力量，得到湖北省教学研究室各位领导的支持和帮助以及在每次重大项目的研究中予以的信任和支持。本次课题研究的过程以及今天如此红火的结题场面，再次体现了上级领导对宜昌语文人的亲切关怀，也再次印证了宜昌语文教学研究的实力。

通过本次课题研究，我和整个研究团队一起，也经历了成长，品尝了甘苦，收获了成功。具体如下：

1. 湖北省教学研究室的《语文教学改革与考试评价综合研究》课题，选点准，定位实，起点高，对一线语文教学有着非常直接的引导作用。2011年，是湖北进入义务教育阶段课程改革的第10年，也是进入高中课程改革的第2年，义务教育课程改革的回顾与反思，高中课改的推进与开拓，都在这次课题研究中有所体现。

2. 课题的定位，是研究课堂教学改革与考试评价综合改革之间的关系，应该说这是找准了以往改革难以推进的症结。考试评价对于课堂教学的引导作用，是无法回避，也是应试教育诸多弊端产生的根源之一。虽然高考招生制度的全面变革，有赖于国家层面的综合考量，但通过我们的实证性研究，若能为未来的改变提供一定的数据，并能从一些微观层面提供参考意见，那就是值得我们去努力付出的了。宜昌过去在中考改革方面曾做过一些在全国而言都比较超前的变革，也产生过较为积极的影响，这也为本次课题研究提供了翔实的案例和数据。我们在高中阶段，也通过与襄阳、黄冈、荆州、孝感、十堰、恩施等市州联合进行教科研协作，在联合考试、资料研发、课题开发等方面进行资源共享、合作研究，取得了令人振奋的成绩。“七市州联考”成为全省规模最大、最具影响力的考试项目，参考考生超过全省当年度高考报考考生三分之二以上，每年考试结束后，七市州都会进行联合质量分析，试题难度、信度、效度与当年度高考的契合度相当之高，试题质量得到业内专家的一致公认，对考试大方向的把握及对课程改革背景下课堂教学有着非常重要的引导作用。

3. 以课题研究为抓手，研究的范围覆盖了从语文教学操作层面到语文教育思想层面，促进教研组、备课组建设规范化、研究活动常态化。参加课题研究的10个学校中，多数语文教研组是学校推荐到市里参评的优秀教研组。宜昌市夷陵中学、宜昌市葛洲坝中学、宜昌市第五中学等最后如愿当选，他们的事迹材料不仅在全市表彰大会上宣讲，还被《宜昌教育》《三峡日报》等媒体转载宣传。

4. 研究过程促进了教师的成长与发展，全面提升了教师个体的思维品质与教研组团队的教研品位，既直接促成了课题组成员的思想革命，又在潜移默化中加深了教师们的学养积淀，并产生了大量的物化研究成果——在各级权威报刊发表的教研论文、正式出版的理论专著以及校本课程、学生作品等。万永翔、陆美娟、杨邦俊、蒋奎林、朱丽萍、吕炜、徐咏梅等一批课题研究带头人成为宜昌语文教研的中坚人物。从 2007 年到 2011 年，课题组成员中，直接受惠于本课题研究而成长为特级教师的就有十多人。

5. 促进宜昌初中、高中语文教学的有效衔接，形成全市语文一盘棋，高中、初中、小学语文教研一体化。本次参加课题研究的学校，既有高中学校，又有初中学校；既有省市级示范学校，也有普通学校；既有城区学校，又有县市区学校。大家同声共气，求其友声，既交流了教研心得，又加深了相互了解，增进了友谊。从某种意义上讲，现在的宜昌语文大环境空前和谐，教学质量飞速提高，实现了我们几代人共同追求的目标。这几年来，宜昌语文教研专家在全国各地传经布道，宜昌语文教师在各级优质课竞赛中尽数折桂，宜昌语文高考成绩在全省居于前列，这些都不是一两个人可以做到的事情，而是整个团队的综合实力达到了一个高度，同时又都有着一致的方向、齐心协力地做大事业，方有如此喜人的良好局面。这种大好形势是我们大家必须珍惜、维持的，也是我们能给后来的宜昌语文人留下的值得纪念传承的传家之宝。

我要真诚感谢湖北省教学研究室的杨国金主任、秦训刚老师、蒋红森老师，他们在课题研究的全程既给予我们大的方向引领，又深入一线课堂给我们做了很多微观层面的具体指导。宜昌语文能有今天这样的成果与他们的领导与支持是分不开的，今天在座的很多宜昌语文的领军人物，也是在他们的指导提携之下，才一步步走到了今天。为这次的宜昌结题鉴定，几位专家做了大量的准备工作，对成果资料进行了前期的筛查，指出了存在的问题，并提出了具体的改进意见。今天他们又专门调整日程，从百忙之中抽出时间，不辞辛劳赶到宜昌，从听课评课到审阅资料，从组织座谈答辩到撰写鉴定意见，最后还为我们作了如此精彩的学术报告，其严谨的工作态度、饱满的工作激情、深厚的学术功底、高效的工作作风，都令我们佩服不已，也为我们开展学术研究活动做出了示范性的展示。

在此，也要感谢宜都市的各级领导对本次会议的关心与支持，感谢宜都市第一中学的领导、同仁为结题会议提供的周密安排和良好服务。我相信，本次课题结题不会是研究的休止符，而是进一步深入研究的开始。在湖北省教学研究室的领导专家带领下，宜昌语文人会一如既往地踏实耕耘，继续在教育综合改革的研究之路上一直向前，不断取得新的成果。宜昌语文教研更为绚烂的明天，正在不远的前方向我们展露美妙的笑靥。

云卷篇

“阴阴草阁开尊坐，细细山云卷幔看。”语文人的修身养性，既有内省的闲适，亦有外访的从容。每时每刻，我们都保持着吸纳的姿态，云卷云舒，收放自如。在充实自我的同时，也在为这个世界描绘着新的蓝图。

评价，让教育不再功利

做教师的，往往会迷信评价的功能，以为评价是包治百病的灵丹妙药，可以解决学生存在的所有问题。认为评价既能坚持正确的方向性引导，强化对学习过程的监督，肯定学生取得的成绩，从而激励他们进一步努力攀升，又能诊断学习中出现的大小问题，予以及时的指导和适度的校正，督促他们改正错误的思维方式或学习习惯，调节不良情绪……诸如此类，无论宏观还是微观，教师都能站在自身学养和阅历的制高点，通过相应的评价手段为学生提供必要的帮助。

如果只从表面的事例来观察，这些功能的确是非常强大的，而且也会在评价对象那里得到回应。多数不掺杂负面情绪的评价，也的确会对学生当下的行为改良起到一定的作用。但是，一旦具体操作者脱离了评价体系中最为关键的“评价目标”和“评价标准”，上述功效则要大打折扣了。

正因为如此，党的十八大才正式提出把“立德树人”作为教育的根本目标，这是改革开放之后第一次将评价指向德育目标。

“立德树人”的导向，是教育部启动全国中小学教育质量评价综合改革的出发点，也是面向全体学生、实施全面素质教育的必然。上海等地实验的“绿色评价指标”，和过去只关注学生学业成绩单一指标、仅仅以分数进行评价最大的不同，就在于它更为全面、科学、系统，以学生健康快乐成长、终身长效发展为前提，综合考量学生品德发展水平、学业发展水平、身心发展水平、兴趣特长养成、创新实践能力、课业负担状况等多个维度，跟踪学生在校全过程，调动教师、学生、家长、社区等多种力量参与评价，并利用网络信息化平台设计符合学生年龄、心理特征的评测工具，采取科学抽样测试、问卷调查等方式，辅之以现场观察、过程实录、跟踪统计、个别访谈等手段，全面客观地收集信息，将评价建立在对海量数据的科学分析的基础之上。而且评价结果运用与学校、学生的排位、评优、升学等利害性脱钩，仅用于诊断学校教学现状，进一步完善学校教学。近年，作为全国中小学教育质量综合评价改革的国家级实验区，宜昌市在评价改革方面做了大量有益的工作，每年发布各学段教育质量综合评价报告，特别是《宜昌市家庭教育质量监测报告》，受到社会各界的肯定。

"绿色评价"的价值取向对学生的健康成长意义深远，它能够在潜移默化中改变学生的世界观、人生观、价值观。过去几十年，我们过分关注学生的"成功"，但这种"成功"却往往是与个人的功名利禄联系在一起的，很少直抵他们的内心：你能为国家民族做些有益的事情吗？你能为人类未来进步发展出力吗？从价值判断来讲，这些事情实际上是没有大小之分的，当年杜甫"穷年忧黎元，叹息肠内热"，范仲淹"先天下之忧而忧，后天下之乐而乐"，并非无中生有地空发感慨，而是灵魂深处对国家民族深沉的爱之使然。我们的学生能否从内向型（关心个人前途、家庭命运）向外向型（关心世界，关心国家，关心民众）转变，能否做到即使在生活困顿中仍有这样的情怀呢？能否在面对物欲纵横的外部世界的种种诱惑时慎独自守、保持清高正直的品行呢？

这才是教育评价导向应该真正关注的内容。康德曾说："自由并非随心所欲，而是自我主宰。"但愿我们的教育评价能将学生引向自我主宰的广阔天空，为使世界变得更加美好尽自己的一份责任。

选择是学生的基本权利

世界上没有任何一片叶子是完全相同的。更何况是万物之灵长的人呢？尊重人的差异性，尊重学生选择学习的权利，是始于 21 世纪初的课程改革的初衷，也是其各项改革设计所遵循的基本原则。

但是，在课程改革实施过程中，不少学校将目光聚焦在课堂教学形式的变革上，在教学模式的改变上倾注了足够多的热情，却少有将之上升到课程高度加以认识。国家课程所规定的必修、选修课程，也在实际操作过程中产生了变异，选修课“异化”成必修课，往往由学校指定其中部分选修内容，学生的选择权丧失殆尽，成为了名副其实的“被选修”。

当前，多数学校的办学条件固然有着各种限制：教室场地严重不足，师资远不能满足走班选修的需求，学生选择的不可控更是会将以上问题成倍放大……但是，这都不能成为学校拒绝变革的理由。北京市十一学校最初的走班选修教学，也是从一个年级一个学科开始的，慢慢积累经验，逐步扩大范围，同时积极改善软硬件条件，才发展到今天建立了理工学科分层、人文学科分类、体音美等公共学科跨学段的走班选课体系。他们提出“创造适合学生发展的教育”，帮助学生发现自己、发现潜能。每个教室都按不同的学科功能和教师个性进行布置，每个学生的课程表都是独一无二的，给学生的选择提供了无限大的可能性。学生在校学习的每一分钟都按照自身需求安排得井井有条，学生兴趣得到有效激发。

学生学习的过程不仅是知识接受的过程，更是一个创造的过程。在这个过程中，兴趣是最好的老师，它是牵引学生去探究、发现、创造的最大动力。尊重差异，鼓励选择，就是为学生提供一条适合自己起飞的跑道，提供一方适合自己发展的天地。前几天在某校听一堂阅读课，课堂上教师布置学生在自由阅读的同时思考“我们为什么而阅读”的问题。有个学生当即发问：“人为什么活着?”一般的教师或许会认为这是学生故意为难教师。但我以为这正是阅读教学指导很好的切入点，可引导他阅读中西方哲人的相关著作，继而引发思考质疑，进而可著文陈述自己的观点，此即与作者、与文本对话，文章交予教师批阅，即产生师生对话。还可引导他阅读文学作品，体验作品中人物的人生选择，不用评判其对错，而是从时代、环境、性格、人际关系等研究其做出选择的原因。由此生发人生感悟，自会有真情实感。以此为文，各种文体俱可，可叙、可评、可抒……回想我们学生时代最初的阅读体验，真正让我们废寝忘食的，不正是那些足以触动我们情怀的作品吗？以此而论，研究“为什么活着”不也正是对“为什么而阅读”最好的回答吗？

这个例子告诉我们，学生在学习上的“异端”表现，教师若能因势利导，可以让学生在生活中发现学习的内容，同时学会优化自己的学习方法。

教学是一个价值标准不断内化的过程。教师或教科书上所介绍的价值标准，对学生来说是外在的，学生必须经历接受、反应和评价、组织等连续内化的过程，才能将它们转化为自己信奉的内在价值。学生自我选择学习内容的过程，也是价值取向不断定型的过程。过去的课程设置，充斥着太多理想化的内容，通过教师传授过程中的不断强化，学生反而容易产生逆反、排斥的心理，教学目标最终无法有效实现。而在学生自主选择课程的背景下，只要我们按照国家课程、地方课程、校本课程三级课程体系进行交互式设计，引入符合学生年龄特征和兴趣爱好的课程内容，在潜移默化中净化学生灵魂，养成学生良好的行为准则。

由此可知，选择权应是学生学习的一项基本权利。在这个过程中，学生或许会发现所选择的并不适合自己，但他可以及时纠正，调整课程内容，重新进行选择。当然，由此而付出的代价，他也应该学会接受。选择的过程，便是成长的过程，教师、家长可以给予相应的指导，但绝不可包办代替。学生唯有亲身经历其中的酸甜苦辣，方能寻觅到通往自己心灵憩园的大道。

2014 年，作为中央部署全面深化改革的重大举措之一，国务院正式发布了《国务院关于深化考试招生制度改革的实施意见》，在浙江、上海先行试点，并于 2018 年全面实施。高考科目的设置及考试内容的变化，都更加体现了学生选择的权利，这将为今后我省深化课程改革、大力推进走班选课提供契机。

对广大学生而言，这是实实在在的福音，对学校而言，也是寻求变革实现突破的机遇。

由“核心素养”看“精准教育”

目前，有两个热词，一个是核心素养，一个是精准教育。

“核心素养”的提出，具有国际环境和国内需求的双重背景，是基于改变过去关注学生单一知识技能的情况，开始关注学生的全面发展，关注未来社会对人才类型的需求状况。从根本上讲，是教育对世界飞速发展变化的一种主动适应。随着社会的不断发展，对能力的要求越来越细化、越来越多样化，而基础教育仅仅设定的“知识与能力、过程与方法、情感态度与价值观”三维目标是难以适应这些要求的。唯有聚焦学生终身发展所必备的意志品质、价值取向和关键能力（即核心素养），方能应对世界日新月异的变化。这也应该是我国未来一个时期教育综合改革的基本方向。

经过研究实验，教育部于2014年4月正式发布《关于全面深化课程改革，落实立德树人根本任务的意见》的文件，提出“核心素养”理念，明确提出在培养学生高尚的道德情操、扎实的科学文化素质、健康的身心、良好的审美情趣的同时，突出强调要使学生具有中华文化底蕴、中国特色社会主义共同理想和国际视野，力求使立德树人的方向性、民族性和时代性更加鲜明。

“核心素养”一经提出，即成为教育界广泛参与讨论和实践的热点，并很快自成体系。当前我国“核心素养”体系借鉴了其他发达国家与地区的先进理念，也融入了我国特有的实践成果。它由三个层面构成，即社会参与、自主发展和文化修养。“社会参与”包含“品德修养与社会责任、国家认同、国际理解、沟通与合作”四个分支。“自主发展”包含“生命意识、学会学习、主动适应与创新”三个分支。“文化修养”包含“语言、符号与表达，科学、技术与应用，人文与审美”三个分支。这个体系的关键在于明确了我们培养的学生应该具备何种能力素养与情感态度，才能成功地融入未来社会，适应其不可预知的多样化需求，并根据自己的兴趣特长，在满足个人自我的价值需求的同时，满足社会的功能需求进而起到推动社会发展的作用。

核心素养体系关注的是人的全面综合发展，是品德情怀与能力素养的交汇，是慎独求实与交际参与的融合，是认同继承与扬弃创新的辩证。它更多的是要教会学生真正地学会学习，为终身学习、不断进步发展打下坚实基础。

由是看来，核心素养体系的建立必然带来基础教育质量综合评价框架的重构。教育部提出的“品德发展水平、学业发展水平、身心发展水平、兴趣特长养成、学业负担状况”5个维度20项关键指标的评价标准，已经指引了多元评价的正确方向。

要让核心素养理念深入人心，就必须启动“精准教育”。“精准”，是极大地满足每个学生全面自由发展的理想主义。这对每个学校的办学定位提出了更高要求，只有坚持个性化、特色化办学的方向，不断加大学校软件、硬件的投入，提升综合办学实力，才能在课程设置与选择、品德修习与培植、文化熏陶与滋养、实践创新与参与、情感体验与反思、心理调适与抚慰等诸多方面提供真正满足社会、家长、学生需求的“精准教育”。

“精准教育”是面向全体学生的精准，而非满足个别特殊学生的精准。通过对学生生涯规划的指导，能让所有学生找到自己最合适的发展目标，并在人生每一个阶段都能体会到中小学时期所学内容带来的帮助。可以说，“精准教育”才是让老百姓真正满意的教育。

马克思曾极富预见性地指出，人的全面发展就是“人以一种全面的方式，也就是说，作为一个完整的人，占有自己的全面的本质”。它包括，“第一，人的活动特别是人的劳动活动的全面发展，以及人的需要和能力的全面发展；第二，人的社会关系的全面丰富、社会交往的普遍性和人对社会关系的全面占有与共同控制；第三，人的素质的全面提高和个性的自由发展。”我个人以为，这是对“核心素养”体系下“精准教育”培养目标最精准的定位，也是每一个有着教育理想的教育工作者的终极追求。

在“立德树人”已成为我国教育发展的根本方向的今天，对于中国未来基础教育的趋势，我有十足的信心。

基础教育呼唤供给侧改革

当下，供给侧结构性改革成为社会各界关注的焦点。但在很多人的心目中，这仅是涉及经济民生领域的事情，与教育行业似无关系。事实并非如此，基础教育供给侧结构性改革的迫切性甚至超过了其他领域。

多年以来，基础教育特别是优质基础教育处于供给不足的尴尬境地，广大人民群众“要上学”“上好学校”的愿望始终得不到满足，“办人民满意的教育”只是停留在愿景层面。随着不断深化的教育领域综合改革，基础教育经费投入逐年递增，基础教育服务体系日趋完善，但人们对基础教育满意程度仍不太高。其根本原因在于，基于过去的供给体系产出的基础教育产品，与社会不断上升的新的教育需求脱节，不能很好地满足人们日益增长的获得多样化、个性化教育的需要。也就是说，教育者一厢情愿、呕心沥血地制造出的“升学率逐年突破”的繁盛景象，不与学生生涯发展规划相吻合。

根据这样的现实状况，基础教育供给侧结构性改革的核心，便是在继续扩大优质教育资源供给的基础上，不断优化基础教育资源配置，形成类型丰富、品质优秀、选择多元的基础教育供给侧结构系统，改变过去单一的线性结构，同时改变按分数高低作为唯一依据的人才评价体系，给受教育者提供更多更好且更合乎自身实际发展需要的选择，为他们提供高质量、多元化、多向性的教育服务，以满足他们不同的个性化教育需求。

基础教育供给侧结构性改革，需要我们根据社会发展对各类型人才的不同需要，有效提高教育产出的供给质量。这既要符合不同的受教育者身心发展、个性发展的规律和需要，又要满足社会对创造型人才的需求，还要满足各行各业对不同就业者的需求。只有基础教育的供给端有效实现了转型升级，“办让人民群众满意的教育”的口号才不会成为一句空话。基础教育对社会未来的导向、对人才成长的导向、对家长培养投入的导向，也才会进入合乎规律的轨道。以高中学校为例，在普职合理分流的前提下，制订综合类学术高中、科技理工类高中、人文社科类高中、体艺或外语特色类高中等不同类型高中的特殊课程体系，并通过学习生涯指导、选课走班、社团活动等指导学生进行个性化学业规划，让学生真实体验到既有付出的艰辛又有创造的收获更有成功的喜悦的学生生活，逐步了解应该遵守的秩序规则，养成自觉的社会公德意识、与他人和谐相处的团队意识及良好的生活习惯。

基础教育供给侧结构性改革能有效促进教育均衡发展。过去城乡之间、不同区域之间、不同学校之间存在着很大的差距，这是和过去的教育资源供给不足密切相关的。供给不足，就只能倾全力办好所谓的重点学校，财力资源、人力资源以及诸多配套政策都向他们倾斜，造成不同学校的发展严重失衡。而基础教育供给侧结构性改革强调多样化、特色化、个性化办学，结合当前自上而下的高考改革大环境，对原有的品种单一、脱离实际、缺乏个性的基础教育供给系统进行合理调整，使不同学校得到均衡发展。在课程设置、授课方式、考试评价、学生生涯指导等方面也做出一系列相应的改变，不断提升学生学科核心素养，为上一级学校培养出更多发展定位精准、个性特色鲜明、能力素养并重的优秀毕业生，为国家培养出大批能承担建设重任的合格公民。

与当前社会各界面临的形势一样，教育供给侧结构性改革为教育创新发展带来了新的机遇、新的期盼，也带来了新的挑战。能否顺势而为，解决教育领域长期存在的那些顽症痼疾，值得各级教育决策者们深思，也值得我们每位教育工作者期待。

塑造教师专业发展的灵魂

教师的专业化发展是指教师根据自己的特长和实际，通过内省等有效方式，创造性地实现其个性化的专业成长的全过程。曾子曰："吾日三省吾身：为人谋而不忠乎？与朋友交而不信乎？传不习乎？"作为教师也应经常反思总结，才能让自己不断进步，逐步达到相对完美，做到教有底气、教有特色、教有韵味。教师专业发展重要途径，便是向教育专家、身边的优秀教师学习经验，在实践中不断学习先进的教学理念，同时发挥自己与众不同的特长，注重针对自身不足加强研修提升自己。

教师专业发展的过程，实际上也是专业素养不断提升的过程。专业素养是全方位的，既有学科专业的要求，也有班级管理、学生管理、备课组管理、教研组管理、处室管理、学校管理等一系列的要求。对一个期望成为教学名师的教师而言，对自身素养必须有一个高起点的要求。比如说，对一节课的处理，有的教师总是千篇一律，刚参加工作时是这样教，快退休时还是这么教，一成不变。而一个善于学习的教师，则会不断汲取新鲜的营养，兼收并蓄，借鉴别人的长处，并把自己的反思融入其中，认真打磨教案设计，使自己的每节常规课都成为精品。这样的教师的课堂，一定是充满智慧、充满趣味、个性十足、魅力四射、深受学生欢迎的。经过一定的时间，他们便会熟悉本专业知识体系，通晓备、教、辅、改、命、考、研每个环节，能使教学目标科学、教学思路缜密、教学手段优化、教学成效显著，形成自己特色鲜明的教学风格。

新课程改革时代，教师必须站在宏观的高度，来重新审视、建构自己的职业规划。教师专业化发展的阵地在教学教研一线，只有认真做好课堂观察和教育叙事的积累，在日常教学中自觉地养成良好的专业习惯，善于阅读和思考，具备敏锐的“问题意识”，且能将问题变为课题，达到校本教研的高度，有针对性地解决教学实际中的难题，才有可能进入良性发展的轨道。教学实践中的“问题”其实无处不在，这需要教师有发现“问题”的眼睛和解决问题的能力。曾经有一位物理教师在讲授一道中考题时，遇到某学生的“刁难”，这个自学了部分高中内容的学生发现了那道题的漏洞：在更大的系统内，按照他掌握的物理理论知识，结论竟然不成立。这位教师“卡壳”了，但他镇定地引导了一场很有价值的课堂讨论，并从这一问题延伸至许多类似的案例，让学生深受教益。课堂偶发的情境，却成为让听课者印象深刻的闪光点。课后，这位教师以此为契机，开始了物理教学初高中衔接的研究，最终取得了丰硕的成果。

就教育管理者而言，要为教师专业化发展提供强大的动力，必须强化教研组建设，为教师的成长营造一个团结上进、勤于钻研的氛围。通过“老”带“新”的专业引领、同伴互助的资源共享等手段，促进青年教师的观念更新、技能成熟、素养提升。一个优秀的教研团队，必定会成为教师专业成长的加速器。青年教师在这个熔炉之中，通过三至五年的教学洗礼，在各级各类教研活动和教学竞赛中得到锤炼，并结合自身的感悟体验形成对教育本质新的认识，距离真正成为能够独当一面的骨干教师也就不远了。

教师职业注定是清贫的，能够支撑我们事业追求的是信念和精神。想要将自身素养最大化地展示出来，更是如此。教师的职业精神需要我们坚定地认清前方的目标，同时一步一步踏实地走好脚下的路。勤于钻研业务，乐于沟通交流。在讲台上有激情，永葆课堂教学的生机与活力。人的精神世界，是世界上超越一切物质力量的最神圣化的东西，一旦失去了精神的追求，教师生涯便可画上句号了。

所以，教师的专业发展不仅在于教育教学水平的不断提升，更在于大教育观的与时俱进，在于对教育内在规律的深刻了解，在于对教育事业发自内心的热爱。这才是教师专业发展的灵魂，需要我们去培植、呵护。

做幸福的引领者

当今社会存在一个普遍现象：人们的生活水平提高了，但幸福指数并未得到相应增长，对不少人而言甚至下降了。

尤其是现在的教师要面临更多的烦恼，这在高中学校更为突出。一方面，教师要面对升学的压力。这压力是通过学校各种考核、评比施加在教师身上的。教师们只能想尽各种办法不断提升学生的学生成绩，但这样又会牺牲学生的身心健康。即便如此也会遇到瓶颈和无法解决的障碍，因为升学人数是一个定值，某些同学进步便意味着其他人的“退步”，这是无法调和的矛盾。另一方面，教师要面临职称晋升的压力。很多年资较长的教师教了几十年甚至连中级职称都晋升不上去。为此，各级政府表彰及专业荣誉获奖，教师个人的“公开课、示范课、优质课”等获奖情况，主持或参与课题结题、获奖情况，论文发表及获奖情况，专业培训的层次及参加校本研修活动情况，所教学生的高考成绩、竞赛获奖等，都成为教师需要付出非常大的努力去力争的目标。

也正因为此，教师的工作时间比其他职业要长得多。以高中语文教师为例，若碰到有早晚自习时间的那一天，一般早上六点多钟就要到校，晚上近十点才能离校，这还不算改作业和解决其他问题的时间。如果担任班主任的话，基本上就是天天如此了。前几年，湖北省教育厅提倡“课内比教学，课外访万家”，确实，出发点很好，也推动了学校工作，但对一些教师而言，工作任务就更加繁重了。碰到郊区或农村的孩子，到家里去一趟，差不多要耗费整整一天时间，这无疑给教师带来了一定的负担。

无论是压力过重还是被迫付出，时间一长都会降低教师的幸福感，甚至会令他们产生职业倦怠。在这种状态下，直接受到影响的还是学生。学生最大的不幸，是遇到一位沉溺在自身痛苦中不能自拔的教师。这样的教师，会不自觉地转嫁痛苦。而对处于成长期的学生而言，这样的痛苦对他一生的成长都会有副作用，甚至会给他的内心留下某种阴影。

这是绝对不允许的。因为教育应该是一个播种幸福的行业，教育工作者虽然会有种种不如意，但只要调适得法，绝大多数教师是可以改变被牵引的现状，给自己制订一个既有挑战性又有合理性的奋斗目标，把日常工作当作事业来经营。以勤奋的态度地去实践，以宽容的心胸去和领导、同事、学生相处，用赞美的语言去激励同伴、赞赏学生，“赠人玫瑰，手留余香”。在事业上永不止步，在名利上知足常乐，那些求之不得追之无路的荣誉奖赏，反而会意外地成为自己的囊中之物。

我曾经给自己确定了一个原则：不要把自己工作中的烦恼带入课堂。生活中或许有这样那样的不如意，但我们应该建一道防火墙，将它们隔绝在教学工作之外。保证自己带着饱满的工作热情和全力以赴的工作状态投入教学，在和学生的交流中保持对他们的欣赏。而要百分百地做到这一点，最好让自己也保持在一种幸福的自我评价中。唯如此，才能让学生收获幸福感。

对同样一件事情，不同的自我评价决定着它不同的走向。很多年前，我在某个学校实习，第一次走上讲台，因为学生不太配合，感觉课上得非常糟糕，正暗自失落之际，那个班的原任课教师兴奋地对我说：“李老师，你的课上得太好了，学生今天的表现也出乎我的意料，平常上课，他们大部分都会睡觉的。”惊讶之余，我调整了自我评价标准，重新投入课堂。那位教师也放手将所有的课让我去上，而且基本上让我自主安排教学内容和进度，学生在我的一些小的激励手段的调动下，全情参与到学习过程中。期中考试，班上的平均成绩居然大幅度提升，学生也普遍爱上了语文学习，甚至有几个学生在布置的作业之外自发地写了一些不错的文章。这对原来的他们来说，简直是个奇迹了。

对幸福的追求，也要有一个明确的定位，对事业的追求可以永不满足，但对名利则要适可而止。现实中不乏因职称到手而产生职业倦怠的现象，这明显不符合教师职业的自我定位。毕竟我们在讲台上的奋斗轨迹，并非只靠职称来论定。更何况职称评比也有了更高的上限。以宜昌教育荣誉制度为例，设定了各级骨干教师、学科带头人、宜昌名师、市级名师工作室主持人、湖北名师、省级名师工作室主持人、湖北省特级教师等，逐层上评，甚至班主任系列也可进入“宜昌名师”评比，为教师们创造业绩打开了荣誉通道。而职称评定系列，国家也开始在中小学评聘正高级教师，岗位设置上除了5级岗的高级教师上限外，评聘正高级教师后可聘任4级岗、3级岗等。

当然，这只是说对教师们的付出有了一个相应的认定，若真的以此作为幸福的标尺，往往会令人失望。因为欲望之门一旦开启，总是无止境的，无论得到多少，都会陷入无休止的失望，失望之人何谈幸福？所以，我们主张学术专业上的奋斗永不停歇，对名与利的追逐则要适可而止，随遇而安。

我的一位朋友，出生在夷陵区的一个边远山区，读大学的时候家里一贫如洗。20世纪90年代后，当地开采磷矿，他的几个没上几年学的兄弟，留在家中开矿，全成了千万富翁。只有他一个人，还在学校当教师，并且甘之如饴。如果没有一点知足常乐的精神，是无法做到的。有几次我在他的课堂里，听他和学生们趣问趣答，满堂笑声不断，学生们如坐春风，脸上满溢幸福感，我也被深深地感染了。在这样的环境里成长，你当然不用担心学生们找不到自己未来发展的方向。与此正好相反的例子是，某位从基层奋斗打拼的教师，通过自己的努力终成省内外知名的教师，且从乡镇到县城到城区到省城到沿海发达地区，荣誉头衔也不一而足。但仅因单位变化太过频繁而未能评上特级、正高，便再次一走了之。

所以，教师特别是语文教师，专业上的提升虽然重要，但能否给予学生幸福感，教会学生寻找到快乐的源泉，是更重要的。每位语文教师清晨起床之际，可以对着镜子问一遍：“你，幸福吗?”接着进行自我肯定的心理暗示：“我，很幸福!”然后带着这种幸福感走向课堂，做学生的幸福引领者，让他们从你的课堂中体会幸福，让他们学会如何在生命里酿制幸福。一个让学生感到幸福和快乐的教师，你还需要担心他们学不好吗?

好的语文教师，一方面让学生学会直面人生，理性分辨邪恶，抨击黑暗，时刻准备在国家需要的时候奉献自我；另一方面，则要把自己的幸福感传递给学生，使他们学会在未来的社会中创造幸福，不断播撒幸福的种子，做一个温暖他人的人。这是语文教师的义务和责任。

对“弯道超车”的“反弹琵琶”

曾几何时，“弯道超车”在教育界成了被追捧的时尚名词，常被用来形容在教育改革中为赶超先进学校而另辟蹊径的现象。“弯道超车”的学校也多半是一些过去教育资源和教育质量较为薄弱的学校，采用非常规的方式获得了成功，成为明星学校。

“弯道超车”源于赛车运动，是这项勇敢者的游戏中后发制人的绝技。一般而言，赛车在弯道转弯时，会适当减速以确保安全，这给了落后一方追赶的机会。若赛车手技术过硬胆量超群，于此时发动进攻，速度不减反增，全力冲刺，往往会让对方措手不及，实现自己的超越。

对于教育行业而言，“弯道超车”的前提是遇到重大改革机遇，教育管理者敢于在潮头迎难而上，在学校中大胆改革创新。

但对于教育界的“弯道超车”现象，我有几点疑虑不吐不快，必须要“反弹琵琶”。

其一，教育是慢的艺术，一味求快超车，往往会有无法预料的后遗症。教育本身的属性决定了其“润物细无声”的特点，学生的进步是靠持续不断的努力来打造的，尤其是我们还需面向全体学生，因材施教，促进学生全面发展和可持续发展。如果倾力去突出某一方面，放弃其他的多向发展的可能性，对学生也是不负责任的。过去应试教育的“时间加汗水”“唯分数论”，就是以牺牲学生身心健康和兴趣特长为代价，靠死记硬背反复刷题来提升分数，并以学生升学率高低来评价学校、评价教师、评价学生。有些学校时常出现的学生轻生现象，与这种高压气氛不无关系。

其二，赛场上的“弯道超车”有着特定的场地限制，也有特定的规则限制，若在行人如织的马路上飙车，是会受到法律惩治的。教育界的“弯道超车”，很多实际上就是规则意识的缺乏造成的，别人受到规则限制不敢做的他却不管不顾地拼命做，虽然一时有速成之效，但放眼将来则会对学生造成永久的伤害。因为学生在校学习，首先是学做人。如果连做人最基本的诚信意识、规则意识都不靠谱，让他们将来如何为人处世呢？

其三，教育瞄准捷径做文章，完全靠包装来扬名天下，注定是不能持久的。一般而言，急于靠“弯道超车”的学校，实力、名气都与优质学校有较大差距，所以除了采用一些非常规手段外，它们无一例外地注重包装宣传。像杜郎口中学的“高效课堂”模式，明显是经过加工包装的。他们总结出“三三六”自主学习课堂模式：三个特点“立体式、大容量、快节奏”，三个模块“预习、展示、反馈”，六个环节“预习交流、认定目标、交流合作、展现启示、交叉巩固、达标测评”，一时间成为学生自主高效学习的样板。但繁花盛景过后，现在已是云散烟消了。

其四，“弯道超车”会产生较大的“离心力”。一个校长要推行改革，必然会采取某些强制性手段。尤其是“弯道超车”之类，若无前期较为细致深入的思想工作，必然会受到来自那些安于现状的教师的阻力，导致改革失败。不少学校的“弯道超车”，刚开始就由于内部产生的离心力而“翻车”，给后来者以“前车之鉴”，教训不可谓不深刻。

当然，对于一个力图振兴学校的校长而言，在各方资源都不如其他学校时，想要有所作为，“弯道超车”是很有诱惑力的。不然，在不同的起跑线上，大家在笔直的赛道上比赛，车手、乘客又都不如人，想要超越对方简直比登天还难，“龟兔赛跑”的奇迹在现实生活中不啻于天方夜谭，基本上是不可能实现的。

从这个角度来看，我是理解校长们的苦衷的。但我对种种“弯道超车”的做法，仍然坚定地持不同意见。我以为，要解决教育均衡问题，必须从根本上入手，解决教育资源分配不均的问题，才能有效地开创全新局面。

宜昌市近几年在这方面做了一些有益的尝试。首先，健全组织运行架构。一是大力推进学区化办学，鼓励支持各县市区按照地理位置相对就近的原则，将相同或不同学段的学校结成办学联合体，各学区确定一个核心校为牵头学校，其他学校为成员校，学区内各校法人不变。如高中以长江为界，成立了江南片区和江北片区，分别以宜昌市第一中学和夷陵中学为核心校，经常一起开展活动，各带动一片，整体发展。二是进一步推进集团化办学，各县市区可按照“行政主导、强弱搭配、学校自愿”的原则，鼓励优质学校在同一区域内组建办学联合体，设一名集团总校长，全面负责集团各项工作，集团内学校人财物统一管理。如伍家区实验小学集团，就是以优质学校伍家区实验小学带动原来的厂办学校伍家岗区中南路小学，三年磨砺实现双赢，伍家岗区中南路小学现在已蜚声周边社区，学位供不应求。三是鼓励跨区域、跨领域开展学区化、集团化办学。县市区教育行政部门之间、教育行政部门和高校之间可通过协商方式签订委托管理协议，明确各方责任和义务，被委托的县市区或高校向委托县市区指派中小学管理人员、骨干教师或提供智力支持方案等，指导相关学校提高教育教学质量，整体提升区域办学水平。如三峡大学与西陵区联办的“三峡大学附属小学（宜昌市西陵区绿萝路小学）”，三峡大学与高新区联办的“三峡大学附属中学（原宜昌市第八中学）”等，都属于这一类型，也都取得了非常好的社会效益。

其次，大力推进“局管校聘”“县（市、区）管校聘”。试行教师管理新体制，推动教师全员竞岗、全员聘用制度，健全教师待岗培训、转岗退出工作机制。在市教育局局属公办普通高中、中等职业学校启动改革试点，紧接着又将局属其他学校和二级单位纳入改革范围，第三阶段则在全市范围内推进“县（市、区）管校聘”工作。其主要方法是加强教职工编制管理；完善新进教师公开招聘制度，建立健全教师全员聘用制。按照“因事设岗、竞聘上岗、按岗聘用、合同管理”的原则，科学合理设置岗位，非专任教师岗位数不得超过岗位总数的15%；按照规定的条件和程序，探索建立教师转岗和退出机制；切实保障教职工合法权益，完善人事争议仲裁制度和教职工维权服务机制。这些制度的建立完善，使得全市教育成为一盘棋，人员可以打通使用、合理调配，真正实现人力资源配置和管理的绩效最大化，也使优质教育资源得到最大限度地开发利用，实现真正的教育均衡。

第三，全力推进特色化高中办学改革。宜昌实施主城区“3+3”高中布局调整方案。前一个“3”指3所省级示范高中，即宜昌市第一中学、夷陵中学、葛洲坝中学，进一步提升办学水平，建成全省一流的综合研究型高中；第二个“3”指调整组建的3所市级特色高中，分别是宜昌市第二中学和三峡艺术高中整合组建为宜昌市人文艺术高中，宜昌市外国语学校和宜昌市第十八中学整合组建为宜昌市外国语高中，宜昌市第七中学改建成宜昌市科技高中。通过这样的调整，完成普通高中“优质+特色”的改造，从而有效满足学生多样化、个性化的学习需求，加快推进教育供给侧结构性改革，更大程度地满足课程改革、高考招生制度改革背景下的选择性教育需求。

通过以上环环相扣的改革措施，让各类学校找准自己的定位，按照合适的方向稳步发展，使自己的内生机制和外向举措都符合教育规律，校长们也就能静下心来制订较为长远的发展规划，潜心于“立德树人”的百年大计，也就不会再去动那些“弯道超车”的心思了。

不禁想起苏格拉底的故事：苏格拉底年轻时与几个单身汉挤在一间小屋住，他说，朋友们住在一起，可以随时交流，多好啊！后来别人陆续成家，只剩下他一人，他依旧快乐，说，我有很多书，每本书都是我的老师，怎能不高兴呢？再后来他搬进一座大楼的一层，别人都嫌太潮湿，他却说，一楼进门就是家，搬东西方便，朋友来访方便，还可在院子空地上养花，何乐而不为？但不久有住在高层的老人行动不便，苏格拉底主动和老人对调，搬到了最高层，他说，每天上下楼可以锻炼身体，看书写文章都很方便，晚上还特别安静，不亦乐乎？

苏格拉底的学生柏拉图由是感慨：决定一个人心情的，不在于外界，而在于心境。我们作为教育工作者，应该保持这样一种定力，在任何情况下都坚持按教育规律办学，引领学生在正常的轨道上遵守规则，循序渐进，做一个“心有猛虎，细嗅蔷薇”的拓荒者。

多措并举建一流智库

近年来，为进一步提升全体教科研员的综合学养，全面展现其学术权威性和课程领导力，宜昌市教育科学研究院聚焦教研部门“研究、指导、培训、服务”的主要职能定位，多措并举开展学习型研究团队建设，力求做到既宏观务虚把握方向又微观务实跨越发展，为实现宜昌“大城梦”，打造一流教育智库，努力破解宜昌教育发展难题，促进我市教育教学质量不断提高。

一、走出去请进来，开阔视野

宜昌市教育科学研究院为了使教科研员进一步夯实理论基础，增强教育前瞻性，通过走出去考察、请进专家指导等方法，对教科研员进行教育前沿科学理念的培养。

宜昌市教育科学研究院先后与华东师范大学、北京师范大学联合举办了两期“宜昌市新课改创新高级研修班”，教科研员通过访名家、问疑难、辩观念、读专著、听讲座，了解基础教育课程改革的进程，掌握课标修订的新变化，反思教育实践中面临的困境和问题。2014 年 6 月，宜昌市教育科学研究院组织专家团队赴北京十一学校、江苏省锡山高级中学、杭州学军中学等先进课改名校学习，考察走班制课程建设与校本课程建设。还选派 3 名教科研员参加湖北省教育厅组织的出国培训，使他们能够近距离观摩世界顶级专家教育研究的流程和方法，拓宽理论视野，提高学术水平。

与此同时，宜昌市教育科学研究院积极邀请教育部基础教育课程教材发展中心、人民教育出版社、北京师范大学、华东师范大学等教科研机构的教育专家来到宜昌，采用专题讲座、示范研讨、答疑解难、诊断咨询、交流互动等形式进行现场指导，使教科研员在课程改革、教研方式、课堂教学、教育评价等方面提升理论高度，增强教科研的实践操作能力。2013年12月，根据湖北省急需紧缺专业技术人才特聘岗位条件，宜昌市教育科学研究院聘请华东师范大学吴刚平教授担任宜昌市课程开发研究员。吴教授针对课程改革、课堂教学现状等重大问题，定期到宜昌进行调研，为全市教育决策提供咨询服务，引领教科研员对教育宏观政策开展研究。2014年5月，“人民教育出版社课程教材研究所宜昌市实验基地”成立，人民教育出版社总编辑、课程教材研究所所长韦志榕教授专程来宜授牌，双方将加强在教研团队建设上合作。人民教育出版社定期派遣专家到宜昌实验区，深入基层学校开展深度研究，宜昌也将推荐、选派优秀教科研员到人民教育出版社做访问学者，参与人民教育出版社教材研究、课标解读及调研培训活动。

二、量体裁衣做好发展规划

宜昌市教育科学研究院现有教科研员25人，其中特级教师3人，正高级教师5人，湖北名师1人，宜昌名师5人，市管专家1人，五一劳动奖章获得者1人，市级学科带头人13人，平均年龄45岁。为推动老中青三代教科研员专业不断发展，宜昌市教育科学研究院制订出《教科研员专业发展五年规划》，让教科研员实现终身学习、梯级进步、持续发展。

实施梯级专业规划。宜昌市教育科学研究院把教研生涯分为适应、发展、成熟、成名、成家等五个阶段，鼓励教科研员梯级发展，成为教育名家。教科研员制订了《专业发展规划书》，从专业成绩、研究水平、学历层次、职称水平四个方面对自我发展目标进行描述，规划出实现目标的基本措施。在实施过程中，教研员从专业、学术、实践三个领域，检验自己学习的精度、研究的深度和指导的力度，鞭策自己工作有进展、专业有进步。

给予目标分类扶持。宜昌市教育科学研究院强化激励机制，对不同梯级的教科研员的目标的实现给予分类扶持。对于特级、正高级教师和省市级名师及学科带头人，充分发挥其学术引领作用，让他们承担关乎宜昌教育发展的重大课题，提升其学术影响力。对于骨干教科研人员，充分发挥他们的先锋带头作用，在学业进修、项目研究上给予支持，使其力争成为学科带头人或具有较高学科地位的专家。对于新招聘的青年教科研员，通过以老带新、师徒结对等方式，鼓励在职进修、教研见习，给他们提供基层锻炼的机会，促使他们快速成长进步。中小学音乐教研员徐鸣被派到上海市教育科学研究院挂职锻炼半年，业务上得到快速提升，现已被提拔为我院教育发展研究中心主任。

三、课题引领拓展研究

随着管理体制变化，宜昌市教育科学研究院于2013年进行了相应职能调整，还为此出台了《宜昌市教育科学研究院五年发展规划（2013—2018)》，进一步增强新时期教研工作转型力度，鼓励教科研员开展拓展型课题研究，开阔研究范围和视野，不断增加研究深度和广度，逐步实现由学科教学专家到综合教育专家的转型。

拓展课题研究。教科研员以学科课题研究为基础，扩展到课程、课堂、评价等综合专题性课题领域，启动了拓展型教科研课题研究活动，共有28名教职工申报了25个课题。其中《宜昌市中小学校学生德育活动现状与对策研究》和《宜昌市中小学校校本课程开发现状与对策研究》确定为宜昌市教育科学研究院2014年的重大课题。

转化实践运用。教科研员在基层学校开展拓展型课题调研，并把研究成果在教育教学实践中加以运用。一方面为基地学校的教科研提供专业指导服务，同时为培训提供菜单式服务，适应教育科学研究院培训职能的提升。另一方面为上级行政决策部门提供专业咨询。

四、协作交流信息共享

研究与学术需要相互启发和碰撞，宜昌市教育科学研究院以文化育人，把营造教研文化氛围、组织教研文化活动作为培养教科研员的重要手段，形成协作共享的和谐机制。

对内坚持打造教研文化内核，蓄养教研气质。宜昌市教育科学研究院把“修德、笃研、敢为、有恒”作为院训，开展宜昌教研文化核心价值的讨论，引导教科研员追求严谨科学的治学精神、开拓创新的探索勇气、高尚儒雅的人格魅力、优质高端的学术品位。

在工作中，教科研员以问题和需求为导向，开展了聆听报告、读书交流、参观考察等活动。在每年的教研主题论坛上，前沿教育理念形成争鸣，研讨氛围热烈浓厚，教科研员思辨能力得到很大提高，在教育观念上获得了共识。宜昌市教育科学研究院编辑《宜昌教育》《课改通讯》向一线介绍推广前沿教改动态，还选取富有思想性和启发性的文章编印在《教研参考》上，培育教研思维，促进专业思考。

对外力求加强联合，提升教科研软实力。近年来，宜昌市教育科学研究院与湖北省教育科学研究院、湖北省教育考试院等上级业务部门及武汉市教育科学研究院、襄阳市教学研究室、荆州市教育科学研究院、孝感市教育科学研究院、黄冈市教育科学研究院、恩施土家族苗族自治州教育科学研究院、荆门市教育科学研究院、十堰市教育科学研究院等兄弟单位密切联动，在课程改革研究、高效课堂创建、高考备考研究、联合调考组织、教辅产品开发、学术会议交流、信息资源共享等多方面实现了有效协作，并通过这些平台提升了宜昌教育的影响力。近年来，宜昌市教育科学研究院还与上海市教育科学研究院、北京朝阳区教育教学研究中心、青岛市教育科学研究院、苏州市教育科学研究院、厦门市教育科学研究院等外省市教研部门深度合作，通过人员挂职培训、互访互学、项目合作等提升我市教科研工作者的综合素质。

五、培训促研提升品质

宜昌市教育科学研究院利用研训一体的优势，不断把优质的教科研成果转化为提高教育质量的手段，提升了全市中小学教师教育理论水平和实践能力，同时促进了教科研员队伍专业化成长。

为保证各项培训取得实效，宜昌市教育科学研究院注重各层级对象的需求，高规格、高质量、高效率地组织各项培训活动。培训以教科研发展所需的教育前沿理论、现代教学理念、教育测量手段、教育科研策略等为内容，聘请国内知名教育专家举办各类理论讲座，并将其高端研究成果与宜昌本土实际结合起来，真正做到既走在学术前沿又能很好地“接地气”，为宜昌教育提供后续发展动力。

宜昌市教育科学研究院各学科教科研员作为本地专家，也结合自己的研究思考，从实践层面为培训者提供策略。教师发展培训中心要求每位教科研员提交培训授课课题，按照培训主题实行双向选择。培训后由学员对授课效果进行现场评价。宜昌市教育科学研究院还不断创新培训方式，以赛促训，以训促研，先后组织开展了宜昌市首届班主任专业能力大赛、宜昌市第二届校长论坛、三峡库区青蓝工程国培项目等。教科研员既是组织者，也是参与者，从活动中获取了研究突破口，丰富了研究素材，还加强了对研究问题的深入思考。

耳畔忽闻天籁声

——人民教育出版社专家访问宜昌侧记

2015年年末，宜昌气温骤降，很有几分冬意，但宜昌市教育科学研究院却萦绕着祥瑞之气，洋溢着温馨和谐的喜庆氛围。2016年1月6日—8日，人民教育出版社总编辑助理赵占良、科研部主任任长松等一行9位专家来到宜昌，开始对人教版教材纵横衔接进行专项调研，并对宜昌课程改革、综合质量评价改革等进行现场考察指导。

20世纪90年代以来，宜昌即进入人教社重点关注的视野，成为人民教育出版社课程改革教材试教基地，也因此赶上了课改头班车，全市上下掀起课程改革、课堂教学改革、中考改革的热潮。宜昌市中考等级赋分、综合素质评价及语文、历史、政治、地理等科目开卷考试多项创举引起全国教育界的重视，好评如潮，得以作为市州级代表在教育部课程改革总结会上作经验交流发言。在这个过程中，一批优秀教师迅速成长，参与人民教育出版社教材编写、教法培训、示范演示、送教下乡、专题讲座等多项重要活动，表现积极活跃，成为人民教育出版社推动课程改革的一支实力队伍，得到各级专家学者和一线教师的好评，多名中青年骨干教师成长为湖北省特级教师。宜昌也是课程改革的直接受益者，不仅各项工作多次受到湖北省教育厅表彰，而且教育综合质量不断攀升，作为重要考察指标的高考质量也在湖北省居于前列，多项数据居于全省首位。

此次人民教育出版社来到宜昌，主要是针对即将开始的教材改编进行调研，尤其是对各学段学科内部纵向衔接和各学科之间的横向联系搜集修订意见。随着新课改的进一步推进和各地新高考方案的陆续出台，教材也会不断修订。如何让教材做到与时俱进，如何打造具有持久生命力的教科书，不仅是人民教育出版社编者的目标，也是每一位奋斗在教育一线的教师的共同需求，更是学生树立社会主义核心价值观，继承中华优秀传统文化和革命传统，培养国家主权意识、安全意识、海洋意识的重要依据。从这个意义上讲，人民教育出版社的教材调研至关重要，对我国基础教育方向引领和质量提升有着不同寻常的意义。

宜昌市教育科学研究院对人民教育出版社的调研活动高度重视，由院长、书记牵头组成专班布置工作，班子成员各司其职承担相应接待任务，高中各学科教研员及时将调研问卷下发给各高中学校，收集一线教师、学生对教材使用的意见。在1月7日的调研会上，师生们畅所欲言，从几个方面提出了意见和建议：高中教材体例问题，如学科内部体系结构、知识点编排顺序、图片和案例的选择、内容的难易把握等；高中各学科教材横向衔接问题，如政治学科中如何和历史知识相联系，地理学科如何和物理、数学学科相衔接；小学、初中、高中的学科纵向衔接问题，如语文学科的写作教学体系；英语学科适当加入中国元素，在价值观引领上适当矫正等。各学科编辑室专家认真听取了大家的建议，并对一些相关内容做出了现场回应和解释。人民教育出版社科研部主任任长松表示，教师们和同学们的意见是非常可贵的一手反馈信息，将带回去认真分析研究，一定不辜负教师和同学们的期望，编写出让师生更喜爱、更满意的教材。

1月8日上午，人民教育出版社的9位专家参加了宜昌市教育科学研究院主办的“宜昌市第二届教科研基地学校‘同课异构’展评”活动，专家们站在教材编者的高度，与授课教师平等交流对话。中学语文室王涧老师说：“宜昌的教师们理念先进，教法灵活，对教材的解读也有自己独到的见解。”英语室肖菲老师在点评之后用英语发问：“What’s the relationship between input and output? What’s the relationship between silence and communication? What’s the real students’ center?”引起到会老师们的思考与讨论。历史室张振海老师、政治室任海宾老师、地理室李亮老师、科研处韩春荣老师也都分别对教师们的课进行了精彩点评，并对选编该课内容的原因进行了深刻的解说，让教师们对很多过去百思不得其解的问题豁然开朗。专家们也对教师们不太注意的细节提出了一些很好的建议，如一位教师在介绍北大校园时使用了未名湖的图片，身为北大本硕博毕业生的中语室陈恒舒老师就提出了不同意见，他说：既然是讲蔡元培先生《就任北京大学校长之演说》，就应该还原历史真貌，而那时的北大并不在未名湖畔。同时，他对一位教师回避演讲辞基本要求的处理，也提出了质疑，因为本文毕竟是演讲辞单元的第一篇。

专家们的点评高屋建瓴，具有很强的针对性和引领作用，让教师们如坐春风。如此近距离地和教材编审对话，对这些成长中的中青年教师而言，无疑是幸运的，更是幸福的，对他们未来的专业发展，其功用更是不言而喻的。

1月8日下午迎来了本次活动的高潮。在葛洲坝宾馆宽敞的报告厅，面对400多位来自宜昌教育界的听众，人民教育出版社总编助理赵占良作《聚焦核心素养，彰显育人价值》的主题报告。他从现阶段基础教育课程教材改革的指导思想出发，谈及研究制订学生发展核心素养体系的由来，进而解析从“双基”到“三维目标”到“核心素养”的思路演变，彰显“立德树人”根本任务背景下育人目标的转变，也突出论述了教材如何聚焦核心素养、彰显学科育人价值的方向。他的报告思路清晰，理据充分，紧扣教材现实案例，信手拈来，纵横捭阖，条分缕析，丝丝入扣，让全场听众入耳入心入神。到会的市教育局的领导、市教育科学研究院的教研员、县市区教育局长、教育科长、教研室主任及部分基地学校校长、教师，无不对赵总的报告啧啧称赞，认为这是一次非常及时的理念更新，是突破课改瓶颈的有效良方，也是未来教育教研工作转型的鲜明导向。

晚上，人民教育出版社专家们离开宜昌，启程奔往新的考察调研目的地。宜昌市教育科学研究院送行的教研员们仍依依不舍，希望专家们常来宜昌调研指导，也希望与专家们保持联系，得到专家们及时的编审信息。

高中学科教研员的素质考评标准

随着教育部《关于加强新时代教育科学研究工作的意见》（以下简称《意见》）这个自中华人民共和国成立以来的第一个有关教科研工作的专门文件的出台，教科研工作便受到空前重视。《意见》提出了教科研工作的基本原则是“坚持正确方向，服务实践需求，激发创新活力，弘扬优良学风”，要求“按照国家教育现代化总体部署，构建更加健全的中国特色教育科研体系，力争用5年左右的时间，重点打造一批新型教研智库和高水平教育教学研究机构，建设一支高素质创新型科研队伍，催生一批优秀教育科研成果。教育科研体制更加完善，科研机构和科研人员更有活力，组织形式和研究方法更加科学，科研成果评价更加合理，原创研究能力显著增强，社会贡献度大幅提升，推进建设教育科研强国”。

这对专业教科研机构提出了很高的要求。而在市州级教研部门，对高中学科教研员岗位的考查，既涉及了高中办学及课程建设、课题研究等方面的综合指导，又要求他们熟悉课堂教学全流程，还要兼顾到学校综合质量分析评价、高考备考指导等重要事项。高中学科教研员尤其是高考学科教研员，一定要有在教学一线的工作经历，从高一到高三以及在毕业年级多年蹲点把关，不仅有实践操作的经验，还要有理论指导的基础。教研员除了有过硬的教学教研水平，还要有足够的组织协调能力。组织一场大型活动，要制订详尽周密的活动方案和预算方案，要与上级部门及承办单位领导、办会人员沟通协调，要邀请知名专家嘉宾，要布置每个岗位的细节工作，还要上台主持或作报告，每一项任务都是对教研员能力水平的考验，也是对教研员人格魅力的测试。

所以，在中国教育制度里面，教研员这个特殊岗位的重要性，一直受到高度重视，也被国外教育从业者视为奇观。教研员除了自身的学术修养和人格魅力外，也具有一定的行政推动力和学科评价权限，因而在历次重大教育改革中，教研员都在各级教育机构中起到了不可替代的引领推动作用。

总之，对高中学科教研员的素质考查，以下几方面的能力素养是必不可少的：

一、立德修身，提高教研工作软实力

基层一线教师对高中教研员的评价，不仅取决于其工作能力和学术水平，还取决于教研员的个人修养的高度。也即是说，教师们信任、爱戴甚至崇仰某个教研员，不仅仅因为他的学识渊博，更由于他的正直品行、诚挚人格与宽阔胸襟。教研员必须立德修身，才德配位，方能立于不败之境界。作为一名优秀的高中学科教研员，首先要淡泊名利，牢固树立服务意识，为市州重大教育决策服务，为学校教育发展服务，为一线教师专业发展服务；要把时间与精力用在促进青年教师的专业发展上，把自己的专业优势转化为一线教师的成长优势，主动为一线教师的专业发展进行指导与帮助，从而引领他们迅速而且健康地成长。唯有如此，教研员在广大教师心目中才有地位，才真正有感召力。真诚热情、明智达理，率先垂范、以身作则，这样的教研员方能称得起基层教研员之典范。

二、手不释卷，打好专业发展底色

优秀高中学科教研员的学术品质，源于对本专业发自内心的强烈而执着的热爱，源于对学科知识体系及发展走向有着深刻而清醒的认识。唯有热爱，方能牺牲所有；唯有清醒，始得自成一家。宜昌市教育科学研究院原高中历史教研员、历史特级教师李明海老师曾说过，教研员没有“一桶水”，无法“灌满”教师们手中的“一碗水”，更无法引导教师们去“找水”和如何“找到水”。李老师是这么说的，也是这么做的。多年来，他手不释卷，敏锐地关注着学术界的点滴变化，尤其是课改教改前沿的最新动态，保持着随时充电学习的状态，使得他的教研工作有了取之不竭的源头活水。目前，教研员工作面临着重大转型，面对基础教育课程改革的纵深发展，面对中小学教育质量综合评价改革以及高考改革，我们仅凭过去的知识储备、专业技能与经验策略很难适应新的形势。因此，对教研员而言，学习永远要放在首位。向书本学习，向同行学习，在实践研究中学习，唯有如此，才能不断适应新变化，提升教科研的领航能力。对高中学科教研员而言，认真地读一些本专业的书只是最基本的要求，还应该博采旁收，涉猎重要的教育理论专著以及教育心理学、教育技术等前沿理论，并能将自身的经验心得整理成文，甚至出版自己的专著（并不包括那些复习备考的教辅资料）。实在无法想象，一个不爱读书、不愿意写文章的教研员会成为本行业中的翘楚。

三、植根课堂，让教研教改根深叶茂

根据新一轮基础教育改革的要求，教研员必须降低研究重心、积极转变教研职能。教研员的工作重心在哪里，只能在教学一线，归根结底在课堂。唯有如此，我们的教研教改才真正接地气，我们的教研教改才能根深叶茂。好的高中学科教研员之所以能在本地乃至全省全国产生一定的影响力，其根本原因就在于他们始终将自己的教研教改植根于课堂，从一线教师的课堂教学中去发现问题。为有效破解教学中的实际问题，他们会将所发现的问题加以提炼，形成研究课题，带领广大教师集中攻关，破解一个又一个的教学难题。不仅如此，教研员还能将微观的问题集约化，发现共性的规律，并由此提出对中观和宏观都能产生推动作用的建议。近几年来，宜昌市教育科学研究院一直积极推行“三联系”活动：“联系基层学校，联系一线青年教师，联系家庭贫困学习困难学生”，要求教研员始终扎根于课堂，取得了明显的实效。例如我主持的教育“十三五”重大课题子课题《语文课程资源促进语文有效教学的研究》，就是靠着带领宜昌十多所学校在课堂一点一滴地积累，将研究不断推向深入，并在每个学期都组织多次交流研究活动，扎扎实实地取得了重大的突破，在省内外独树一帜，由教育部相关部门审核结题后还获得了湖北省教育厅第六届教科研优秀成果奖。去年，我们近30所学校参与研究的全国重点课题《写作教学理论与实践研究》也由全国中语会审核结题。这些课题之所以能取得如此大的影响和成果，是和我们长期在一线课堂坚持不懈的努力分不开的。

四、勇于批判，引领教研教改先河

“独立之精神，自由之思想”，这是研究者的基本学术品质，也是优秀的高中学科教研员必备的品质。仍以李明海老师为例，他主持的“中学历史‘三年四维’教学目标管理的课题研究与实验”、中学历史“情景·实践·创新”课题实验，都是针对当时历史教学大纲、教科书的有关缺陷提出的。他的专著《近代思想史散论》，更是梳理中国近代思想发展脉络、针砭近代思想沿革流弊的作品。这告诉我们，教研员作为一个学科的“掌门人”，不仅对学科教学要有较强的观察思考、分析诊断、反思评价、指导研究等能力，还要有开阔的视野与超前的思维，尤其要有勇于批判、求真务实之精神，不盲从既有结论，不迷信学术权威，这是我们为学之道、从研之本。唯有如此，我们的教研教改才能有新的触发点，才能产生新的思想观念，才能有新的甚至开拓性的工作思路。当然，作为高中优秀学科教研员的另一个鲜明的标识，那就是必须坚持立场坚定的政治方向，在意识形态方面不能违背党中央及上级党组织关于教育的基本方向，“研无禁区，讲有规矩，行有底线”，在“四个自信”的前提下阐发观点。这在已经到来的统编教材时代，更是必须遵守的基本原则。

五、提携后学，培养精英教研团队

教研员往往是一个地方学科教学中的佼佼者，但如果缺乏对一线教师的引领，缺乏对当地乃至省内外本学科教学的影响力，仅仅满足于自身的学术研究，埋头做好日常事务性工作，显然还不能算是优秀的教研员。我担任高中语文教研员的16年里，自认为做得最得意的事情，就是培养了一大批优秀的中青年骨干教师，既对他们严格要求，精心指导，又对他们极尽关爱，无私提携，使他们在课堂教学和学术研究中迅速成长。很多人在全国、全省优质课竞赛获得一等奖，还有的获得了湖北省五一劳动奖章、湖北省五四青年奖章，有的成为了湖北名师、湖北省特级教师、正高级教师、宜昌名师、宜昌市学科带头人等，有的走上了学校领导岗位，享誉全省、全国，这使宜昌语文教研团队长期在省内外享有盛名。也因为他们的优秀，使我成为宜昌市国学经典研究名师工作室主持人、湖北省高中语文名师工作室主持人。2005 年被宜昌市人社局评聘为正高级教师，2014 年被湖北省教育厅评为第九批湖北省特级教师，2016 年又成为湖北省人社厅评聘的首批正高级教师，次年又被聘为 3 级岗正高级教师。同时，我还被湖北大学、三峡大学聘为兼职教授、硕士研究生指导教师。

在很多年前，李明海老师曾对自己作为教研员提出了“五台高手”“四面俱到”的要求。“五台高手”即：统观全局，能登上“高台”；专业引领，能站稳“讲台”；交流共享，能搭好“平台”；规范公正，能把握“擂台”；助师成功，能充当“后台”。“四面俱到”即：理论面，高屋建瓴史论结合，能够开阔教师们的眼界；实践面，内容具体贴近实际，切合教师们的认知水平，便于教师们的模仿迁移；人际面，学术民主话语自由，能够激发教师们的参与热情；外赛面，全心投入认真帮扶，让参赛教师赢得最好成绩。时至今日，我以为这些仍不过时，而且正是李明海老师能够达到如今之高度的原因。

六、评价检测，提升教育教学质量

高中学科教研员在“备、教、辅、改、命、审、考、阅”等各个教学环节都要有敏锐的洞察力，并能够给予一线教师针对性的指导。对市州级高考学科教研员来说，高考复习备考指导也是一项非常重要的工作。进行中小学教育质量综合评价改革以来，“绿色评价”渐成风尚，各地不再以分数作为唯一的评价指标，而是从“品德发展水平、学业发展水平、身心发展水平、兴趣特长养成、学业负担状况”五个维度来进行综合的质量监测。但学生高考成绩仍是学业发展水平的重要指标之一，仍需重点关注。

优秀的教研员，应善于指导一线教师科学备考，将师生从盲目的题海战术中解放出来，通过对课程标准的学习，了解命题趋势，同时指导教师梳理知识体系，重点专题突破，夯实学生基础，力求规范答题，提升其能力素养，从而在高考中获得理想成绩。一般而言，市州会组织全市甚至跨区域的大型调研考试，对复习备考效果加以检测，这就必须培养锻炼一支合格的命审题专家队伍，通过专门的培训提升其原创命题和精细审题的能力，以期尽可能地接近高考命题专家的水平。

这些年来，宜昌组建了一个大库容的命审题专家库，不仅用于日常命审题，还自己开发了“五个维度”综合评价的测量工具，对全市进行中小学教育质量综合评价监测，每年发布学区、学校教育质量综合评价监测报告，同时还发布家庭教育质量监测报告，促进家校联动，帮助学生“扣好人生第一粒扣子”。也正因为如此，宜昌高考成绩的各项指标，一直居于全省前列，成为“绿色质量”的风向标。

综上所述，高中优秀学科教研员应该成为各地教育行政部门重点培养的专家型人才，也是教育决策可以倚重的参谋和良将，如何有效发挥他们的积极作用，也应该是当地教育局应研究的重要课题。

高考语文试卷的价值诉求

2019年是一个不同寻常的时间节点。其一，恰逢中华人民共和国成立70周年，需要进一步突出中国共产党领导全国人民迈向新时代的宏大主题；其二，2017年高中课程标准修订之后，语文等学科将使用统编本新教材，学生核心素养被提到一个前所未有的高度，“整本书阅读”“学习任务群教学”等正成为新的热点，新的教学理念、教学方法得到更大的关注；其三，湖北等8省市高考改革方案正式发布，全国过半的省市自治区已经开始实施“高考新政”，这让近几年来越来越清晰的高考命题变化趋势得到了进一步的强化。从最初的“一点四面”到后来的“一核四层四翼”，教育部考试中心对综合评价体系及高考命题原则传递出的信息，始终是按照“立德树人”教育根本任务的要求，不断提升学生能够适应终身发展和社会发展需要的必备品格和关键能力，同时结合语文学科自身特点，注重试题的设计和素材的选择，进一步彰显高考命题的育人功能和素质教育的总体导向。

纵观2019年高考语文的多套试卷，都非常明确地表达出了这样的价值诉求，以下仅从三个方面加以简单分析：

一、以德为先，围绕“立德树人”教育根本任务做大文章

2019年3月18日，习近平总书记在北京主持召开学校思想政治理论课教师座谈会并发表重要讲话，强调用新时代中国特色社会主义思想铸魂育人，引导学生增强中国特色社会主义道路自信、理论自信、制度自信、文化自信，厚植爱国主义情怀，把“爱国情、强国志、报国行”自觉融入

坚持和发展中国特色社会主义事业、建设社会主义现代化强国、实现中华民族伟大复兴的奋斗之中。

2019 年高考语文命题最明确的价值诉求，便是高扬“立德树人”旗帜，以社会主义核心价值观为标尺，从素材选择、题目设置、作文立意等方面强化导向作用，站在顶层设计的高度进行全方位布局，以期在潜移默化中对考生有所浸润和影响。例如全国卷Ⅰ的论述类文本阅读题选用铁凝的《照亮和雕刻民族的灵魂》一文，通过设问引发考生关注“文学艺术为谁创作、为谁立言”的问题，是对青年学生很好的导向。全国卷Ⅱ的实用类文本阅读题选用《努力建好武汉长江大桥》《港珠澳大桥背后的科技支撑》《港珠澳大桥岛隧工程智能建造探索与实践》三则材料，展示了我国在大型桥梁工程建设方面的高速发展，从武汉长江大桥到港珠澳大桥实现了从无到有、不断腾飞的“新世界七大奇迹”之一，使考生得以在阅读过程中感受我国桥梁建设从技术落后工艺简陋、依靠苏联援助到自主设计技术领先、开始运用智能化建造的历史飞跃，让他们为祖国日新月异的建设成就感到无比自豪和喜悦，自觉增强为国效力、奋斗拼搏的使命感。全国卷Ⅲ的实用类文本阅读题选用《“鸟巢一代”奥运志愿服务集体记忆与奥运遗产》《论冬奥背景下体育志愿服务与青少年社会参与》《卷入的消费者——以摩族猎人为例》，讴歌“志愿精神”“奉献精神”，彰显“推动人类发展和促进社会进步”的价值，形成一种面对社会、面对人生的个体态度和公民意识，而这一点又恰恰是高中语文新教材“当代文化参与”任务群学习所涵盖的内容。

类似的例子不胜枚举，最典型的便是全国卷Ⅱ的作文题。它以“新时代青年奋勇接棒，宣誓‘强国有我’”为主题，要求考生完成 5 个具体任务中的一个。这道题可以说并不新颖，是近几年宏大主题的继续，尤其与 2018 年全国卷Ⅰ的“写给 2035 年的他（她）”一脉相承。从某种意义上讲，这样的命题方式不避热点，较易于猜题押题，宿构之作难于防范。但我们应该注意到，类似的命题每年出现在三套全国试卷的不同试卷中，便是对猜题押题的有效规避。命题还注意了“寓大于小”，立足于“我”，更是将恢宏的时代背景与学生现实生活联系起来，让学生都有话可说。“五四精神”、中华人民共和国成立、改革开放、中华人民共和国成立 70 周年，国家民族“睁开眼、站起来、富起来、强起来”的轨迹清晰可见，对学生的民族自信心、国家自豪感的提振是不言而喻的。北京卷作文题“2019 的色彩”也有异曲同工之妙。

二、全面发展，围绕“德智体美劳”教育方针夯实基础

2019 年高考语文命题另一个明确的价值诉求，是将“德智体美劳”全面发展的党的教育方针落到实处。习近平总书记对党的教育方针进行了全面精准的表述，重提“德智体美劳”全面发展。这是一个明确的信号，也是教育发展的大方向。

全国卷Ⅰ作文题“热爱劳动，从我做起”即是最好的响应，它引导学生立足于歌颂劳动创造价值的伟大，弘扬“劳动光荣”的精神，展现普通劳动者朴素美好的形象。从历史沿革上讲，中国古代有所谓“万般皆下品，唯有读书高”的倾向，轻视劳动、不尊重劳动者的现象一直存在。近几年来国家对“大国工匠”的大力宣传，重视职业教育，还提出在中学阶段增设劳动课等。要写好这样的文章，学生可从“热爱劳动”切题，抓住“从我做起”的要害，结合亲身经历和体验来阐发要义，方能脱颖而出。宜昌市夷陵中学杨胜利老师、宜都市第一中学李政老师、杨邦俊老师、秭归第二高级中学鲁红军老师等都在考前命制了与本次高考相似的、以“热爱劳动”为主题的作文题，学生在写作过程中暴露出了只会写大话套话、空喊“热爱劳动”的口号却无具体劳动过程和细节描述的弊端，这也恰是当代中学生脱离劳动实际、缺乏基本劳动技能和素养的真实写照，凸显出重视劳动教育的极端重要性。

与此相关的题目还有江苏卷现代文阅读（一）选用的现当代著名“短篇圣手”林斤澜先生的《表妹》，通过对比描写农村城市改革开放之初的巨大变化，激扬“劳动致富光荣”的正能量，鞭挞“懒懒散散，两只手一懒，骨头都要散”的“大锅饭遗风”，推崇劳动之于健康人生的意义和价值。全国卷Ⅲ的古代诗歌阅读题，选用了唐代诗人刘禹锡的《插田歌》，清新的画面，鲜明的色彩，农父农妇俚语唱和，辛勤劳作，一派生机盎然，呈现出明媚春光与愉悦心情的浑然一体，表达了诗人对热爱劳作的农人的欣赏与赞美，渲染出一种浓郁而朴素的人文之美。

关于音乐美术体育的内容，试卷中也多有涉及。如全国卷Ⅰ的语言文字运用题（第17—19题）涉及中国传统音乐，上海卷的作文题涉及音乐的“中国味”，全国卷Ⅱ的语言文字运用题（第17—19题）涉及中国画与中国文化，江苏卷的现代文阅读题（二）（第15—17题）的《书家与善书者》涉及书法艺术，全国卷Ⅲ的论述类文本阅读题《论传统表演艺术的保护与传承》涉及表演艺术，全国卷Ⅱ的文学类文本阅读选用莫泊桑的《小步舞》涉及舞蹈艺术，全国卷Ⅲ的语言文字运用题（第21题）涉及第55届世界乒乓球锦标赛，全国卷Ⅲ的实用类文本阅读题涉及奥运志愿者等，全国卷Ⅱ的名篇名句默写题则集中展示了人物形象之美、建筑雄壮之美、婉转悠长延绵不尽的乐声之美。

不仅如此，这些试题都遵循德智体美劳五育并举的内在联系，遵循五育之间相互融合、相互促进的发展规律，设置了开放的问题情境，充分彰显了对学生情感态度价值观的正确引导，有利于不断提升学生的审美鉴赏功底，升华其人生境界。

三、以文化人，围绕“核心素养”凸显中华文化优秀基因

2019年高考语文命题还有一个极为突出的价值诉求，那就是对学生核心素养的提升的重视。语文就是语文，这是由语文学科的内部属性所决定的。语文学科核心素养包括“语言建构和运用”“思维发展和提升”“审美鉴赏和创造”“文化理解和传承”。高考对核心素养的考查，将语文知识、关键能力、综合素养与学生必备品格、价值系统有机联系起来并融会贯通，在选取丰富素材的基础上设置情景化问题，精准落实基础性、综合性、应用性、创新性的选拔性考查要求，突出了解学生的文化底蕴及对文化现象的关注。其中，文化关注的对象既有中华优秀传统文化，也有革命文化和社会主义先进文化，还有当代文化参与、外国优秀作家作品等，高中语文新教材规定的25个学习任务群，基本涵括了以上内容。

中国优秀传统文化的内容既丰富又有价值取向。例如2019年全国卷的文言文阅读试题明显有统筹的设计和安排，内容均选自《史记》，讴歌了三位古代著名的改革家吴起、商鞅、贾谊，结合全国卷Ⅰ中的文学类文本阅读《理水》第8题中引鲁迅先生对“中国的脊梁”的赞美，可以让考生产生对历代仁人志士的景仰之情。《史记·屈原贾生列传》也是对屈原的致敬，对端午的致礼。名篇名句默写题的素材同样如此，也有明确的文化内涵和价值取向。全国卷Ⅰ李白的《蜀道难》中的“地崩山摧壮士死，然后天梯石栈相钩连”隐含的是传说中蜀国“五丁开山”的悲壮故事，范仲淹的《渔家傲》中的“浊酒一杯家万里，燕然未勒归无计”表现的是戍边将士自我牺牲的奉献精神，全国卷Ⅲ的《论语·子罕》中的“三军可夺帅也，匹夫不可夺志也”喻示的是每个人都应有坚定的理想信念，不忘初心，百折不回。类似的内容，上海卷的文言文阅读题中的《项经传》对项经爱抚百姓、敢于担当的激赏，江苏卷文言文阅读题中的《临川汤先生传》对汤显祖持身端洁、不趋附权贵的赞扬，浙江卷简答题中的《孟子·滕文公上》对“关爱社会、心忧天下”的称颂，都明确表达了对古代文化优秀传统的追慕，也更彰显了中华传统文化基因的优秀。

2019年全国卷Ⅰ文学类文本阅读选用鲁迅先生的《理水》，可以说出乎很多人的意料。前几年对教材中鲁迅作品数量的争论，看来可以告一段落了。鲁迅精神中那些永远值得后人继承和发扬的精髓，例如警醒国人的清醒态度、直指劣根的批判精神、疾恶如仇的斗争勇气、求真务实的严谨作风，不仅不会过时，还需要后人不断发扬光大。此题的设置之巧妙，还有几点颇可称道。其一，与教材结合紧密，尤其第8题设题以教材中的鲁迅语录引出，很是巧妙。这是全国卷命题转向的微妙信号，过去湖北卷在这方面的做法其实是值得借鉴的。其二，读《理水》，如果对《故事新编》

一无所知，对鲁迅作品风格只懂皮毛，对答题会有难以突破的障碍。这是新教材中的“整本书阅读”“任务群学习”的导向。其三，鲁迅小说是中国现代作品的风向标，也是新提出的“革命文化”的重要载体之一，未来对鲁迅作品的教学如何突破，值得在后续教学教研中重点研究。

北京卷作文题之一的“文明的韧劲”，要求考生从“中国的历史变迁、思想文化、语言文字、文学艺术、社会生活及中国人的品格”等方面谈谈自己的思考。此题看似宏大，但“以文化人”的方向非常明确，考生宜从一个小的切口导入，把自己置身其中，变上述内容为文章的大背景，便可如鱼得水。其中对“韧性”的把握，最可见考生的功底，若能对上下五千年数不胜数的素材事例信手拈来，为我所用，那就更是锦上添花。但需注意的是，素材使用要有明确的目的性、系统性，切忌杂乱无章。

综上所论，2019 年的 8 套高考语文试卷通过符合新时代教育方向的顶层设计，在试题设计的细节上科学严谨地推敲审订，在问题构思和情景设置上结合语文学科特点，联系国家未来发展的时代需求、高校招生选拔的需要和考生学习实际，突出语文核心素养，传承家国情怀和文化传统，高扬爱国奋斗精神，彰显立德树人的价值诉求，圆满地回应了社会对高考改革背景下高考语文试题的殷殷期待。

云舒篇

“天际晴云舒复卷，庭中风絮去还来。”从事语文教研，最看重的其实不是名利，而是情怀。历尽劫波，犹自笑对人生，遍访群英，始能畅饮清泉。“人生自在常如此，何事能妨笑口开?”学语文，用语文，不过是交心交友而已，其中奥义，唯君自品。

鄂派语文教育的名片

宜昌，是引领语文教育的风水宝地。

1997 年，刘国正先生曾撰文《语文教学与生活——读宜昌语文教学实验报告手记》，盛赞在宜昌开展的语文教学实验。在其后的考察宜昌语文教育的行程中，他还即兴写下唐代诗人王维的一行诗“山中一夜雨，树杪百重泉”。期待宜昌语文教育的“山中一夜雨”，带来荆楚大地乃至更为广阔地域的语文教学改革的“百重泉”。隔着这一片青枝绿叶看过去，树梢上都有一绺泉水奔流。生活之源泉，语文之根本，这该是语文教育多么美好的境界啊！

当年，宜昌推行“语文课内外衔接”，从语文与生活的角度，打造语文教育的四大支柱——阅读课、收视课、社团活动、社会调查，开阔了学生人文视野、丰富了学生语文积累。刘国正先生动情地说，“课内和课外，是语文教学的双翼，只张开一翼，自然飞行无力，只有双翼并举，才能如大鹏那样，其‘翼若垂天之云，抟扶摇羊角而上者九万里’”。从宜昌的试验中，见到语文教育的真谛。

而检索宜昌的语文教育实践，大略有“语文课内外衔接”，中考语文开卷，“双促双发”课题，语文高效课堂创建，语文课程资源开发研究，现当代诗歌赏析，人人读好书活动……

宜昌的大语文教育，正如宜昌的语文人。恰如他们自己所说：“宜昌语文人的治学风格飘逸中不失厚重，激情中不失严谨，兼具川鄂地域之特色，交融巴楚文化之精华，自成一格。”

好一个“自成一格”的宜昌语文人！

这里有“西陵二张”之称的张文斌、张文海；有余蕾、李少毅；有周世忠、陶三发；有李守望、李光明……

其中，张文斌的“‘辨证权衡’说文言”，张文海的“承上启下弄教研”，以及余蕾的“生活语文化，语文生活化”，李少毅的“师生双促双发”，尤其为荦荦大者。

如今，宜昌语文人，更是长江后浪推前浪，其勇立浪头者，正是宜昌语文“教头”李伟杰！

李伟杰，以“文本探究”为其拿手。飘逸中不失厚重，激情中不失严谨，为其写照。“文本探究”，实为语文教育之抓手。细读文本、个性阐发、探源究微，又是重中之重。李伟杰于此，颇多心得。他提倡的“三共”——“共赏、共振、共鸣”，当是“文本探究”的发微之说。这里，单说一个“共”字，就道出了语文教育中“合作、探究”“交流、互动”“平等、分享”“求同、存异”的关节，是语文教育的大“技巧”。若合说“共赏、共振、共鸣”，则是全新演绎了新课程的“目标说”。其中，“赏”，是条件与前提；“振”，是过程与方法；“鸣”，则是情感态度与价值观。当然，其中又互有穿插、交汇。近年来，李伟杰不单领军宜昌，更行走省内省外，所到之处，美誉鹊起。

李伟杰的团队，包括周德富、曹书德、刘元德、万永翔、曹德宏、庹丹丹、李龙富，是顶戴“正高”“特级”的一伙，是年富力强、意气风发、革故鼎新的一群。其理想、其志趣、其功力、其建树，其团队“抱伙成团”，足当刷新宜昌语文教育之记录！

湖北，号为荆楚，以“鄂”为名，领“九头鸟”桂冠。鄂派语文，远可溯屈原，近则渊黄季刚、闻一多诸大师。当今语文教育，鄂派领跑者当不乏其人。而鄂派语文，尤以“求真、唯是、务实”为要。

宜昌，物华天宝、人杰地灵，是语文教育的一块风水宝地，宜昌的语文教育更将被打造为鄂派语文教育的一张名片！

（史绍典　中国教育学会中学语文教学专业委员会副理事长、
全国著名语文特级教师）

诗意“此在”与“彼岸”胜景

——湖北语文名师李伟杰琐谈

我最近六年只要出差外地，总是有中学语文界的“牛人”“大咖”向我称赞伟杰，探问我们两人关系如何。听到称赞时，我虽然常常窃喜，但从不随声附和；对于探问关系如何，仅仅以“相互认识”作答，从不告知详情。我之所以如此，并非忌惮他人称赞伟杰或者知道我们关系要好，而是源于 2014 年暑假写完《真知灼见真情实感真心诚意——宜昌市教育科学研究院李伟杰先生专著〈说语弄文〉评析》一文时，深感伟杰不宜随便评价。因为，把描摹、形容或称赞好语文教师、好语文教研员、好领导、好朋友的所有词汇拿来评价伟杰，似乎都无不可，但似乎又都难尽其“妙”。既然确知伟杰是“妙不可言”的，那么我就应该尽量“闭嘴”。但闭嘴并不等于怎么评价伟杰这一困惑便可以随之了却，实际情况是最近六年来这一困惑经常缠绕着我。

今年春节以来，我基本上宅在家里，有时间沉下心来回忆和伟杰十多年的交往，重读伟杰的专著、编著、论文、课例研究、教学设计和博客文章，浏览他人写伟杰的文章，还通过电话、微信、QQ、电子邮件等途径搜集与评价伟杰有关的事实和建议。做这些事对我来说，是一段艰难思维和寻找语言表达“双重痛苦”的经历，也是一次获得情感砥砺和信仰淬炼“双重提升”的过程。猛然间，我确凿地意识到，伟杰是一个拥有并享受“彼岸”胜景的诗意“此在”。或许有人会质疑，谁不是一个“此在”，难道有不“此在”的“彼在”者吗？谁不希望诗意地活着，难道有甘愿把日子过得索然无味甚至猪狗不如的人吗？我绝不会正面回答这样的问题，绝不会用世人皆知的无数“反例”来反驳。“此在”这个概念由海德格尔在哲学巨著《存在与时间》中提出，“此在”指具有独特生命的人的动态生成过程。换言之，“此在”即为在世中展开其生存，每时每刻都在超越自己，在这一过程中呈现其生命价值的人。伟杰是符合这种意义解释的“此在”者，而且是诗意的“此在”者，拥有并享受着“彼岸”胜景的“此在”者。

诗意“此在”者的读书。伟杰喜欢读书的原因，并非如宋真宗赵恒在《励学篇》中所说的“书中自有千钟粟，书中自有黄金屋，书中自有颜如玉”，而是“人的本质”的一种“展开”。他在《语文：我的宗教》一文中回忆说，自己从小对阅读有着不知从哪里生发出来的兴趣，饥不择食地读遍了所有能够找到的书籍，甚至连贴在墙上的旧报纸也不放过。我校有几位教授经常说起昔日的高徒，津津乐道“伟杰当年就颇有几分‘特异’，与几位青年‘男神’教师称兄道弟，谈论‘红学’困境、比较文学、接受美学、对话理论，创作散文、小说、诗歌，捧读庞德、萨特、胡塞尔、海德格尔、伽达默尔。”伟杰大学毕业后，虽然一直承担着十分繁重的教学、教研和管理工作，但始终把读书作为自己生命和事业的重要组成部分。阅读范围甚广，但以“文史哲教”为主，甘之如饴的是传统经典，但也品味时代佳作。“一个人的阅读史往往就是他的精神成长史和能力发育史”，伟杰对“读书人”的这种“彼岸”胜景是有深刻体会的。也许正因为如此，他才会极力倡导语文教师一定要热爱读书并坚持读书，在评课、培训、讲学、研讨等多种场合反复强调：只有爱读书的语文教师，才有可能培养出爱读书、会读书的学生；语文教师要获得专业成长，不能只把目光盯在教学技巧的提高上；语文教师倘若每晚抽出一两个小时用来读书，获得丰厚的文化积淀，课堂教学一定会更好，教学质量一定会更高，教师人生一定会更美。

诗意“此在”者的教书。伟杰是我校聘任的兼职教授、硕士研究生导师、“国培”授课专家，每年都要给本科生、研究生、进修教师讲课多次。每次课我都会从头听到尾，有的课我还在课后组织学生评议、打分，统计、分析，上报、反馈结果。我和学生比较一致的看法是：他很认真备课，很用心讲课，很享受讲课；有激情，有学问，有妙法；学生能受到感染，能获得启迪，能学到东西。遗憾的是，我从未听过伟杰的中学语文课，但通过他的教学设计、教学实录和其他语文教师写的有关文章，还是可以想象他教中学语文课的情景与风采。例如执教《〈史记〉选读》中的高难度课文《淮阴侯列传》，别具匠心的采用“体验式教学”，让学生现场体验“百家讲坛”。主讲人走上讲台，讲解文中的胯下之辱、漂母饭信、背水一战等成语故事，让学生的学习热情瞬间被点燃。接下来的教学活动仍然是引导学生在体验中学习，他提出了两个问题：你怎样评价韩信？韩信的悲剧命运是性格造成的还是时代决定的？要求学生在自读课文和小组交流的基础上，再自愿上台，像“百家讲坛”里的学者一样，观点明确、有理有据、有板有眼地“开讲”，教师只适时给予提示、补充、追问和评点。这样的语文课非“大智慧”者是不会、也不敢这样教这篇课文的。下面的一件事，可以折射出伟杰教学设计水准和课堂教学境界。夷陵中学的谭志鸿老师在 2019 年 10 月参加全国中青年语文教师教学基本功展评大赛的前几天，面对所选的柳永的《望海潮》这首脍炙人口的词，想突破常规的读品模式，但又苦于想不出突破的“妙招”，便去向伟杰请教。伟杰沉思了片刻说，“建议试试‘唱’的思路吧！词本来就是用于吟唱的……你去查查相关资料，听听叶嘉莹先生、王兆鹏教授的吟唱，寻找灵感和启发”。经常自叹“从小就五音不全，特别惧怕窘境”的谭老师经过一番艰苦努力，竟在近千人观摩的竞赛课堂上与学生“同读、同唱、同赏、同仿”，教学极为出彩因而获得一等奖。谭老师这才真正理解了伟杰的肺腑之言：“语文教师要保持常教常新的状态，就必须不断挑战自己”，“打破思维定势和自身局限固然很难，但不是不可能。只要勇于改变，一旦打破，就会很有意义，就会永远有活水注入，就会打开不一样的世界”。

诗意“此在”者的教研。伟杰始终坚守自己的语文教育信仰，执着地追寻语文教育的理想境界，不断探究语文教学实践中产生的或重大、或具体的问题。在他的一系列独特见解中，最被人们熟知和广泛肯定、最有理论价值和实践意义的是“语文教学本质”观、“三自三共”语文课堂观和“语文教研文化建设”观。他认为语文教学的本质在于育人，根本目的或者说最高境界就是架设一座能跨越年龄、阅历、学养的鸿沟实现真诚交流的桥梁，帮助学生在学习过程中认识世界、体味人生、感受文化、掌握语言。他认为语文教学应该回归本源，把语文核心素养培养与建构落实到“自觉、自主、自在，共赏、共振、共鸣”即“三自三共”课堂教学中去。他认为理想的语文课堂教学首先应该是“自主、自觉、自在”的课堂教学，“自主”意味着学生能有选择、有思考、有过滤的学习语文，“自觉”意味着学生能从“言语习得”过渡到“语言学得”、“语文悟得”，“自在”意味着学生能摆脱各种人为的束缚从而全身心沉浸在语文学习活动中。这“三自”是他对语文课堂教学活动中理想师生关系和学生学习状态的定位。他认为理想的语文课堂教学还应该是“共赏、共振、共鸣”的课堂教学，“共赏”是指师生扬弃既有结论、一起进行文本赏读，“共振”是指教师引导学生进行互动、碰撞、对话、交流与分享，“共鸣”是指师生借助创设的情境或由“文本”中的人物、事件、思想、言行、道理等内容激起师生的情感体验、态度校验和价值判断。这“三共”是他对语文课堂教学活动中理想的教学目的、内容与过程的描述。湖北省中语会理事长、特级教师史绍典先生曾盛赞“三自三共”是深刻揭示“文本探究”奥秘和有效语文课堂教学的发微之说；湖北省中语文会副理事长、特级教师秦训刚先生也说过，“三自三共”颇有见地，并且有实践的支撑，个人十分赞成。他认为一个地方、一所学校的语文教研工作，应该包括三个基本要素，即使命、愿景和核心价值，“新课改”时代必须紧紧围绕语文教研工作的核心价值，着力建设“修德、笃研、善为、有恒”的语文教研文化。

诗意“此在”者的指导。伟杰对语文教师的指导，既关注教艺又关注师魂。他早在宜昌市第二中学担任语文教研组长、教务处主任时，就孜孜不倦地进行指导，使吕韡、彭琼、卢红芹等语文教师的专业素养得到了迅速、高效提升，有的获得省级优质课竞赛一等奖，有的成为宜昌名师，有的走上教学、教研领导岗位。他们回忆起跟随伟杰学习“为师为教”的难忘岁月，无不洋溢着感恩之情。伟杰 2004 年 4 月调任宜昌市教育科学研究院高中语文教研员后，更是不遗余力地深入县市的学校、深入课堂，对语文教师进行教学、教研和专业发展方面的指导，使他们日益成熟、更加优秀或不断登上引人注目的“巅峰”，也使宜昌市高中语文课程与教学改革及研究享誉省内外，教学质量跃居全省前列。得到过伟杰呕心沥血指导且成长迅速、“收获颇丰”的教师很多，我在这里只举两个例子：一是现为宜昌市第一中学党委书记的陈鹏，2004 年时还是个很普通的语文教师，但经过伟杰的不断鼓励、给任务、压担子和在教育理念确立、校本课程开发、语文课堂教学等方面的指导以来，先后 3 次执教全国性的示范课，获得包括全国高中语文教师教学基本功展评一等奖、“四方杯”全国优秀语文教师选拔大赛教学比赛一等奖在内的大奖 12 次，被评为宜昌市十大民选新闻人物、湖北省优秀语文教师、湖北省教科研先进个人、湖北省师德模范，获得湖北省五四青年奖章、湖北省五一劳动奖章。他在回顾受教于伟杰时深有感慨地说：“一个人的成长固然必须立足于自身坚持不懈的努力，持久的积淀和开掘是超越当下和抵达彼岸的必由之路。但如果没有良师持续的关注和适时的鞭策，岁月也就匆匆而过了。”二是葛洲坝中学工会主席谭小红，先后获得宜昌市优质课竞赛一等奖、湖北省语文优质课竞赛一等奖、湖北省青年教师教学竞赛第一名、中南六省优质课竞赛一等奖，主持或参与“写作教学与阅读教学关系研究”等多项国家级、省级、市级项目研究，在湖北省和全国多次上示范课，获得宜昌名师、宜昌市第六届青年科技奖、宜昌市“建功立业标兵”、湖北省优秀教师、湖北省“五一劳动奖章”等多项荣誉称号，2017 年晋升为正高级教师。她在回顾受教于伟杰的文章中饱含深情地写道：“师傅如同一架稳重的梯，又如巨人的肩，以毕生的精力做着甘为人梯的事业，把别人高高地举起；师傅指导我的这十几年，恰是我专业成长最快的十几年。”

诗意“此在”者的交友。我和伟杰以前毫无接触，2007 年 4 月产生了必须聘请教研员和优秀教师参与汉语言文学教育本科生专业课教学、语言学及应用语言学硕士研究生专业课教学的想法，伟杰无疑成为首批四位人选之一。但我没敢冒昧联系，而是通过一个老朋友也是伟杰的同事了解伟杰是否好打交道，得到的回答是“为人真诚、亲和，很好交往、相处”。没过多久，我便如约来到伟杰的办公室，我们一见如故，畅谈校友之缘、宜昌市语文课程与教学改革、在职语文教师素质提升、高校语文教师人才培养、本科生和研究生专业课教学和兼职教师等事宜。此后，他先是做了我校的实践教学兼职教师，后来被聘为兼职教授、“国培”授课专家、兼职硕士研究生导师，尽心尽力承担着“回母校、帮朋友”给在校生和进修教师上课、与学生一起到中学开展观摩与交流活动、指导研究生的义务，还与部分“道同、志笃、勤学、善思”的在校生和进修教师建立起了“亦师亦友”的关系。伟杰因为“重责、重情、重义”，在语文教育界有很多朋友，据我所知便有为其专著《云端的语文》作序的全国中语会理事长、人民教育出版社编审顾之川先生、撰写《鄂派语文教育的名片》推介“宜昌语文教研团队”的全国中语会副理事长史绍典先生、为其专著《说语弄文》作序的湖北省教学研究室中语室主任秦训刚先生、为其编著的《读经析典》作序的湖北省教育科学研究院中学语文教研员蒋红森先生等一批全国中语界知名专家。还有热情关注伟杰的语文教学研究和改革实践成就并给予很多帮助的语文专业权威期刊的朋友，如《中学语文教学》主编张蕾、《语文教学通讯》主编王建锋、《中学语文教学参考》主编葛宇虹、《语文学习》主编何勇、《中学语文》总编潘纪平和社长聂进、《语文教学与研究》主编晓苏、《中学作文教学研究》主编张水鱼等。伟杰最珍视、耗费心血最多的还是一大批扎根在高中语文教学一线辛勤耕耘的教师朋友，如宜昌市第一中学的陈鹏、李明富、谢兴吾、刘峻岭，夷陵中学的万永翔、谭志鸿、赵华，葛洲坝中学的陆美娟、谭小红，宜昌市人文艺术高中的丁亨标、王健、彭琼，宜昌市科技高中的邱望清、李颖，宜昌市三峡高级中学的刘艾国、何斌师，枝江市第一高级中学的周德富、刘孚忠、张晓春，宜都市第一中学的杨邦俊、程光新，兴山县第一中学的熊必荣，当阳市第二高级中学的马国良，枝江第二高级中学的周新等“湖北名师工作室”和“宜昌名师工作室”的骨干成员，他们也视伟杰是最值得交往、敬佩、感恩的“良师益友”。

伟杰几十年来就这样诗意地“此在”着。由“好读书”少年、“颇有几分特异”的大专生到才华初露的本科生、研究生班学员，由普通教师到湖北省首届优秀语文教师、全国优秀语文教师、全国中语会推荐的《语文教学通讯》封面人物，由普通教研员到宜昌名师、特级教师、首批正高级教师、湖北名师工作室主持人，由中学教师到被聘为大学兼职教授、硕士研究生导师、“国培”授课专家和湖北省“农村教师素质提高工程”授课教师，由名不见经传到全国当代语文教学专委会理事、全国“三新”作文教学研究会常务理事、湖北省中学语文研究会理事兼副秘书长、湖北省基础教育教学指导委员会委员，由最初勉强写“豆腐块”到发表大量论文、出版《说语弄文》《云端的语文》专著、主编《汉语言文化的力量》《读经析典》《创新课堂》《高中文言文导学导练》《学能步步高》等教学用书、参编《湖北省普通高中新课程教学指南·语文》《湖北省教育丛书·优秀中小学校长》《全国优秀教师示范作文选》《全国百所名校获奖示范作文》等书籍。因此，很多仰慕者说他已是“专业荣誉大满贯”了。

但伟杰并不看重所谓“名号”和“物质”层面的东西，这些都不能算作真正的人生“彼岸”胜景。那么，在他心目中，真正的人生“彼岸”胜景是什么呢？第一，“此在”。他要拥有并享受人之为人“此在”着的动态生成过程，每天都在脚踏实地的做事中“展开”自己、超越自己，在展开和超越过程中呈现出独特的生命价值。第二，“共在”。他要拥有并享受同行之间、同事之间、上下级之间、师生之间、亲人之间真诚、友善的相处，不愿意看到人与人之间相互算计，互为“灾难”或“地狱”，而坚信如果不能与“他在”“共在”也就不可能有“此在”者的“彼岸”，努力“渡人”就是在最好地“渡己”说的就是这个道理。第三，“自在”。他要拥有并享受不图名利、胸襟豁达、心智舒展的精神境界，不愿意看到唯利是图、猥琐奸猾的嘴脸，不愿意遭遇索然无趣、猪狗不如的灵魂。“自在”并不等于没有成长的烦恼、工作的压力、事业的困顿、生活的艰辛，恰恰相反，“自在”需要承受更多的烦恼、压力、困顿与艰辛，需要更多的付出与坚持，需要更多源自内心深处的自信、自强、自明、自律。否则，何以拥有并享受“彼岸”胜景！

（赵乔翔　三峡大学文学与传媒学院教授、硕士研究生导师）

兄弟至情如老酒

我与伟杰相识相知还是近十多年的事。他在宜昌，我在枝江；他做教研员兼宜昌市教育科学院的副院长，我当校长。慢慢就相处多了，就像枝江大曲初期广告语说的那样：越来越近越来越好，知心知己枝江酒，我们都是有故事的人。这则广告语道出了我与伟杰相处的三个阶段，他来枝江指导工作次数多了，我们的情感就像枝江大曲老酒，醇香浓郁；共同合作的研究课题多了，我们之间又产生了许多教育人生故事。

我是 2005 年 4 月从枝江市教育局调到枝江市第一高级中学担任校长的。我任校长时正值学校搬迁至新校区。新时期，新学校，新校长，学校发展的突破口在哪里？如何推动学校发展？我如何在专业上提升自己？有一段时间，十分困惑。2008 年下半年，语文学科教研活动在我校举行。伟杰来到我的办公室，和他聊起我当校长的困惑，聊起高中课程改革，聊着聊着，伟杰说：高中课程改革已经启动，虽然湖北还没有进行，但你可以率先启动，就从学校的课堂改革开始，抓住了课堂，就抓住了关键，就抓到了学校改革的牛鼻子。一席话让我茅塞顿开。于是，从 2008 年下半年开始，我在学校力推课堂改革，先是“三案六环”课堂教学模式，后来又提炼成“423”学导型课堂教学模式改革，一时间搞得红红火火。伟杰作为专家，多次到我校指导。特别是 2009 年到 2010 年 4 月，宜昌市教育局两次在我校召开课堂教学改革专题研讨会，将我校的课堂教学改革作为一个品牌进行打造。2010 年 4 月，伟杰参加我校举行的研讨会后，他专门写了一篇介绍我校课堂改革的长篇文章《“枝江现象”摭谈》，这篇文章长达

5000 字，系统地分析了我校“423”课堂模式的特点，精要地点评了 6 节展示课，提出了课堂研究的 4 点建议。这篇文章在宜昌教研网和其他媒体上发表后，迅速扩大了我校课堂教学改革的影响力。那几年，我校因课堂改革声名鹊起，全国十多个省市 500 多所学校前来考察学习。伟杰作为宜昌市教育科学研究院副院长，起到了至关重要的作用。

作为教研员，对学校的指导有时不在一招一式的点评和指导，关键在于他能不能站得高，看得远，讲得透。伟杰对我的影响力在于他识大势，指方向。我能成为湖北省“荆楚教育名家”，特级教师，正高级教师，没有伟杰指点迷津力推课堂教学改革，我可能难以有所成就。

而一个学科的发展，仅仅只有学术研究还是不够的，更多是学术氛围的营造，成长平台的搭建。伟杰为人直爽真诚，在担任副院长兼教研员期间，关怀老教师，关心青年教师，为宜昌语文界营造了一个积极向上奋发有为的人文环境。

青年教师的成长是一所学校持续发展的关键，关心培养青年教师也是校长们极其重视的事情。伟杰作为宜昌市教育科学研究院的领导，十分重视全市各高中青年语文教师的培养。我们学校现任语文教研组长张晓春就是在伟杰的指导鼓励下成长起来的一名优秀语文教师。她中专学历，从小学教到初中，直到 31 岁了才到我校任教，是一步一个脚印成长起来的高中教师。在她成长的路上，写的文章，伟杰会认真评改；她执教的优质课，伟杰会仔细揣摩指导。每当有大型活动，总会给她提供机会，让她锻炼。正是在伟杰的指导下，张老师已经成长起来，成为了我校优秀的语文教研组长。后来我还发现一个现象，伟杰每次来枝江检查工作，召开教研会，到了晚上聚餐时，他总要叫上周新、张晓春等一批年轻教师。在晚餐前会对他们在学习、课堂、教研等方面的问题进行指点。看似在聚餐，实则在培养年轻教师。一个教师，一名优秀的教研员，为宜昌教育事业的发展做出了重要的贡献。

伟杰不仅善识大势，精于研究指导，是一位名副其实的专家，还是一位重友情的朋友。张文海老师是宜昌语文界的一位德高望重的老前辈，学术造诣极高。张老师退休，伟杰接手，他始终没有忘记老前辈铺就的道路。有一次我与伟杰聊天，谈到了张老师，我说现在也不知张老师在哪里，想请他吃顿饭，以表心意。没有想到伟杰一直把这事放在心上，张老师从北京一回到宜昌，他就把消息告诉我，前前后后张罗，一路照料。那天张老师在枝江与周世忠老师等一批老友相聚，谈兴甚浓，十分开心。

我在枝江市第一高级中学担任校长不久，我校省内外闻名的特级教师周世忠老师就退休了。退休时我想总结他的教育思想，给他出一本论文集，举办一场“周世忠老师教育人生报告会”。最后我把这想法告诉了伟杰，他欣然允诺，表示一定认真准备，在“周世忠教育人生”报告会上致辞。2008 年 1 月 21 日伟杰在报告会上作了《且做而今折柳人——在“周世忠老师教育人生报告会”上的致辞》的讲话。其讲话文采飞扬，情谊深重，故事鲜活，给我校教师们留下了深刻的印象。

我与伟杰两人，我是兄，他是弟，两人也以兄弟相称。十多年的相处，性格、三观多有相似之处，处处感觉心心相印。每当在一起喝点小酒，聊兴甚欢。他喝酒直爽，做事有原则。有一次与他一同担任某赛事评委，在评选过程中，他坚持对事不对人，守住自己的原则，“持论公平”的态度给很多人留下了深刻的印象。

如今伟杰已经从宜昌市教育科学研究院的副院长位置上退了下来，但他依然坚守在自己教研员的岗位上。愿伟杰不忘初心，不忘职责，不忘老友，踏踏实实地去创造新的天地。

愿伟杰与我的兄弟情谊如枝江老酒，一直醇厚香甜。

（董云　首届荆楚教育名家、湖北省特级教师、正高级教师、枝江市第一高级中学党委书记）

够真够味儿每相惜

——与伟杰兄交往二三事

“夫人之相与，俯仰一世。或取诸怀抱，悟言一室之内；或因寄所托，放浪形骸之外。”每每读及书圣此句，便“于我心有戚戚焉”，感慨不免油然而生。如我之辈，在这“俯仰一世”如梦浮生之中，固然希冀有所寄托，然囿于身份地位，限于财力时间，是万万不可“放浪形骸之外”的。可喜者，“取诸怀抱，悟言一室之内”还是可以做到的，而且每每也做到了。我虽说没有广交天下朋友的能力，但三五道义相勖的真心朋友还是有的，诚如鲁迅先生所言，“人生得一知己足矣”。这三五人中间，自然少不了伟杰先生——我一般呼之为“伟杰兄”。兄也者，非独年长之谓也，实乃人生、事业、生活之长，是值得是必须真心去尊敬的人！

我和伟杰兄的交往及感情，是标准慢热型的。但恰恰是这种慢热铺垫、蓄势，最后积淀出持久的热烈，每每相砥相砺又相惜，这或许是人际交往的辩证法吧！

20世纪90年代中期，我调入宜昌市夷陵中学的头几年，因学科教科研交流之故，到宜昌市第二中学去过几次，认识了在此工作的伟杰兄。但当时他因承担学校其他工作，并没有在语文组办公，我们便没有更多的接触。20世纪90年代末，我担任了夷陵中学语文教研组长，对宜昌中语界的同仁也就关注和了解得比较多，已是教务处主任的伟杰兄自然是“风云人物”之一。至此，虽然彼此已经比较熟悉，但交往并不多。直到2003

年元月，我和伟杰兄的关系才出现了质的飞跃。

当时，宜昌市教研中心书记、高中语文教研员、特级教师李少毅先生——这也是一位我很尊敬的兄长，在宜都市第一中学主持召开国家级课题“高中语文‘双促双发’”研讨会，作为课题组核心成员的我，为全市语文教师上了一节观摩课——《像王国维一样阅读》，当时评课专家就是伟杰兄。至今犹记，伟杰兄彼时的风采，器宇轩昂，声若洪钟，侃侃而谈；至今犹记，伟杰兄对我这节课亮点的高度肯定，褒赞有加，不吝言辞；至今犹记，伟杰兄对我课堂存在问题的直言不讳，可谓切中肯綮，入木三分。由此，我第一次真正见识了伟杰兄深厚的语文功底、杰出的演讲才能，心中不胜佩服，便存了深交之心。课后我们就这次活动的几节课进行了比较深入的探讨，并延及语文教学的方方面面，大有相交恨晚之意。

年后，因少毅兄调往北京，伟杰兄接任宜昌市教研中心高中语文教研员一职，并担任教研中心副主任（后任教育科学研究院副院长）的领导职务。从此，在教研方面，他便成了我的直接业务领导，我们工作上的交往日益增多，随之而来的相互了解也越深越透。工作上，伟杰兄战略眼光独到，一切教研设想、理论研究和实践活动，都是在把握教育大趋势和语文自身规律的前提下展开，自然就取得了一系列成就。就个人而言，他以语文为自己的“宗教”，爱之敬之研究之，提出了回归语文教育本质的“三自三共”（自觉、自主、自在，共赏、共振、共鸣）理论，发表了一系列教研文章，出版了专著《说语弄文》《读经析典》等。这些姑且不论，最重要的，是把宜昌市高中教育和高中语文教育由原来的中等偏上带到了全省排头兵的位置，真是功莫大焉！

伟杰兄何以能有如此巨大成就？在我看来就是五个字“够真够味儿”！做人够真，学问够真，乃有事业大成就；交友够味儿，为文够味儿，方成人生大格局！

作为宜昌市高中语文的“总教头”，伟杰兄聚集了一群志同道合的语文人，真心做事，并取得了令人瞩目的成就，铸就了宜昌语文教学在湖北省的突出地位。中国教育学会中学语文教学专业委员会原副理事长、特级教师史绍典先生曾这样评价："李伟杰的团队，是顶戴'正高''特级'的一伙，是年富力强、意气风发、革故鼎新的一群。其理想、志趣、功力、建树，当刷新宜昌语文教育之记录！宜昌，物华天宝、人杰地灵，是语文教育的一块风水宝地，宜昌的语文教育更将被打造为鄂派语文教育的一张名片！"

无论是三五朋友私下叙聊，还是朋友同仁聚会，抑或大型语文活动，伟杰兄常会说这样的话："有人可能会说李伟杰这人不行，是的，我李伟杰何德何能？可是你看看，我身边都是些什么人，什么正高，什么特级，什么名师，什么五一劳动奖章、五四青年奖章的获得者，他们很行啊！如此说来，我李伟杰也还是很行的嘛！"哈哈，这话够真够味儿！如此谦虚而又自负的话，也只有伟杰兄这样真性情有底气的人才说得出来。这总让我想起梁启超先生的招牌语："启超没有什么学问——可是也有一点喽！"伟杰兄这番宏论趣语，本质上反映的是他的为人处世哲学：成己之美需先成人之美。颇有"美美与共，天下大同"之意趣。别的姑且不谈，伟杰兄执掌宜昌高中语文教学帅印后，单是他培养、呵护出的湖北省高中语文青年教师优质课一等奖的获得者就有 12 人之多，每届不缺且有三届还是两个一等奖获得者，这在全省可以说是一道最美的风景！全国中青年教师语文优质课大赛，也是每届必有一等奖，共计有 7 人获此殊荣。凡中南六省中语会年会，也多是宜昌选手代表湖北参赛。从这个角度看，伟杰兄是湖北中语界乃至全国中语界名副其实的"护花使者"！

不仅真心"护花"，也同样真心护友！我生来就酒量有限，在一般情况下是滴酒不沾的。但遇到特殊情况，不便或不能推脱，也会偶尔举杯，但常常是不胜杯勺，得不到渊明、太白之意趣，有的倒是中圣的难受。在一次宜昌中语界盛会的晚宴上，省专家和市名师云集，很多都是我的好朋友，于情于理都要对饮几杯。不想后来醉倒，闹出笑话。但也正是这次笑话，却给我带来了一生的暖意。后来几个重要朋友相聚，喝酒时有人盯住我不放。伟杰兄发话："永翔不能喝酒。从今天起，谁一定要永翔喝酒，我给他代了！"这话太够意思太够味儿！当时内心的感动无以言表，只觉得一股暖流流向我的四肢百骸，幸福感弥漫心头。后来相似的情景屡屡重现，幸福的感觉一直相同。我想，这种感觉，会陪伴着我，直到永远！

伟杰兄对他的夫人更是深情款款，至真至淳。我们在一起开展教研活动，晚上不能及时回家，伟杰兄总是不忘及时向夫人"汇报"；我们出差在外，一到目的地，伟杰兄第一件事就是向夫人报平安，叮嘱夫人注意安全；有时我们聚会，只要条件允许，伟杰兄一定会携夫人出席。而最令人难忘的，是 2015 年伟杰夫人不幸罹患重病之事。那年 4 月中旬，我和伟杰兄去苏州参加一个全国性的语文教育活动，走时还是伟杰夫人开车送我们到宜昌东站。可是第二天晚上伟杰兄神色匆匆地对我说，他不能参加活动了，只说家中出了点急事，要连夜赶回宜昌。当时我见伟杰兄不愿多说，也就没有追问。第二天才得知伟杰夫人不幸罹患重症。可以想见，伟杰兄得到消息急忙赶回之际，是用怎样的毅力压住心中的悲痛！回宜昌后，我们一行人去看望伟杰夫人，我们也衷心祈愿嫂子（我们平时都称伟杰夫人为嫂子）早日康复。这年暑假期间，我们几人相约到伟杰兄家中看望嫂子，只见嫂子身体状况和精神状态都不错，嫂子自己也说情况还好，我们也就放心了。后来多次和伟杰兄在一起参加教研活动，问及嫂子的情况，伟杰兄总是说"还好还好"，我们也就没有多想。

孰料天有不测风云，到 2017 年 4 月，突然得知嫂子病重再次住院的消息，心中甚是震惊。后来得知，此前嫂子的病情其实一直在加重，还多次入院治疗，只是嫂子很坚强，没有表现出来；只是伟杰兄很坚强，独自承担悲痛，怕给我们这些朋友这些兄弟添麻烦！其间，我和同事去医院看望嫂子，只见她已经瘦得不成人形，处于半昏迷状态了，我们十分悲痛。伟杰兄当时不在，陪护嫂子的亲戚说伟杰兄去外面药房给嫂子买进口止痛药去了。几天后，嫂子不幸离世。追悼会上，我见到伟杰：原本魁伟的身形瘦了一圈，显得有些佝偻；原本红润亮堂的脸庞，瘦削了不少，神色哀戚而至于黯然。我知道，伟杰兄和嫂子风雨同舟、相亲相爱几十年，如今阴阳两隔，命运给了伟杰兄怎样的致命一击！追悼会伟杰兄亲自为嫂子致悼词，其辞切切，其情殷殷，其泪涟涟；悲痛难抑，身形欲堕，长号不自禁而至于嘶哑呜咽！直令在场之人心如刀绞。“无情未必真豪杰！”信哉！

为人够味儿，还在于伟杰兄心存博爱，儒者的高贵见于日常之言行举止。记得和伟杰兄闲聊，偶然得知，这些年来，伟杰兄一直在默默资助贫困大学生，每年3位，从未间断。这样在老辈看来是“积阴德”的大善事，伟杰兄从来没有声张过。伟杰兄不愿张扬，我也就这么一提罢了。

伟杰兄不仅教研论文论著写得好，他的散文、诗歌同样写得好，每于或清新或淳厚的文字之间见悠远绵长之兴味。一句话，就是够味儿！这在他的专著《说语弄文》中“弄文写真”和“纪实酬唱”有集中体现，读者一睹真容，自会有如“行山阴道中，千岩竞秀，万壑争流，令人应接不暇”之感，无需我在此赘言。这里，可借湖北省特级教师、原湖北省中语室主任秦训刚先生的话以为印证：“他的生命的表达形式也常常是语文的，这一点从他对写作的兴趣上面可得到印证。工作场景，山川游历，亲情挚爱，师友交游，宴饮谈聚，都可以成为他表达的素材，或独抒性灵，或以文会友，亦诗亦文，感受独特，兴味悠长。”（《〈说语弄文〉序》）说及伟杰兄之文，我想到正在新冠病毒肆虐神州大地时，读了伟杰兄的《这个春天有点冷》，内心备受触动。题目虽曰“这个春天有点冷”，但文章内容却是热的，是有温度的。借几位网友的评论一用：“从百姓视角，抒写国家情怀。以真情理性，开启心智良知”（木易生）；“触摸困难，抒写良心，慰问历史，警策未来”（杨富昌）；“独立之精神，自由之思想，先生还像当年一样，帅！”（福裹子）。伟杰兄在文章最后说：“好在我的心还不冷，我相信，不远的前方，会有走出积郁看到光明的那一天。”是的，能够写出触动人心灵的够味儿文章的人，心永远都是温暖的！

写到此处，我不由得抬头望望窗外，经过几轮乍寒乍暖的交锋，已是不可阻遏的初夏时节，阳光固执地穿过有些朦胧的空气，普照大地，树木绿荫始浓，鸟儿啁啾喧腾，几个戴口罩的孩子在草地上撒欢儿……这不正是伟杰兄数月之前憧憬的吗？

（万永翔　湖北省特级教师、正高级教师、宜昌市夷陵中学语文教研组长）

我那至爱语文的同学

2001 年，我去拜访华中师范大学文学院的一位教授。在门口，就听到一个浑厚而富有磁性的声音，似曾相识，进门一看，果然是大学同学李伟杰。自校园一别，我与他虽同在宜昌市，但分属企业办学与政府办学，这还是第一次重逢。同学相遇自是一番惊喜，而我则更有几分意外，他在高中教语文，还在学校兼任中层管理职务。要知道，当年李伟杰在学校，又是庞德，又是萨特；又是比较文学，又是信息论美学；又是写新诗，又是创作小说，还与“男神”教师们称兄道弟。他仿佛是那云端之人，高高在上，睥睨着我们这些在文学、汉语中挣扎的芸芸众生。当年毕业时，学校想他留校任教，但他一听说是教“语文教学法”，断然拒绝。总之，在我印象中，他就是一高冷之人，再加上特有的瓷实的语音，就是一副生人勿近的模样。于是在大学校园里乃至工作后，我对李伟杰一直是敬而远之。这次重逢，方知伟杰不仅一直在高中教语文，而且对这“孩子王”的工作甘之如饴，学生喜欢，同行佩服；方知伟杰在教务处任主任，主管学校的日常教学，面对细屑烦琐，他举重若轻；方知不少朋友认为他是一个率性、本真的性情语文人。一次偶遇，刷新了我对伟杰的认知。

后来，我愈加地感觉到我在校园里可能认识了一个“假”伟杰。

伟杰是把对语文的热爱融入了血液中、刻入了骨子里的人。

他曾说过“语文便是我的全部，语文便是我的宗教”。何为宗教？是融入敬畏与崇拜的一种精神寄托和终极关怀。正是这种精神寄托，我看到他的“自觉、自主、自在，共赏、共振、共鸣”。这“三自三共”语文教学法在几十年的实践与思考中形成，影响日渐扩大。2016 年，伟杰成为湖北省首批正高级教师之一，宜昌三峡广电集团为此拍了一个专题片《问师道 • 李伟杰》反映其人其事。我清楚地记得，在这个专题片中，教师、学生在谈及“三自三共”时，眼睛里流露出的崇拜，言语中饱含的快乐，笑脸上堆叠着的满足。2017 年“浙派名师语文班”来湖北省宜昌市受训，伟杰以“三自三共”为理论架构发言，结合前些年在台湾的教育教学考察和新一轮的课程改革，妙语连珠，让浙江省这些未来的名师名校长们在“自觉、自主、自在”之中感受“共赏、共振、共鸣”的愉悦与收获。作为那天的培训主持人，我看到了浙江受训教师眼中闪着的光，我相信他们不仅掌握了“三自三共”之“术”，更领会了“三自三共”之“道”——肩扛“文以载道”之责任，传承中华文明中“仁”和“礼”的核心价值观，营造和谐谦逊、“天下大同”的氛围，固守“道法自然”的性灵与风骨。事后，据我所知，培训班里的不少人成为了伟杰的“粉丝”。

我与伟杰、我们学校与伟杰真的是很有缘——21 世纪初他走上宜昌市高中语文教研员的岗位，21 世纪初我们学校归并到地方办学。每个学期伟杰都会多次来到我们学校，听评课，作报告，指导教育教学。不论是初露尖尖角的教学新手，还是迎春盛绽的教坛红花，他都会细心并有针对性地指导，甚至到某句教学语言的语调或是某一个肢体语言。教师们常与我说的话便是“既期盼李院长来听我的课，又怕他来听我的课”。是的，伟杰每次来学校，哪怕只几分钟，他的指导都是既有语文教学前沿的理论思想，又有具体的案例可操作的示范；既有不吝赞美的褒扬，又有不留情面的批评，更有不遗余力的奖掖。每当我看着伟杰与教师们谈语文教育时那飞扬的神采，我都会猜想，一个人该有多么热爱语文，才会在谈到语文时面容出现那种圣洁的光彩；一个人该读过多少书、有过多少思考，才会在面对语文教育无数的新问题时如此从容沉稳。记得有一次在研讨《父母与孩子之间的爱》这篇课文时，伟杰说：弗罗姆的文章选入中学课本，这在过去是不可想象的，开放的中国，愈加大气自信了。简单的一句话，为教师打开了认识这篇课文的一扇窗。当时我的脑海里突然蹦出这样一句话：你现在的模样藏着你读过的书、走过的路。那一刻我突然理解了当年在学校里他对庞德、房龙的热爱的原因了。

有这样一个"把语文视作一种信仰""将自己的灵魂作为一种献祭的牺牲"的同学，我的语文世界里也有了更多的快乐与幸福。

"美娟，湖北省教育厅首开网上现场研训，由湖北省教研室与淘师湾合作，你去讲讲《杜甫诗三首》。"这是 2012 年新春接到的伟杰的电话。于是，我、伟杰、《杜甫诗三首》这节课的授课教师，一遍遍地回看那节课，一个一个地寻找交流话题，一次一次地预设可能的出现的现场提问……3 月 8 日下午，我将我们宜昌语文人对中国古代诗歌教学的实践与思考呈现给全省的高中语文教师。网络专题报告＋网络研修互动，属全省首次。

"美娟，1 月 10 号你去点评华中师范大学河南骨干教师培训班的说课吧。"这是在 2015 年新年脚步声中我接到的伟杰的电话。这个省培计划项目的点评专家是伟杰，他很希望把我们宜昌的语文推向更广的天地。于是我以"语文教学之说课"为题，以我们宜昌语文人的优秀课案为实例，通过对学员说课的点评，向河南省同行展示了我们宜昌语文人对"高中语文教学技能"的思考、归纳、实践、反思，宜昌乃至湖北教研之深、之细令他们感叹。

"美娟，下周教育局组织'三新培训'（新课程新课标新高考），你去任班主任，并作一个时长三个小时的报告。"这是 2018 年暑假我突然接到的伟杰的电话。当时我一惊，因为面对这新课程新课标新高考，我正偷着懒呢。真感叹伟杰的火眼金睛！于是我"认命"般地改变对新课程新课标新高考的肤浅认识，将新课程新课标新高考的理念与我们的课堂教学联系起来，以"作始也简，其功也硕"为题，与宜昌语文同行们交流了核心素养导向的高中语文课堂教学策略。

"美娟，这一次教研活动，你……"

“美娟，这一次优质课竞赛，你……”

“美娟，这一次工作室活动，你……”

……

在伟杰这看似强制的“安排”中，我的惰性被一点一点地挤走，代之以一次次高光的亮相，对语文专业的挚爱也被一点一点地“榨出”，同时，更是近距离地感受着伟杰的语文情怀。

他邀请我出任宜昌市中小学教育质量综合评价改革的核心专家组成员，同时担任湖北省七市州教科研协作体的联考命审题专家，他带领着我们在理想语文和现实语文之间寻找平衡点，使宜昌语文人不仅在各类教学比赛中独占鳌头，更是在高考中一路凯歌，还使湖北省七市州成为一个有影响的教科研命运共同体。理想主义也好，实用主义也罢，伟杰的眼中，语文是实实在在的。

他“安排”我任宜昌市汉语言文化电视大赛的大学士及命审题人，他带领着我们在汉语言的世界里徜徉，使一个全新的电视文化节目成为了宜昌的时尚。汉字、成语、古诗词、文化常识，汉文化的美丽尽情绽放，最后，集体的智慧形成《汉语言文化的力量》（长江少年儿童出版社出版）。伟杰的心中，语文从来就不限于课堂，语文的天地很大很大。

曾经有教师跟我说：李院长气场好强，我每回见到他都紧张。我总笑着说：别紧张，他就是一个至真至纯的语文人！

（陆美娟　湖北省特级教师、正高级教师、

宜昌市葛洲坝中学语文教研组长）

别样的贡献

——伟杰兄的文史情怀

我所在的枝江市第一高级中学是一所省级示范高中，而语文教研组更是一个在全市知名的优秀教研组。20世纪90年代以来，先后产生了朱政文、孙发斌、周世忠、陈耀文、曹书德、董云、周敏、胡新桥等一批特级教师，还有魏占峰等一批中学正高级教师。我生活在这个集体中，自然受益很多。2006年，我先后被评为湖北省语文特级教师、宜昌市中学正高级教师。这些荣誉使我有了一个新的身份——枝江市政协常委兼枝江市政协文史委委员。政协文史委的工作是研究地方历史，编写地方文史资料。没想到这个新的身份从此改变了我的研究重点，由一心一意研究日常教学转向兼顾地方历史研究。

我转向研究地方历史不久后，就有了一个较大的发现：被称为中国古代"三大处世奇书"之一的《围炉夜话》，人们一直不知其作者"王永彬"为何方人氏、有着怎样的人生经历。经过两年的研究，我发现他居然就是我们宜昌人，是古代枝江（今属宜都）石门坎人。这一研究成果在当时的宜昌乃至湖北都产生了较大影响，《三峡日报》《三峡晚报》都用整版的篇幅加以报道，全国一些著名文史专家都给予高度评价。

但学校和教育体系内部对此却有不同的声音，有人认为一个一线的教师去研究高考不考的东西有不务正业的嫌疑。没想到，最先站出来给我支持的是伟杰兄。他先是在"宜昌教研网"上全文转载了我发表在《三峡日报》上的《寻找〈围炉夜话〉的作者王永彬》一文，并加了热情洋溢的

“编者按”，然后在他个人的微博“庞戈”上再次转发。伟杰兄当时已不仅是宜昌市高中语文教研员，更是宜昌高中语文教学的最高指挥官。现在已经是宜昌教育科学研究院的副院长了。他后来又在多个场合，多次讲到：“一所重点高中作为当地基础教育的最高学府，理应也是当地的文化高地。文史不分家，文史是一家……地方志是地方文化积淀的洼地，德富老师的研究不仅大有可为，而且是对语文地方课程建设的贡献。”他的这些宣传，无疑给了我极大的信心，也给我打造了一个非常宽松的研究环境，我的研究逐渐由“地下”转到“地上”。学校也开始重视我的地方历史研究，将其纳入学校研究性学习的课程，还专门成立了“周德富地域文化研究工作室”。工作室成立后，我坚持用微信宣传地方历史，伟杰兄总是坚持给我点赞。前不久，我在微信朋友圈里发了一篇《身为宜昌人，你知道陶公匮吗?》的文章，伟杰兄第一时间在后面留言：“德富兄以深邃的历史眼光，深厚的文化学养，深挚的家乡情怀，投身枝江和宜昌的地方文史事业，值得称赞学习。”这虽是过誉之词，但却是他文史情怀的一种真实流露。伟杰兄著作等身，很多篇章都体现了他的大语文理念和文史情怀。前不久他编著的《读经析典》一书，将我的《寻找王永彬》《同治版枝江县志整理记》《枝江曾经有神鱼》三篇长文收录其中，从另一个角度对我的文史研究进行了又一次肯定。

事实上伟杰兄的大语文思想由来已久，无论是他以前组织的省级和国家级课题《语文双促双发研究》《语文教育资源促进语文有效教学研究与实践》等，还是后来成立“李伟杰国学经典研究名师工作室”，无一不是一种大语文理念的体现，他在这方面做了许多切实的探索和实践。即使是在微观教学和应考指导层面，他也倡导充分挖掘地方历史文化宝藏，补充教学资源，开阔学生视野，提高学生的学习兴趣。枝江市第一高级中学坚持编写《诗文选读》，坚持编印王永彬的《围炉夜话》作为作文素材等做法，都得到他来校视导时的多次肯定。在他主持的宜昌市级大型调研考试中，还常常会采用宜昌文学名家的诗文作为命题材料，袁崧的《宜都山水记》、王永彬的诗《秋墓自城归石门村途中偶成》、王柏心的《敕授修职郎宜山公传》、朱锡绶的《沮江随笔》等，都曾被选入全市统考试卷。这大大彰显了宜昌丰厚的文化底蕴和历史文脉，更激发了宜昌语文人传承先贤的使命感，增强了学生对“宜学之城”的家乡自豪感。

伟杰兄的这种大语文观念、文史情怀直接影响了宜昌一大批高中语文教师，他们在教学之余，关注当地的历史文化，参与当地的文史研究，成为当地文史研究的骨干力量。2018年，我接受宜昌市史志办聘请，负责同治版《宜昌府志》、乾隆《东湖县志》的点校整理，担任总纂，同时受聘参与点校注释的还有枝江市第一高级中学的曹振国、金华，宜都市第一中学的张海德三位教师。他们都是一线教师，并且都是高三教师，他们的研究不仅没有影响教学，反而能够服务于教学，产生了良好的效果。金华老师还与我一道点校了《张盛藻集》，这是中华人民共和国成立以来湖北省最大的文献整理项目《荆楚文库》丛书中的一本，也是唯一一部由中学教师整理的书籍，更是到目前为止宜昌唯一一部纳入《荆楚文库》丛书出版的书籍。《荆楚文库》首批书籍首发式，湖北省委书记、省长、宣传部长悉数出席。杨守敬是世界有名的郦学专家，也是世界文化名人，研究杨守敬的学人甚众，但在我们宜昌，现在研究杨守敬的最大专家不是出自史志部门、文化部门，也不是出自三峡大学，而是出自宜都市第一中学的付世金老师。付世金老师的《杨守敬文化读本》曾经三次再版，发放给宜都市第一中学多届学生。他的《杨守敬传》作为“湖北十大科技名人传”系列之一，即将由华中师范大学出版社出版。宜昌高中语文教师中还有远安县第一高级中学的徐建华老师，也正在参与远安古县志的整理。

习近平总书记多次强调：“中华优秀传统文化是中华民族的精神命脉。要努力从中华民族世世代代形成和积累的优秀传统文化中汲取营养和智慧，延续文化基因，萃取思想精华，展现精神魅力。”“要系统梳理传统文化资源，让收藏在禁宫里的文物、陈列在广阔大地上的遗产、书写在古籍里的文字都活起来。”

但放眼当下不难发现，县市两级的文史研究人才可谓奇缺，不少县市都面临着青黄不接的现实。宜昌市算是有些与众不同的了，现在还有一批很有活力的研究人员，其中不少是中学语文教师，而这批人正是在伟杰兄担纲宜昌语文教研员期间成长起来的。可以说，伟杰兄对宜昌除了语文教研外，还有别样的贡献。

（周德富　湖北省特级教师、正高级教师、枝江市政协常委）

心舟同此渡西陵

——小记与伟杰先生的君子交谊

与伟杰先生的交往，说来已快二十年了。

大约是在 2002 年的时候，时任宜昌市教研中心书记、高中语文教研员的李少毅先生欲引荐我到宜昌城区工作。那时伟杰先生在宜昌市第二中学任职，满口答应帮忙推荐。得遇这位豪爽君子，“我心写兮”，感怀这份知遇之恩，我们的君子之交由此开启。

后来，伟杰先生调到宜昌市教学研究中心（后更名为宜昌市教育科学研究院），从教研员到副院长。宜昌高中语文教研在这位豪爽君子的引领下，开展得有声有色。高考成绩在湖北常居头甲，优质课竞赛屡获全省、全国大奖，“部优”“省优”等优课频现，从宜昌走出一批批在全国有影响的名师。

伟杰先生为人谦和，性格豪爽，走到哪里都有一批青年才俊相随，这也造就了宜昌语文宽松的教研环境。不论名分，不分地域，物以类聚，君子相契，一批又一批的青年教师从中获益，快速成长。

宜昌语文界有这种君子氛围是非常难得的。

君子尚道，“道人以言，而禁以行”。近些年，宜昌的语文课程改革开展得很火热，在全国也颇有名气。但宜昌语文人抵制华而不实的作风，从不违背科学原理，坚持学术真理，坚守学科本性，不随势而起，不跟风炒作，远离浮华的世风，立足于人的培养进行综合改革。所以宜昌的高中语文课程改革，从不妄动，而是循道而动，动在关节之处，从而有效地保证了语文教学的质量。

君子尚理，“不徒用语，语必有理”。君子从不说空话，不讲不实在的话，但在该说的时候也必定会说。近些年，宜昌中语界人士在全国专业期刊发表了一批具有前瞻性和理论性的文章，在学术界赢得了自己的地位。

君子尚义，不苟求，求必有义。宜昌中语界人士相当爱惜自己的“羽毛”，不行苟且之事，从不沽名钓誉。当前中语界检举揭发了一批学术不端行为，但很少听说有宜昌的。宜昌中语界人士也不好争讼，更不对人落井下石，保持学人惯常的中立态度，自觉维护学术应有的自由。

君子尚正，不虚行，行必有正。宜昌中语界人士秉持正义，任人唯贤，不以小恩小惠相期许。君子之交淡如水，我与伟杰先生相交近二十年，从不私授物品。风清气正，才能真出人才，出真正的人才。

宜昌的这种君子之气，是有历史渊源的。

宜昌境内有三条大河。万里长江簇拥着生生不息的大中华精神，流过荆门山，一泻千里。八百里清江从巴人故里带来淳朴的巴土文化。沮漳河蜿蜒入江，丹水楚韵，贯注全境。秭归、夷陵、枝江、宜都都是圣贤之乡，君子故里。不说远古，单是近代就有一批赫然在列的君子。

五千年中华，湖北学人万千。20 世纪 80 年代，国务院古籍整理领导小组开具清单，湖北有两人要出全集，一个张居正，一个是杨守敬。张居正系湖北荆州人士，杨守敬乃湖北宜都人士。

《清史稿·文苑》记载：“杨守敬，其学通博，精舆地，用力于水经尤勤；通训诂，考证金石文字，能书摹钟鼎至精；工俪体，为箴铭之属，古奥聱拔，文如其人；以举人官黄冈教谕，加中书衔……为鄂学灵光者垂二十年。”

在中国近代文史大家中，有一位地地道道的宜昌人——沈刚伯先生。

沈刚伯，1896 年 12 月 4 日生于湖北省宜昌市夷陵区三斗坪镇绕围坡，今梅花村。先生自幼受留日回国的父亲教诲，有深厚的国学功底，1924 年考取官费留学生，入英国伦敦大学学习。回国后历任中山大学、南京国立中央大学、台湾国立政治大学、台湾大学教授。

1948年以后，出任台湾大学文学院院长兼历史系主任，后任台湾中国历史学会理事长。要知道在当时胡适、钱穆、李济、罗家伦、毛子水等国内一流大师都只是理事。

沈先生真君子也。一生赋性淡泊，长年一袭长衫，但一出手就“山河”震撼。在世时没有公开发表一篇论文，仅出一部《史学与世变》的文集，却誉满学界，离世后台湾大学为他荣誉出版全集。

捧读先贤的遗稿，回望户外日夜争竞的滚滚大江，欣看君子之气凛然在西楚荡漾。

如今宜昌中语界也不乏贤人君子。张文斌、张文海两位先生不但以“西陵二张”闻名全国中语界，更是以其读书人特有的气节影响了一代人。伟杰先生驾一叶心舟，载着宜昌中语人的君子之气，与一代青年后生欣然前行。作为先生的同年好友，愿随先生共渡西陵。同奏一曲《裳裳者华》：“……左之左之，君子宜之。右之右之，君子有之……”

（杨邦俊　湖北省特级教师、正高级教师、
宜都市第一中学原办公室主任）

做教研，不停地求索

——我和李伟杰老师的教研情结

2004年，是一个美好的年份。

这一年，我认识了李伟杰。他开始主持宜昌市的语文教研工作，我也刚担任兴山县第一中学语文教研组长。他是湖北省语文特级教师，他曾是宜昌市教育科学研究副院长，现任宜昌市教育科学研究院学术委员会主任委员、高中语文教研员，身兼湖北省高中语文名师工作室及宜昌市国学经典研究名师工作室主持人，湖北省高中课程改革教材选用委员会委员、语文专家组组长。

李院长主持宜昌市的语文教研工作至今已近20年。他用自己的教研智慧，培养了众多享誉宜昌、闻名全国的语文学科名师和带头人，用自己的行动诠释语文教学的真谛，引领着宜昌语文教学走向全国。担任教研员期间，他指导20多位教师在全省、全国优质课竞赛中获奖，多人成为教学骨干、学校业务领导，有16位教师成为特级教师。我校冯浩老师在湖北省高中语文青年教师优质课竞赛中荣获一等奖，现已成为学校语文骨干教师、优秀团支部书记；陈峰老师成为高级教师、湖北省优秀语文教师、宜昌名师、学科带头人。认识他的人都亲切地称他为“李老师”“李教头”“李院长”，任何一个称呼都蕴含其名“伟杰”的“伟大”“杰出”的内涵。

李院长掌舵宜昌高中语文教学发展新方向，我们交往共事多年，诸多教研场景历历在目。

首次会议，逐梦宜昌；生命课堂，互动相长

昨夜西风凋碧树，独上高楼，望尽天涯路。

从任职的那一刻起，李院长就把“努力做一名专家型的教研员”作为自己奋斗的目标。不畏难、肯实干，致力于引领指导各学校教研组长工作，培养专业发展的领头羊。

全市高中语文教研组长培训会议在宜昌市第一中学举行，那是李院长第一次主持。为了能探寻生命课堂的真谛，李院长安排了两节精彩的语文课，这两节课得到观课教师的高度赞扬和一致好评。

事隔多年，许多细节还记忆犹新。王艳妮老师执教的《春夜宴从弟桃花园序》，风趣的语言、课堂的衔接能力，都可圈可点。学生的体悟也十分精彩：一是“李白‘觉得美景是春天对自己的恩赐，感到能和兄弟们一同咏唱高谈，观花赏月并举杯畅饮，爱惜光阴’”；二是“秉烛夜游”的一种豁达、乐观精神，乃是最大的乐趣！两节课在展示课堂生命真谛所在的同时，也向我们呈现了王艳丽老师严谨扎实的基本功和驾驭生命课堂的能力。

课后，李院长和志同道合的一线教研组长进行深入对话、交流、探讨。探讨的主题是深刻的——语文课堂的魅力究竟在何处？探讨的议题是广泛的——如何做好语文教研组长工作？怎样带领教师投身于教学创新和探索？如何促进教师专业发展？……

李院长用鲜活的案例诠释如何将课堂活动和知识学习紧密联系在一起，如何让学生积极参与。总之，知识的习得变得妙趣横生，课堂变得“活”而精彩，这正是语文活动的乐趣和真谛所在。李院长用多元表达影响着参会的教研组长，用友善和真情启迪着我们的心灵和情感，用和蔼可亲谦逊随和的态度感染所有的人。

谈及自己经历，李院长感慨万千。他历任教研组长、年级主任、教务主任、高中语文教研员、市教育科学研究院副院长等职，最喜欢的工作当是教研组长。因为课堂教学是教研的“阵地”，任何时候都不能“失守”。

作为教师教学的引领者，教研组长要立足于课堂教学之中，潜心教研，把教和研紧密结合。

最后，李院长为参会者提出了如何做好教研工作的对策：

一要树立“大教研观”。大教研观基于大教育观，实际上是对教育本质的理解。他告诫每位教师，要让每个学生喜欢学习、喜欢思考，使每个学生心中有“梦”，满怀信心地走向未来。作为教研组长切莫忘了教育的终极目标。

二要拥有一双慧眼，具有发现和捕捉教师教学实践智慧的眼光。从不同的角度感受到教师的潜能与个性，帮助他们进行自我反思和总结，实现教师教学水平的提升。

三要扎根于教学土壤中。经常走进班级听课，知道教师的困难，了解学生的需求，组织一些有益的活动，做教师真正需要的教研组长。教师需要的是能够指导实践的理论，而非高高在上的空中楼阁。

讲台上，李院长如数家珍，有感而发，侃侃而谈；讲台下，教研组长认真聆听，频频点头，称心会意。

这是我第一次参加李院长组织的活动，直观感受到李院长严谨教研、求真务实的工作作风。这为我未来的教研工作指明了方向，也为我未来的发展奠定了坚实的基础。

相聚兴山，躬行实践；再会武汉，良师指点

衣带渐宽终不悔，为伊消得人憔悴。

李院长长期坚持深入学校一线，开创性地在全市进行一轮又一轮的课堂改革实践，有针对性地进行视导。从不空谈理论，每一个教学点，都留下了他的足迹，都有他视导的声音。

当年兴山县未通高速公路时，去一趟要三四个小时，但他却经常往返其间。2008 年 10 月，全市语文教学调研活动在兴山县第一中学举行。调研中，李院长参加听课、评课、研课，指导青年教师分析教材、分析学生，科学制订教学目标，恰当使用教学策略和方法。他关注最多的是语文

教学中的问题：课堂观察、课例研讨，同课异构、同课异评，理论学习、课型研磨，分享反思、沙龙报告等。谈到教学，李院长说："好教师一定要充满激情，一定要舍得在讲台上流汗，一定要比学生累，比学生辛苦!"同时，他还引用教育家叶圣陶说的一段话进行强调，"教任何功课，最终目的都在于达到不需要教……给指点，给讲说，却随时准备少指点，少讲说，最后做到不指点，不讲说。这好比牵着手走，却随时准备放手。在这方面，执教者可以下好多工夫。"这次活动得到了校领导以及参会语文教师的肯定和赞许，教师们热情如火。期间，全市名师还与我校教师进行了师徒结对。

研讨活动后，李院长一行在返程途中还探讨着语文教学的新趋势，叙聊语文教师身边的事。最美昭君之行，可谓一路风景一路歌、一段路程一段诗、一片温馨一片情。相聚兴山县第一中学后，在李院长的引领下，我校语文团队能走得更快、更好，涌现出更多的实干型教师、钻研型教师、创新型教师，我校语文教育教学的春天更加明媚亮眼。

2009 年 7 月，我和张自琼老师有幸参加湖北省高中课程改革骨干教师培训。报到当天，李院长知道我参加本次培训活动，特邀我们晚上一起吃饭。吃饭时，除了关心食宿和出行外，他谈论更多的是语文教学，勉励我们要珍惜本次培训研讨活动，一起体验培训的快乐、探寻课程改革的策略。席间，谈及卓越教师的特点，李院长说："既要有坚定的信念也要有务实的理念；既要有专业的高度，也要有人性的温度；既要有打破旧学的魅力，也要有建构新知的能力。"武汉遇良师，如沐春风。良师的话一直激励我为之奋斗，在 2019 年 2 月，我荣幸成为湖北省第十批"特级教师"。经师易得，人师难觅，感谢李院长这样的好导师。

李院长平易近人的品质让我佩服，嘘寒问暖的细心让我感动；对事业的执着、专一和不断超越自我、志存高远的精神品格不能不激起我对他的敬意!

教研春秋，风雨兼程；止于至善，光彩照人

众里寻他千百度，蓦然回首，那人却在，灯火阑珊处。

李院长把教研职场当作生命的修炼场。做教研，坚持理论与实践相结合，把深奥的问题讲得深入浅出，把复杂的问题变得简单易行。正如于漪老师所言：既要顶天唱神曲，也要立地唱人歌。中国的教育需要新观念、新理念，更需要接地气、真研究的专家。

李院长的研究范围非常广博。有“字句谋篇”的新见、“塑造教师专业发展”的灵魂引领，也有“由‘核心素养’看‘精准教育’”“选择是学生的基本权利”的思考、“评价，让教育不再功利”“基础教育呼唤供给侧改革”的呐喊，还有“基于高考新政背景下的高中群文阅读”的新视野。或见微知著，或高屋建瓴，或博达疏通。

为此，李院长致力于语文教学精髓的东西，主张“自在语文”。即“三自三共”：“自觉、自主、自在，共赏、共振、共鸣”。“自觉、自主、自在”是对学习状态的定位，“共赏、共振、共鸣”是对语文教学中师生关系及学习过程的描述。“三自三共”的核心在于“自在”，其目的是让教师们少些负荷感，多些幸福感，“自在”地教语文；学生们自由地阅读文章，随性地感悟生活、记录生活，“自在”地学语文。撰写《语文：我的宗教》以封面人物的形式先后在《语文教学通讯（A 刊）》推出该文，后又在《湖北教育·教育教学》“名师面对面”专栏上发表《快哉，自在语文》。“自在语文”的精髓如一缕春风吹向大江南北，给教坛注入清新的活力。

李院长执着地坚守不仅体现在对语文教学精髓的研究，还体现在对传统文化的传承。近年来，李院长又开始了新的征程——根据“自在语文”教学研究体系，以湖北省高中语文名师工作室主持人的身份，以名师工作室为平台，精心策划成立“李伟杰国学经典研究名师工作室”。“工作室”自成立之日起，就致力于国学经典课程及教材的系列研究，以一种近乎忘我的状态带领着他的团队踏上新征程，充分发挥名师在教育教学中的示

范、指导、辐射、引领作用。关于“国学经典”所形成的系列研究成果之一——《读经析典》的意义和作用，湖北省教育科学研究院中学语文教研员、荆楚名师蒋红森先生作了评价：“如果你正在思考如何提升语文课程教学效益，可以看看这本书！如果你正在思考语文课程如何传承传统文化，可以看看这本书！如果你正在追求一个语文教师的自我完善与塑造，可以看看这本书!”

李院长的这种不断进取、永不言止的精神是令人钦佩的。在我眼里，他就是一名不倦的战士。“儒雅、果敢、坚毅”是大家给予他真挚的评价，也是对他“自在语文”教育思想的认可。他身上既有平凡的亲切，又有专家的睿智，这种复合型的气质令他足以对教师产生磁力。他作为一个开拓者，一直没有停止过对教育的思索和实践。这是一个有成就的语文专家最可贵的优秀品格，从这一点来说，宜昌语文教研的历史将永远记住李伟杰的杰出成就。

（熊必荣　湖北省特级教师、兴山县第一中学教科室主任）

携书瞻杏坛，十年师老庞

老庞是李伟杰先生的笔名。

南宋刘宰诗云："闻君筑室水云乡，一榻翛然独老庞。近挹荷香供几案，远邀山翠入轩窗。自歌自笑游鱼乐，诗去时来白鸟双。何日过门成夜泊，一樽相与对银缸。"这描摹的就是老庞的世界。

老庞李伟杰先生是我的老师，亦是我的朋友。

获得他的指导，始于 2005 年。在那年 3 月的宜昌市高三调考之后，伟杰先生作为宜昌市高中语文新任掌门人，受邀到我校指导语文高考备考工作。在我校教研组长特级教师李守望老师的陪同下，伟杰老师走进了我的语文复习课堂，并在课后对我讲授的复习课进行了面对面的指导。也是这一次，我初次领会了伟杰老师"自觉、自主、自在，共赏、共振、共鸣"的"三自三共"教学观。至今回想起来，言犹在耳。在新一轮课程改革的今天，梳理新课标中关于课堂教学以及课堂中师生关系、生生关系处理的建议时，我发现课标中的有关内容与伟杰先生 10 多年前提出、10 多年来践行的理念有着惊人的相似之处。

伟杰先生的"三自"语文学习观凸显了对学生主体性的尊重。自觉地学习，体现的是学生由被动到主动，由无目的、无动机的自由学习向有目标有追求、高度自律学习的转变。自主地学习，是把学习内容、学习方式、学习深广度的选择权交还给学生，从而促进个性化学习、深度学习成为可能。自在地学习，则促使学生在独特超然的语文世界中，远离尘嚣，自在地学习语言，接受美的熏陶，获得思想的启迪，从而实现素养的形成、人格的完善。与“三自”对学生主体性的充分尊重不同，“三共”原则则是“主体间性”理论在语文课堂中的生动实践。共，即共同。社会性是人的重要属性，每个人不可能孤立存在，语文课堂亦然。师生关系、生生关系的恰当处理是语文课堂的难题。伟杰先生的“三共”理念恰是处理课堂中这复杂“关系”的钥匙。师生共在，教师以学习活动的组织者、促进者、参与者置身课堂中。生生共在，既是对他人主体性的尊重，也有利于合作学习的实现，更有助于在交流碰撞中扬长避短、吸纳众长、达成共识，从而收到事半功倍的效果。“赏”“振”“鸣”是语文课堂所独有的内容。“赏”是品咂玩味；“振”是思想洗礼；“鸣”是有感而发，自由表达。在“赏”中提升阅读鉴赏素养，在“振”中立德立人，在“鸣”中锻炼语言表达，获得情感体验。三者交融互渗，又各有侧重。正是伟杰先生“三自三共”教学观的课堂实践，让我的语文教学生涯变得丰盈而又潇洒。

伟杰先生对我的启迪远不止此，他提出并实践的“群文阅读”教学观，不仅有助于像我这样的一线语文教师的教学，更是对高中语文教学做出的重要贡献。

早在2015年，伟杰老师就在高中语文教学中倡导“群文阅读”，着手研究群文阅读教学，相应成果于2017年5月在《语文教学通讯》上发表。这一研究成果，早于2017年由高考全国卷首次出现群文阅读考题所引发的群文阅读研究热潮。而伟杰老师的群文阅读研究，不是单纯着眼于考试，而是主要着眼于课堂教学。

伟杰老师所说的群文，即多文本，这多个文本可以是集合式单个文本，也可以是聚合式非连续性文本。但它们之间均有着一定的主题关联性，能够引发阅读者就一个或多个话题进行探究讨论，生发出新的阅读感悟，甚至产生新的思想碰撞。群文阅读课堂的特征之一是教师对文本边际的不确定性保持高度容忍的态度，学生在开放性讨论中对话交流，在倾听、质疑、反馈的过程中，不断寻求在共同赏析、阐释理解、批判对峙、碰撞融合后达成共识，整个阅读过程实际上是对元文本的一次重构。

在伟杰老师的指导下，我在2017年11月和12月两次给“湖北省李伟杰国学经典研究名师工作室”的成员和鄂浙名师讲授了《治乱亦进，以道觉民——〈论语〉〈孟子〉中的伊尹及其精神的演进与深化》群文阅读课。不敢说成功，但在原典研读、角度选择、文段删改、问题设计、课堂呈现中都有不少真切的体会和心得。正基于此，在以后的教学中，我更加注重课堂主题的明确性、视域的广阔性、课堂的生动性，并尝试开展“故事语文”的研究与实践。

几年过去了，部编新教材已经面世。不难发现，新教材以铸魂培元的人文主题和落实素养的学习任务群双线组元的体例设计，恰是伟杰先生多年来醉心研究的“群文阅读教学”的印证。是英雄所见略同，还是伟杰先生等众多语文人的研究推动了教材编写体例的变革呢？想必学界自有公论。

学业水平检测是语文教学研究的重要组成部分。伟杰老师亦精此道，我从他身上深获教益。

他常常讲：“学业水平检测是对学习效果的检测，对教和学有指导作用，必须科学而又审慎，所以相关研究十分重要。学业水平检测研究也是提升教学水平的重要路径，研究清楚了考什么、怎样考，更有助于明确教什么、怎样教，从而增强教学效力。因此，命制一套合格的检测试题是衡量一位高中语文教师成熟的标志之一。”为此，伟杰老师主持成立了全市学业水平检测核心专家组，组织召开了多次培训会和研讨会，建立了试题库。从2009年至今的十多年来，我有幸一直在伟杰老师的指导下，开展高中语文学业水平检测的研究工作，并多次参与组织七市州联考、宜昌市高三统测命题、审题工作。

老庞伟杰先生担任了十多年的宜昌市教育科学研究院副院长，始终沉醉于自在的语文世界中，可谓“窗外车马喧，我自有田园”，而我恰是那田园边饱嗅芬芳的人。

老庞是宜昌高中语文的执牛耳者，是院长，是特级和正高级教师，还比我长6岁，但他大气、爽朗、耿介的性情自有一种天然的亲和力。3岁时，我在宜都陆城西正街边玩耍时仰望的一个9岁的不羁男孩，也许就是他哩！

（刘艾国　荆楚名师、夷陵区名师工作室主持人、宜昌市三峡高中语文教研组长）

一棵大树的影响

北方汉子般魁梧的身材，若洪钟般爽朗的笑声，富有磁性的浑厚的嗓音，温暖的笑容，这是宜昌高中语文界“大咖”李伟杰先生给人的第一印象。他的“三自三共”的语文教学理论构架，他的睿智豁达的人生态度，以及幽默风趣的谈吐，坦诚而公正的处事态度，犹如磁石，吸引着大家靠近他、仰慕他。他犹如一棵大树，响应风的呼唤，让宜昌语文界春意盎然，繁花灿然，硕果累累。在我的心中，他亦师亦友，早已经是“大先生”的境界。而我更愿意用“师傅”“老师”来称呼他，来表达我对先生深深敬意。

与先生接触见面可以追溯到20年前，那时的宜昌市第二中学的高考成绩突出，培养了大批杰出学子，在宜昌范围内皆以毕业于该校为荣。其语文成绩尤其更胜一筹。我带领一批高三教师到宜昌市第二中学学习交流时，初次见到李伟杰先生。他当时担任语文教研组长、教务处主任。他风采俊朗，热情豪爽，和他畅谈半日，受益良多。后伟杰先生担任宜昌高中语文教研员，是众望所盼，实至名归。先生开通博客，笔名庞戈、老庞，写下大量散文佳作，也苦苦探索语文教学的规律。后期因工作与先生接触渐多，跟随先生学习，深感学语文、教语文的快乐，这是我至今无法放弃语文课堂单纯去从事行政工作的原因。

20年过去，先生已是一棵参天大树，弟子万千。在湖北省乃至全国讲学，追随者云集，把宜昌语文带成了人民教育出版社的基地，带成了湖北省的标杆。每年的高考语文RSR值的评估第一名，成长起来的20多名全省、全国语文优质课一等奖获得者，被评上的16位语文特级教师，可见一斑。

近十几年来全国高中课程改革风起云涌，课堂不断改革，新理念层出不穷。对此，先生凭自己30年的语文教学积淀与思考，主编或者参编的专著大约20来部。经历了20多年的酝酿，先生的第一部语文教育专著《说语弄文》得以在2013年出版。先生在这本专著里，提出了“三自三共”的语文教育思想。他认为：理想的语文课堂是“自觉、自主、自在”的课堂，重“文本研读”，是师生“共赏、共振、共鸣”的课堂。史绍典先生认为“三自三共”深刻揭示了“文本探究”的奥秘和语文课堂有效教学的规律。后期，这种理念拓展到其他学科的课程构架与体系，影响可谓深远。2014年新高考改革启动，特别是学生核心素养和学科核心素养的提出后，先生没有片刻迟疑，廓清迷雾，引领前行。他着手思考教学三维目标与学科核心素养的关系，探索语文单元教学法，讨论小说整体阅读专题，开展作文优质课系列竞赛。先生是湖北省名师工作室和宜昌名师工作室的主持人，他抓住语文教学的目标，从中华优秀传统文化入手，整合不同学科，进行国学经典的研究。先后主编《汉语言文化的力量》（2016年出版）、《读经析典》上下册（2019年出版）等著作，并且拟出版一套系统的国学经典课程，秉承夷陵千年文脉，与时代相呼吸，站在课程论的高度上审视语文的时代发展，构建中华传统优秀文化的创新版的经典国学课程体系。这证明了先生如炬的目光，必将影响无数青年教师与莘莘学子。

2018年隆冬时节，语文界有一段轶事佳话：宜昌名师对垒晋派名师。山西文脉深远，文人杰士颇多。伟杰先生是“三新”作文教学研究会常务理事，受邀到山西参加与作文相关的教研活动。先生带领青年教师陈鹏、周新、马国良等人一同前往。山西方面特别重视，邀请了全省最有名的10多名晋派名师。在临川高中，或上作文示范课，或点评发言，相互切磋，却暗中碰撞观点。那次我们出色的表现，使宜昌语文名师在山西声名鹊起。我也得以结交了一批语文界大家，至今仍保持沟通联系。

先生把宜昌语文的声望带向了全国。先生担任宜昌语文教研员多年，人和通达，经常不遗余力助人走向更高的平台。先生经常乐呵呵地说的一句话："不要问我的能力如何，我的水平怎么样，我更想看到的是这些青年人的水平与实力!"这是先生自谦的说法，更是先生的豪气与底气。

先生极重感情，爱憎分明，喜怒形于色，但又很温和敦厚。先生也经历过人生的一些坎坷与挫折，甚至人生的一些不可承受之重。目睹先生常真情流露，与先生同感颇多。上苍也很眷顾先生，人生披荆斩棘，一路高歌猛进，事业丰硕，女儿学业有成，家庭美满。先生性极豪爽，也喜酒，好以酒谈语弄文，每每耳酣酒热，兴尽而返。

雅斯贝尔斯曾说过：教育的本质意味着一棵树摇动另一棵树，一朵云推动另一朵云，一个灵魂唤醒另一个灵魂。我常常想先生就是一棵大树，摇动影响着语文界的诸多青年才俊。"桃李不言，下自成蹊"，先生的思想，众人跟随学习。先生也如一轮皓月，在澄净的夜空辉映四方，周围众星闪烁，我虽愚钝，愿意仰望星空，跟随先生终身学习!

（马国良　湖北省优秀语文教师、宜昌市优秀专家、
宜昌杰出校长、当阳市第二高级中学校长）

高山安可仰，徒此揖清芬

——与吾师李伟杰先生二三事

吾师伟杰，气宇轩昂，持论高妙，声震屋宇，有仲尼之象、孟德之风。与伟杰老师结识二十余年，印象中每次相聚都是“遥襟甫畅，逸兴遄飞”。无论是会议研讨、专题讲座、课堂示范，还是行走“江湖”、盛大聚会、友朋雅集，老师总是能够用精彩的言语和赤诚的心意打动所有人。

晋祠流水

有一年的1月，老师带我们走了一趟山西，饮了一杯“杏花村”，下了一回吕梁山。时值寒冬，天气虽晴好，但气温在零下15度。从武宿机场出来，冷冽的风穿透了厚厚的羽绒服，让生在武陵山、长在长江畔的我领略了什么才叫“冷在三九”。但是不足一小时的车程转换，山西文化学术界的热情便融化了自然的寒冰。《新作文》杂志社主编张水鱼先生做东设宴，《语文教学通讯》杂志社主编王建峰先生提了四瓶老年份的“杏花村”，接待我们的还有一位我忘了姓名的风格简肃的女作家。席间高朋满座，笑语喧哗，觥筹交错，应接不暇。起初，我有些拘谨、局促，而老师风趣豪迈的介绍，增加了我的自信和从容，不知不觉间汾酒喝多了，浑把太原作了故乡。

第二天一早从太原出发，中巴车在黄土高原上疾驰，一路往西，在对冬日北国之萧瑟和中国基建之神奇的惊叹和感喟中，我们横穿无数梁峁沟鞶，来到了吕梁山西麓的临县高中。

这次山西之行的目的是参加由“三新”写作研究会举办的全国作文高端论坛暨新作文实验校联盟活动。开幕式上的专家报告是活动的重头戏，老师作为活动主办方重点邀请的专家作了题为“着力建设更好的中学写作教学课程体系”的主旨报告。报告的内容我已记不清，当不远其语文教学“自觉、自主、自在，共赏、共振、共鸣”的宏旨。但他洪亮而铿锵顿挫的嗓音，以及会场震耳欲聋的掌声至今仍清晰地回旋在耳边。

此次到山西，老师的主要目的并不在他自已，而是想把我们推荐给山西的同仁，给我们搭建一个南北互动的平台。在活动中，我作了题为“高中阶段的优秀作文长什么样儿”的报告，我校青年教师李俊芳以“得其大者兼其小”为话题上了一节写作教学公开课，当阳的马国良、枝江的周新两位校长也各有任务。这次活动让山西语文界对湖北、对宜昌的语文教学有了更加直观的认识，大大增进了两地的友谊。对我个人而言，我还能够向把我选作《新作文》杂志 2018 年第 12 期封面人物的张水鱼先生和原阳编辑当面致谢，并让我有机会站在三晋大地上俯瞰我在宜昌一隅二十多年的写作教学经历，让我更加坚定自己所坚持的写作科学性法则实践。

在回程中的文化实践与研学活动中，我们瞻仰了教材中的晋祠，“晋祠的美，在树，在山，在水……”语文老师看晋祠的心情与其他人大为不同，亲眼瞻仰了那著名的周柏、唐槐、悬瓮山、难老泉、圣母殿后，我印象最深的是那四尊虎虎生威的铁人，雪白的冰和汹涌的泉所形成的静和动的强烈反差，以及那副著名的对联“同声相应，同气相求；乐不可无，乐不可及”。如今，我办公桌上仍放着我们和老师在晋祠门前广场上的合照。

三峡夜雨

一个人的成长固然必须立足于自身坚持不懈的努力以及持久的积淀，但是如果有良师持续的关注和适时的鞭策，就会飞速地成长了。从而立开始的十多年，是我教育教学的快速成熟期。从 2003 年开始主讲全市高三备考复习示范课，从2006年开始先后10次参加全国级别的竞赛课（均获得一等奖），从2009年开始参与各种专业学术书籍的编写，从2013年开始担任市级语文类别赛课活动评委，从2015年开始担任宜昌市首届汉语言文化知识电视大赛“大学士”（主评委、命审题专家）。这些年先后还获得了湖北省五一劳动奖章、湖北省五四青年奖章、湖北省师德模范、湖北省教科研先进个人、湖北省优秀语文教师、宜昌市十大民选新闻人物、宜昌市优秀教师、宜昌市青年教书育人能手等众多荣誉，这背后都有着老师无数的教诲和鼓励。

老师很器重我，常常给我分派任务，我也基本能圆满完成，可是也有做得不好的时候。

一次是关于高三复习备考会，老师给我布置的任务是作专题辅导报告。因各种原因我在会议开始两个小时之后才到达主会场——秭归县第一中学的学术报告厅，结果因报告的内容太多，很多内容只能一带而过，至今想来双颊发烫。

还有一次是在秭归，我担任全市语文优质课竞赛的评委并做点评嘉宾，这次工作我做得是尽职尽责，毫无纰漏。结果，我却因为得意忘形，在和几个老朋友的聚会上，喝得东倒西歪，最后把一部分行李送给朋友，而同样醉酒的朋友也不记得把送给我的小礼物藏在何处了，可谓洋相出尽。老师喝的酒比我多，却从不曾失礼，这也是我不及的地方。

写完此篇短文，我独自在静谧的墨池书院或坐或立，脑子分外活跃。窗外月华如练，墨池碧波微漾，虫声繁密如落雨，间或有布谷鸟嘹亮的啼鸣，这意境是《边城》的。不由得想起《边城》对我的意义，2007年我在海南执教《边城》，以原生态课堂博得满堂彩，抱得中南六省大奖归。同年，录像课《边城·十三至十五章》在教育部中国教师研修网“中学语文大讲堂”中展播。2017年我登上落成不久的气势宏大的墨池大讲堂执教《边城》，授课对象是我校潘恒班学生（以宜昌市第一中学校友潘恒院士命名），观课对象是“浙派名师语文班”学员。师生同唱大戏，一气呵成，好不过瘾！今年春天，因新冠肺炎疫情肆虐而困居家乡小镇红岩寺的我，正好完成老师交办的任务，撰写《统编语文教科书名著引读丛书·边城导引》（将由长江文艺出版社出版），在此期间反复阅读不同版本的原著，对文本解读和阅读教学的理解有了全新的提升。

（陈鹏　湖北省正高级教师，宜昌市优秀专家、宜昌名师、宜昌市第一中学党委书记）

总是人间关情处，桃李无言自成蹊

——记我的师傅李伟杰老师

大概每个初入行的年轻人都会有一个师傅，还会有一场隆重的拜师仪式。至于你和师傅之间缘分的深浅，真要看各自的因缘。而我，碰到了两个极好的师傅，是我职业生涯中最大的幸运。

我的第一个师傅是刘元德老师。当我从秭归县城辗转来到宜昌，元德老师就把我郑重地介绍给了伟杰老师。伟杰老师，声如洪钟，气场极强，仿佛是内力深厚的武林高手。人与人的缘分，也许就是最初的那一眼。当时我虽有些怕他，但又觉得亲近，潜意识中还觉得有些性情相投，这一声“师傅”，就从那时喊到了今天。

和师傅也是极有缘。2004 年，我代表秭归县第一中学参加全市高中语文优质课竞赛，该赛事正是师傅担任教研员后第一次组织的活动，但那时我们互不相识。这次比赛我获得了竞赛一等奖，这对于来自县市区的青年教师而言，实属不易。而我正好在当年的暑假调到城区葛洲坝中学，有幸作为葛洲坝集团的代表，参加了全省高中语文优质课竞赛。这次比赛执教余秋雨先生的《道士塔》，其中关涉对王道士的评价。我充分调动学生思维，不以已有的结论约束他们，结果学生主动发言，互相辩论，金句频出，亮点频现，不断得到观课教师自发的掌声。最终，我荣获大赛一等奖第一名，这当然离不开师傅对我的全方位的指导。之后，师傅指派我代表宜昌参加湖北省教育工会组织的首次青年教师基本技能大赛。这次大赛仅限高中、初中、小学三个学段的语文、数学学科，参赛人数少，获奖名额更少，一二三等奖中，一等奖仅设1名，二、三等奖各设2名，竞争极为激烈。比赛现场抽签，在不允许带任何资料、不允许上网的情况下现场限时备课、做课件。授课结束后限时写课后反思，评委综合评判后现场评分。面对这样的大赛，很多选手没有底气，但我因在比赛前便在师傅的指导下，系统浏览了所有教材，对自己不够的熟悉文本进行了针对性研读，所以在比赛过程中一气呵成。结果，不仅荣获首个大赛一等奖，还因此获得了湖北省五一劳动奖章。

师傅对我的恩德，首先当然是悉心的培养与指导。教书一事，在有的人看来就是“唯技熟耳”，在师傅看来，是关涉师生生命共振的大事。所以师傅指导课堂，和别人不同。有人爱一味赞同说好话，有人为了显示自身功底多批评，有人粗放到由此及彼一大堆让人不知所云，有人细致到连一个词也不放过让授课者战战兢兢。师傅不同：他总是能看到“这一个”教师的独特之处，总是能在大方向予以明确而在小细节上不拘一格。师傅指导我的这十几年，恰是我专业成长最快的十几年。记得有一次我接受重担，要在全省的课题总结会上上一节汇报课《秋歌——给暖暖》。习惯于课前大量查阅资料的我遇到了难题，这首新诗几乎没有可以借鉴的资料。怎么办？我向师傅请教。师傅说，没有资料就自己解读。可我担心自己没有独立解读文本的功底，担心解读出错而误导了学生。师傅鼓励我要相信自己，我也是从那时起开始走上了独立解读文本的道路。去年，我参加全国性的教学展示活动，同台展示的都是目前国内语文界的“大咖”，我很惶恐。加之是上新教材中当代文化参与任务群的内容，我更没底气了。我把备好的课件发给师傅，师傅看出了我的自信，对我说：“大胆去讲，要相信自己。你选的这个点很有特色，‘抖音’既是学生感兴趣的话题，又有很多深层次的文化内涵值得探索，正常发挥肯定能得满堂彩！我到时去现场给你鼓劲儿。”师傅这样对我，也这样对别人。所以这些年来，宜昌市高中语文异彩纷呈、获奖无数，青年才俊层出不穷，这是与师傅的培养和指导分不开的。

其次，是人格上的熏陶与感染。师傅很谦逊。和师傅在一起的时间长了，经常会参加一些省内外的活动。宜昌，无论是高考语文成绩还是参加各类比赛或评选，成绩都较突出。面对诸多同行的赞誉，我总听见师傅反复说一句话："不是我李某人厉害，是我身边的这些人厉害。如果说我做出了一点什么成绩的话，那也是这些人做出来的。而我，就是很幸运地遇见了这些人。"师傅自身也获誉甚多，他是特级教师，也是宜昌市第一批正高级教师，但他与人交往从不骄矜，所以能结交到五湖四海的朋友，令人羡慕不已。师傅很包容。有一次，经师傅推荐，一家杂志社把我选作成了杂志的封面人物，要求交一篇专稿。我磨蹭了大半个月，眼见期限一天天逼近，觉得实在是写不出来了，就忐忑地把原来的一篇稿子发给了师傅。我以为肯定会被责骂。结果师傅收到稿件，却什么话也没说，而是花了一个晚上的时间帮我修改。我很惭愧地向师傅道歉，师傅却只有一句"没什么，我是师傅啊。"我心里只有无言的感激。师傅还重情。对家人，对朋友，对自然山水，对生命中经过的一事一物，无不如此。师傅曾为自己的博客选定了一张题头照片——幽僻的巷陌中一束微光。师傅解读说，人生的所谓幸福，其实就是你在你所关联的人群里寻找着光束的同时，努力成为别人的那束微光。师傅对于我，对于同在语文教育道路上跋涉的同行来说，何止是一道微光呢？在宜昌市高中语文的大家庭里，每隔一段时间，总能看见师傅通过微信群或QQ群发出一张张的图片，大部分都是各位教师们在各类专业杂志上发表的文章，这背后不仅有师傅一力举荐的功劳，还有师傅真诚的肯定与无私的指导。

我向来以为，人间最难的文章，是写"亲人"的文章。因为你和他们的生命彼此交融太多，枝蔓横生，你若是想理一理，就会发现没办法理出一个清晰的头绪来。所以我写过我的学生，我的一些朋友，但唯独没有写过父母，也没写过我的师傅。我想借这篇文章来表达我内心激荡的情绪，但写出来的总是觉得不够生动。希望师傅还能秉持着包容的心态原谅我这笨拙的笔。

最后，还想说的是，我称师傅为“师傅”，而不是“师父”，因为“师傅”，不仅强调“传授”，更强调“展示”，甘居幕后，给予徒弟以平台，如同一架稳重的梯，又如巨人的肩，把别人高高地举起。我的师傅李伟杰老师，正是以其毕生的精力，来做着这甘为人梯的事业。

我衷心地感谢我的师傅！

（谭小红　湖北省正高级教师、宜昌名师、
宜昌市外国语高中校长）

杏花消息雨声中

——与伟杰师父二三事

和伟杰老师结缘始于2005年，那时他刚离开教学一线担任宜昌高中语文教研员。我还是一个参加工作不久的年轻教师，喜欢向他探讨一些关于阅读写作的教学问题，他又平易近人，总是耐心细致地指导我。

2007年我担任枝江市第一高级中学教务处主任，力推高效课堂创建和有效教学研究，与时任宜昌市教学研究中心高中部主任的伟杰老师多有接触和往来，其间也熟识了他的不少同事和朋友。记忆犹新的是2009年，湖北省高中新课程改革，宜昌市教学研究中心围绕教师队伍建设推行“名师育名师”工程，在全市开展结对帮扶，助推青年骨干教师专业发展。于是我成了伟杰老师联系帮带的青年骨干教师。

一路默契共鸣。我在教学风格、为人处世、个性气质等方面都烙上了师父的印迹。从某种意义上说，我是唯一一个盖了印章的徒弟。这个印章，一印就是十年余，红红的，在我心中永不褪色。

伟杰师父是大名鼎鼎的宜昌语文“教头”。他喜爱交友，酷爱读书，热爱研究，钟爱写作，洒脱自然，真诚助人，生命的表达形式也很有“语文”味。他善于发掘新人，注重培养骨干，用心提携后进。他经常帮教师打磨课堂，推敲课例。他时常关注教师的点滴进步，点赞宜昌语文人的习作。无论是小诗、散文、杂谈，还是教学随笔、教学反思等，但凡有价值的，他都会不厌其烦，真诚为其提供力所能及的帮助。一批新秀在他的助推下陆续成为语文专业期刊的封面人物或专栏人物。2017年，他力荐我成为全国核心期刊《语文教学通讯》的封面人物，这些封面人物都是全国中语会和中国语文报刊协会联合推荐的语文名师，能与他们相提并论，实属人生之大幸。

他是“教头”，更是名师。他是教师中的名师，教而优则研，做语文教研员，追逐语文之梦。他是经师中的人师，传道授业解惑。他是人师中的仁者，为人通豁达观，灵魂深处浸润着诗书气质。在我看来，师父之能，始于勤勉不怠，成于团队协作，达于薪火传承。而今可谓千帆竞渡，百舸争流，群星闪耀，熠熠生辉。他是全国优秀语文教师，全国优秀教育工作者，首届湖北省基础教育科研之星，荆楚名师，宜昌名师，一系列荣誉让他和他领衔的宜昌语文拥有无上荣光。宜昌语文，是胜地，是沃土，是乐园。宜昌语文骎骎日上，生机蓬勃，成为湖北语文一张闪亮的名片。

如今宜昌语文人长江后浪推前浪，而师父始终站立在潮头，引领着“后浪”们前行的方向。他常年勤于思考，深入探究，笔耕不辍。著述有见地，有分量，有影响。以“文本探究”为其拿手，实为语文教育之抓手。他的教学风格独树一帜，飘逸中不失厚重，激情中不失严谨。从爱好语文，到教授语文、研究语文，发展而为对语文的敬仰。2013 年他的个人学术专著《说语弄文》公开出版，全面系统提出了自己“三自三共”的教学主张：“三自”即自觉、自主、自在，“三共”即共赏、共振、共鸣。其教学主张与实践探索在省内外语文界产生了广泛而深远的影响。

2018 年春天，师父嘱咐我抓紧整理以前的经典课例。原来，他又在精心策划、悉心收集整理近年来宜昌语文教师的经典教学课例。不久后，他主持的国学经典研究名师工作室的研究成果《读经析典》（上下册）问世，好评如潮。诸多有价值的教研成果得以整合出版，实现了真正意义上的薪火相传。这只是师父“说实在话，做实在事”的众多表现之一。正如友人描述：“其人最大特点是本色。为人如此，治学亦如此。不虚妄，不矫饰。”

“客子光阴诗卷里，杏花消息雨声中。”在师父的耳濡目染下，我逐渐培养了关注自身专业发展的自觉性和能动性的意识。自 2007 年以来，在教学研究实践中，我坚持做专业的阅读和写作者，做专业的批判者，做课堂的反思者，做经验的总结者。我深深扎根于宜昌语文这块沃土，踏上了由智慧、情感、信念、理想融汇成的三尺讲台。师父之指导，有文稿论文的字斟句酌，有课堂教学的品评切磋，亦有工作的指点迷津，还有生活的言传身教，不一而足。我由稚嫩走向成熟，继而由技术向艺术的嬗变，由教坛新秀成长为教学名师。我感谢杏坛的磨砺与历练，更感恩师父十年如一日的悉心指导和陪伴。

2007 年，我有幸执教宜昌市高中作文研究示范课。2008 年，我在宜昌市高中语文优质课竞赛中，又有幸成为一等奖获得者中唯一男性教师。伟杰师父肯定之余，点拨优化了我的教学构思，使我得以破茧成蝶，后来更得以被推荐参加更高层次的赛事。2012 年，我作为县市代表，参加宜昌市第一届“课内比教学”竞赛，说课、上课、议课等环节众多，竞争激烈，是语文基本功和综合素养的大比拼。我感到压力大，焦虑犹豫不安。伟杰师父得知后，深夜打电话鼓励我，叮嘱我一些细节并说不必太在乎结果，重在历练的过程。师父是当之无愧的师父，最终我顶住压力获得一等奖第二名。

师父谆谆告诫，热情鼓励，让我在彷徨中找到前行的方向，步伐愈加沉稳。我将“做一个有激情的教师”的长期目标与“上好每一堂有激情的语文课”的短期目标结合起来，以饱满的热情、严谨的态度投入更多精力，付出更多努力。将“志”内化为自己持久的动力，形成不达目的誓不罢休的意志与信念，勇于接受挫折和磨炼，一步步走向成熟与成功。

难忘郑州之行。2009 年 4 月，他不顾辛劳陪我一同前往河南郑州，全程指导我参加全国中语会中南片年会暨新课改课堂研讨教学竞赛。作为湖北省代表，我执教《苏轼词两首——心怀丘壑小天下》。整堂课构思精巧：创意朗读，气氛融洽；品读体悟，精彩纷呈。赢得与会同行的一致好评，被评课专家誉为“才子型课堂”，最终获得竞赛一等奖，受到了时任全国中语会理事长苏立康教授的亲自评点和肯定，获誉“湘鄂课改先锋”。一个人的成长需要契机，需要一个又一个台阶。把握好每一次契机，上好每步台阶，都至关重要。所幸有伟杰师父的精心指导，一路扶持。

师父是名师。脑海中时常浮现师父执教苏教版读本教材《淮阴侯列传》的情景：师父精骛八极，心游万仞，激情四射，酣畅淋漓。他的设计大胆创新，大开大合，让学生在理清韩信一生主要事迹的过程中，思考人物在重大历史事件中决断选择时的内在性格逻辑，研究讨论其个人成败得失之于汉代历史的微妙关系，学会如何带着问题去阅读史传经典，学会系统地阅读整本书，并促使学生去读《史记》的其他篇目，使他们对历史有了进一步了解的兴趣和重新审视的视角。一节在他们高中生涯中的随堂课，却能收到如此之效果，足见师父的功力！师父也因这节课的出色发挥，在众多优秀的竞争者中脱颖而出，最终获得“湖北省第九批特级教师”荣誉称号，继而又获评湖北省首届中小学正高职教师。

师父亦是战将。他活跃在全国语文界，行走在教研教改的前沿，足迹遍布全国 20 多个省份，成为湖北乃至全国语文教改引领者。他主持湖北省高中语文名师工作室和宜昌市国学经典研究名师工作室，麾下云集了宜昌市内外一批一线语文骨干和新秀。2017 年他的团队承担的“浙派名师名校长”的高端培训任务，反响热烈。2019 年我随他赴山西参与新作文高端研讨，团队献课评课，多名成员受邀作专家报告，与晋派名师同场竞技，表现出色。多年来，宜昌市经师父指导推选出去的语文教师在各级专业类研讨竞赛活动中的成绩斐然。正如全国著名语文特级教师史绍典先生所说：李伟杰的团队，是顶戴“正高”“特级”的一伙，是年富力强、意气风发、革故鼎新的一群。其理想、志趣、功力、建树，当刷新宜昌语文教育之记录。

师父亦是凡夫。真实、率真、性情。在茫茫人海中，我们会面对各种情感，但唯有亲情、爱是永恒的。几年前，师娘患病日笃，师父作为丈夫陪伴辗转求医。男儿有泪不轻弹，也极少看到他在生活中脆弱的一幕。在师娘病情日渐沉重之际，我每周都赶回宜昌去探望。记得一个周末的下午，大雨滂沱，在狭窄的病房走道里，我第一次见到师父黯然神伤，一向乐观洒脱的他不禁悲伤落泪。那是丈夫对妻子、对亲人的不舍，是对昔日美好幸福的缱绻。师父真性情，不在亲近之人面前掩饰自己真实的内心。

感同身受之余，我明白了生活不是只有鲜花，还有痛和泪水，唯有责任和担当才能支撑未来的人生行稳致远。

师父是一棵树，一半青绿，遮风挡雨，一半扎根在我心里。师父是一盏灯，成长中，提灯相送，给我光明。悲伤时，他是慰藉；沮丧时，他是希望；软弱时，他是力量；彷徨时，他是信心；精彩时，他是掌声。一路有你，感激，感恩，感动，感奋。

谆谆如父语，殷殷似友亲。在语文世界里，在人生旅途中，我们由相识、相知到相亲，是情感的积淀，是心理的接纳，更是人格的感召，心灵的融通。

与伟杰师父相交。快哉，福哉！

（周新　湖北省优秀语文教师，宜昌名师、
枝江市优秀专家、枝江二中校长）

良师益友，幸甚至哉

一位教师，能够在自己的教育生涯中遇见良师益友，指引自己前行，是一件特别幸运的事。三生有幸，我遇见了李伟杰老师，我一直在心里默默地感激他，并以他为榜样，努力前行，力争做一个更优秀的语文教师。

提笔来写自己敬重的李老师，是一件很开心的事情。虽然平时有很多当面聆听教诲的机会，但自己一直不善于表达感情，诉诸文字来感谢一位引领我在语文世界中探幽访胜、丰盈生命的师长，于我可能是最好的方式。

语文最初于我，只是一门学科。我对语文的理解甚为肤浅，缺乏对语文所蕴含的丰富的思想和精神的理解，授课时只是零碎知识的讲解，偶尔会有一点系统化的处理，就颇为得意。后来和李老师相遇，彻底改变了我对语文的看法和语文教学的态度，其中机缘甚多，不一一赘述。这里选三个对我而言至关重要的成长瞬间，作为见证。

一次命题的提点

那时我大约 30 岁，已经带过几届高三，学生的认同度很高，教学成绩也不错，于是觉得自己似乎是一个优秀的语文教师了。一次，市里组织全市调考，让我们学校出一套试卷。作为高三年级语文备课组长，我责无旁贷，于是精心搜罗了最新的模拟试题，经过一番精心修改，组合成自以为高质量的试卷。那时，李老师是宜昌市语文教研员，我把试卷的电子文件发给他，等待他的肯定。很快，李老师就回复了我，让我抽时间到他办公室去。我欣然前往，以为李老师会充分认可我辛勤的劳动成果。在李老师的办公室里，面对着茶杯里升腾而起的袅袅水汽，我很是惬意。李老师徐徐展开早就打印好的试卷，缓缓说道："小谭，你辛苦了。看得出来，这套题你还是费了功夫的，每个题目都不是直接沿用别人的旧题，都有不同程度的改编。"我笑着点头。但李老师接着话锋一转，说："但是，你想过没有，我们这次全市统考要达到什么目的，对学生学习语文起什么作用吗?"我想了想，说："考试，不就是检测学生语文学习的阶段性效果，提醒他们重视语文学习吗?"李老师接着说："你说的也对，但不能局限于此，我们出一套试卷，不能只是想着怎样考学生，而要应该更多地关注学生的阅读感悟，让他们在考试中丰富语文学习的体验。一套好的语文试卷一定是有生命的试卷，所以从选材到问题设计，到语言表达，都要形成一个有机的整体。""试卷是有生命的"，我第一次听到这样的说法，心里受到很大的触动。确实，我命题的时候更多的只是关注考点，试卷设计缺乏整体性，更不论有生命。后来，我根据李老师的建议，在卷里增添了许多以前没有的元素，得到了李老师的表扬。这套试卷使用以后，反响很不错，让自己很有成就感。这一次经历，让我记住了"语文是有生命的"的理念，使我日后的试卷命制和教学都生动鲜活了许多。

一本书的指引

因为教研指导的关系，李老师经常来我们学校视导，我也能有更多的机会聆听李老师的教诲。我和李老师走得越近，内心越对李老师充满了敬仰。他总是那样激情澎湃，又一语中的，这份热爱深深地影响着我。2013年，也是在李老师的办公室，我们聊了最近的语文教学动态和我对教育教学的想法。李老师都耐心地倾听，并予以精当的指导。临走的时候，李老师从桌旁的书橱里抽出一本书，说送给我，我非常高兴。这本书就是李老师的大作《说语弄文》。回来后，我认真拜读了这本书，对其中的很多篇目印象深刻，但最难以忘怀的是《语文：我的宗教》。至今，我都还记得一些语句："很少有人把语文教学提升到哲学的高度，所以很多时候我们会陷入教育实用主义的泥潭……当教师用这样一种理念和心态来对待日常教学时，往往会油然而生一种庄严感。他会把语文视作一种宗教信仰，将每一次走上讲台视为祭坛上的神圣仪式，而将自己的灵魂作为一种献祭的牺牲。”“一个好的语文教师会呈现出完全不同的两面：时而囊萤苦读，迂腐执着；时而纵论今古，潇洒不群。但本质上却是一致的：对理想的追逐，对原则的坚守，对文字的严谨，对韵律的痴好……一切的一切，让他们有时会进入一个与现实世界错位的迷幻之宫，莫名其妙地亢奋，莫名其妙地激动，莫名其妙地伤感，莫名其妙地迷失……”将语文提升到哲学高度，把语文视作一种宗教信仰，都是我以前从来没有过的思考。我教学的语文世界一直只停留在把学生教好的层次，没有高度的期许；我也一直只把教语文当作一门稍许高尚的职业，但从来没有当作自己心灵的皈依。读到这些文字，我很愧疚，为自己的浅薄，为自己的世俗。就如庄子在《秋水》中所说“吾非至于子之门，则殆矣”。《说弄语文》这本书，让我豁然开朗，也让我对语文教学有了更深的敬畏和更大的期许。我在内心里深深地感激李老师，这些话虽然是第一次讲出来，但一直是我内心的鞭策。

一堂课的点拨

任教多年，尽管教材换过许多种，但大多数篇目都已经烂熟于心，加上结合新的教学辅助工具，各种 PPT、音视频资料的自如运用，也能使课堂热闹起来。但我心里知道，出新的内容不多，教学遇到了瓶颈，课堂的自我满意度实际上是在下降的。对此，我颇为困惑。2019 年的时候，中语会组织全国中青年教师教学基本功展评大赛，我想借此机会促进自己做出更大的改变，于是积极申请参加这次比赛。后来在课例的打磨中，因为备选了柳永的《望海潮》这首脍炙人口的词作，我一直在思索怎样突破常规的品读模式。带着这些问题，我去向李老师请教，李老师沉吟片刻，提出让我试试唱的思路。李老师说，宋词本来就是用于吟唱的，这样更有利于抒发情感。李老师还举例说，叶嘉莹先生和王兆鹏教授（中国词学会会长、博士研究生导师）都在积极倡导宋词的吟唱工作，并亲自示范，效果非常好，让我去找相关资料看看，去听叶嘉莹先生和王兆鹏教授的吟唱，以获得灵感和启发。这是我从来没有想过也从来没有做过的事情。一则我从小五音不全，唱歌经常跑调；二则害怕把控不好，岂不是弄巧成拙。李老师很理解我的顾虑和担心，但仍然鼓励我试一试。我找了一些资料，又反复聆听叶嘉莹先生和王兆鹏教授的吟唱，终于找到了感觉，增强了自信。后来李老师专门打电话来询问我准备的情况，并说了一句意味深长的话："打破自身的局限很难，但很有意义。"我倏然醒悟，相对于教学的变革和自身的成长，面子都不是最重要的，一位好的教师，要保持常教常新的状态，不断挑战自己，把课堂交给更生动而鲜活的自己和学生。后来上课时，我把柳永的人生经历和学生的研学旅行融汇起来，引导学生去思考青春生命如何行走在大千世界，并以生命树的形式展示同学们精彩的品读，还跟学生一起吟唱《望海潮》，使得课堂充满了哲思和意趣。最终，这节课获得全国一等奖的同时，还获得了"最佳课件使用奖"。我以为，改变的不仅仅是这堂课，而是我自己的教育生命。勇于去改变，就会永远有活水注入，就会迎来不一样的世界。

我还在语文的世界耕耘，李老师更加繁忙，著述、讲座应接不暇，但他更加超然，更加游刃有余。我愿意做一个追随者，成为一个像他一样幸福的语文人。

（谭志鸿　湖北省优秀语文教师、宜昌市语文学科带头人、宜昌市科技高中校长）

愿为良师为益友

想起李伟杰老师，便想起他的这句话："愿为良师为益友，斯亦足矣！"

这句话是李老师在当阳市第二高级中学的会议室里评课的时候说的。那是五月的一个下午，绿意醇厚，春风骀荡。在我们听完詹巧玲老师精彩的小说复习课后评课时，李老师由詹老师从容智慧的课堂说到立德树人的教育目标，再到自己创办国学经典名师工作室的初衷和他的教育理想，最后，他对着满座聆听他讲话的名师工作室成员说了这句话："愿为良师为益友，斯亦足矣！"

此句语调铿锵，情感丰沛，在座诸君无不动容。原来，作为宜昌市教育科学研究院副院长、宜昌高中语文教研员、国学经典名师工作室的主持人，李老师给自己的定位不是领导，而是师、是友！

至此，一场严肃深刻的探讨与研究会议，因为李老师这句动情的告白，变得更加水盈波阔。五月的阳光也带着蓄势已久的阳刚之气，扑进窗来，与会众人在它的照耀下无不神情舒展，欢心畅然。

其时，我已在李老师的国学经典研究名师工作室学习了半年，对李老师已有了较近距离的接触与了解，听到这句话，仍被深深打动。一直以为，奖掖后进，扶持新人，是李老师的美德，殊不知，它更是老师一以贯之的至高追求。非为个人名利，不关一己得失，为普通教师的成长铺路，为宜昌语文的发展尽力，竟可成就生命中的最大满足！

我是夷陵中学一位普通的语文教师，默默地教了二十多年的书。不知是什么是时候，李老师注意到我，并在一个很正规的场合评价我是一个

“认真读书认真出卷”的人。说实话，听到这个评价，我非常感激，但也觉得自己委实担当不起。但是，这确实是我曾经努力的方向。那么，宜昌市有着上千名高中语文教师，李老师是如何精准地了解到其中的一个普通教师的特点的呢？多少次调研、多少次听课才能生成这样简约的评价和概括？

我所感激的更是一种感觉——被了解乃至被理解。我想这是任何一个个体都有的精神和情感需求，得之足以令人落泪。风雨流年，艰难跋涉，本是苦事，但若得人注视、欣赏、鼓励、督促，便觉人间值得，怎不心生感激？后来，我知道，不仅是我，工作室的很多成员都与我有同样的感受。在2019年工作室年会中，枝江市第一高级中学的张晓春老师展示了一场生动的演讲。讲述了自己被李老师发掘、帮助而成为名师、诗人的故事。这让我明白，“知遇”二字乃是中国文化中最让人怦然心动的字眼。

在工作室，得良师引领，收获实多。

首先是被激起的责任和勇气。在2017年6月15日工作室的首次研讨会上，李老师组织工作室成员就“国学经典研究与中小学文科核心素养”进行专题交流，众人热血沸腾。皆以为，提高学生的核心素养是一名语文教师的职责。2017年10月，工作室来到小溪塔第三小学，听取该校朱义华老师、黄玮玮老师分别执教的国学经典研讨课。李老师在总结中说，小学不“小”，国学经典教学应从娃娃抓起，我们的责任，就在于在孩子们成长的每一个阶段，在他们的生命中植入优秀传统文化的民族基因。2018年5月，工作室参加小溪塔第三小学“书香校园悦读悦享”展演活动后，李老师再次嘱咐：一个语文教师有责任使阅读成为孩子们生命的有机组成部分，有责任在潜移默化的引导中让孩子们从阅读中汲取营养，同时由内至外生发出对人生、对世界的清醒认识。谆谆告诫，殷殷期望，即使甘于庸常者如我，也觉责任在肩，任重道远。

其次是被打开的视野和格局。2017年4月、2018年11月，我作为工作室成员获得两次出省学习的机会，参加了国内多名教育名家的讲座，听取了几十名优秀教师的讲课。其中，有全国中语会理事长、人民教育出版社编审顾之川先生对作文教学的研究现状与发展趋势的分析研究，有全国“三新”作文教学研究会理事长、著名特级教师黄厚江老师讲述的个人写作成功之路，还有李老师在全国第四届“三新”作文教学研究活动中作的精彩报告——《中学写作教学的基本定位》……聆听国内教育专家、名师的教诲，打开的不仅是视野，更有人生之格局。

2017 年 11 月，李老师倾力策划的首届鄂浙语文名师交流活动在宜昌举办，成为宜昌语文人津津乐道的一大盛事！在这次盛会上，我更看到了宜昌市语文教育理念及语文课堂教学的大格局。无论是李老师亲自为来访的浙派名师所作的题为“身无彩凤双飞翼，心有灵犀一点通”的专题报告，还是特级教师、正高级教师杨邦俊老师主讲的《语文人本教学的实践与探索》；无论是邓少平老师执教的《蜀道难》，还是曹诗芹老师执教的《记梁任公先生的一次演讲》；无论是陈鹏老师的原生态教学方法，还是刘艾国老师的全球直播、全景呈现的创新课堂，都让我产生耳目一新、视界大开、俗情顿消之感。

最想说的还是被给予的信任、关怀和教导。2018 年 11 月，在宜昌市城区第二次语文教研活动暨李伟杰名师工作室研讨会前夕，李老师交给我一个任务，让我准备一篇关于整本书阅读的发言稿。会后第二天上午十点，李老师让我把发言稿整理后发给他看。中午一点李老师再次发信息说：“当前整本书阅读的文章不少，但都与教材脱离，你这篇可算突破；文稿做了些修改，已发给《语文教学通讯》王主编了，也拟收入《读经析典》一书。”我打开文稿一看，原稿从题目到正文，从段落到词句都进行了修改，以前我觉得局促狭窄的地方，经李老师一调整，顿时大气开朗起来。李老师身兼数职，工作繁重，人所皆知，对我这样的普通教师的一点点思考却能大加关注，不吝赞美，并花费数小时亲自修改并竭诚推荐，怎不令我感戴！

其实，受李老师奋力奖掖、尽力推挽者岂止我一人？整个宜昌市，多少年轻教师经李老师发掘培养而在语文界崭露头角？多少优秀课堂经李老师打磨推荐而亮相各大赛场？在工作室的工作微信群里，最常见的也是各位成员晒出的研究成果，这些，多是在李老师影响或指导下完成的。“我只管搭平台，你们有想法就行！”名师工作室就是这样的一个平台啊，为研究者指引方向，为思考者提供思考的环境，为奋进者打造成长的舞台。

我本怠惰，但在李老师的督促和倾力指导下，在这几年中完成了对自我的超越，也提升了教学水平。2017 年 6 月，我把在工作室第一次会议上的发言稿《深耕国学经典，厚植民族雅语之土壤》的内容进行整理，然后被李老师推荐发表在《三峡文学》上。2017 年 11 月，我在鄂浙语文名师交流活动中针对邓少平老师及陈鹏老师的课的发言和对邓老师的课堂点评整理成文后发表在《语文教学通讯》上。主持了 2018 年宜昌市城区第一次教学研讨会，承担了宜昌市一师一优课的评委工作。2018 年 11 月，在宜昌市城区第二次语文教研活动暨李伟杰名师工作室研讨会上我作了《整本书阅读与教材文本关系》的专题报告，后来，此文被李老师收入《读经析典》一书中。后来我参与了教育部新编高中语文教材的试教活动，试教报告得到教育部、人民教育出版社、湖北省教育科学研究的领导、专家的赞扬和认可。我还在《帅作文》等报刊发表了多篇论文，指导学生发表了多篇习作。

由于个性使然，我一度觉得与人、尤其是与领导打交道是一件极富“挑战”的事。而李老师，却自有一种温厚宽和的气质，让人很安然地走近。接他的电话，可以不必紧张，因为他的语气永远亲切、温和；向他陈述困难，可以不必担心，因为他永远细心体谅，具有同理心，时时让你感觉到这个世界的暖意。

李老师对我的许多亦师亦友的提醒，兹录一二，以志感激：

“一点启示：做文章不难，关键要抓住热点，进行开拓性思考。”

“事业上的积极追求是相对的，并非蝇营狗苟。在新的形势下，学会给自己重新定位。”

“语文人的交往其实比较简单，都是性情中人，以真心付出必有真情回报。”

“对研究型教师而言，每年在核心刊物上发表几篇站得住脚的文章，是我对你的期许!”

正如温和的春风，李老师带给人的，永远是宜人的温暖，所谓“望之俨然，即之也温”。而这个“温”字，其实是由学识和德行修炼的人格魅力，是时光酿成的醇厚，是对世界深深的善意。

“愿为良师为益友，斯亦足矣!”每每想起李老师说这句话时的诚挚，便深觉愧对期许，辱承奖掖!唯愿岁月安好，时光静流，世间的仁者师者皆无恙!

（赵华　湖北省优秀语文教师、夷陵中学语文教研组副组长）

成长路上的灯塔

季节轮回绵延，时光窖藏芳香。回首十九年的教学生活，我从一个初入讲坛稚气未脱的大学生成长为一名骨干教师，一步一步走向成熟、坚毅。而每一步成长，都有恩师陪伴和引领，他就像一座灯塔，引导我在茫茫大海中航行，到达成功的彼岸。他就是特级教师、正高级教师——宜昌市教育科学研究院副院长李伟杰老师。跟着李老师学习的日子，很充实、很幸福，让我得到了精神的洗礼、情感的熏陶与理念的更新，让我领略到了生命的精彩，开始大胆执着地追寻我的教育梦。满腔的感谢，奔涌的感恩，收获的幸福，每一分每一秒都激荡于心怀。

唤醒

2001 年，我初到宜昌市第二中学，那时候的李老师是学校的教务处主任。当年一起来的还有五位年轻教师，为了让我们迅速熟悉高中教学，站稳讲台，李老师要求我们每学期至少要听 40 节课。我们能听同备课组老师的课，也能跨年级听课学习。李老师的课堂，便时常多了我们的身影。李老师特别有气场，浑厚磁性的声音，洒脱俊逸的粉笔字，顿挫有致的讲解，充满激情的朗读，让人如坐春风。他那深刻而生动的分析感动着我们，他那渊博的学识和深邃的见解令我们折服，举手投足间的气质风度都给我们留下了难忘的印象。于是我心里种下了一颗种子：我要像李老师那样，让我的课堂充满吸引力，做有魅力的语文教师。心里的渴望被唤醒，我明确了方向，坚定了信念。

从那时开始，我对李老师便充满了好奇，多了一层景仰的情绪。李老师的报告，我总是一场不落。记得第一次听他的报告，他讲了关于朗读教学的建议与文言文教学的策略。那场报告，对于踏入教学之门不久的我来说，仿佛打开了一扇新奇的窗，只记得我手头的笔，飞快地记录下那些新奇、新鲜的经验传授。报告持续了两个小时，听众们听得如痴如醉，掌声不断，我深深感受到李老师化一切为语文的博大胸怀和睿智。报告结束后，李老师送给我们五位新教师每人一本《人间词话》。他对我们说："语文教师离不开阅读，只有教师爱读书，学生才能学着教师爱上读书。"他还说，"语文教师不能总把目光盯在教学技巧的提高上，教师个人的文化积淀的深厚与否往往决定着教学质量的高低。每晚抽出两个小时用来阅读、思考，你会发现，你的人生正在发生改变，坚持数年之后，成功会向你招手。读书，能让课堂充满智慧和灵性，让教师形成自己独特的教学风格。最近我也开始阅读文学和哲学类作品，也读一些教学理论和教学案例，养成写读书笔记的习惯，有空的时候经常翻出来看看，以使自己受到激励和启迪。"

李老师对语文有满腔热忱，那是一股从灵魂深处发出的热爱。这种对事业的挚爱，也唤醒了我内心深处对语文的依恋。他钟爱钻研诗词、散文等文学作品，并善于在玩赏汉语言文字的过程中挖掘它的趣味性。"当你在接触这些精练又简洁的语言时，它们能够调动你的审美感受，让你去联想、挖掘其丰富的意蕴，从而唤醒你内心与这些文学语句相呼应的体验。"在他眼中，咀嚼文字是一个与文本进行情感交流的过程。上过李老师的课的学生，都不免会被他一丝不苟的工作态度所感染。是的，他是一个追求完美的人。我不禁发出疑问，是什么力量驱使李老师十几年如一日地对待教学工作的呢？"这是语文本身吸引着我，同时也是学生给了我力量。"每一次站上讲台，他都能够感受到课堂是与学生情感互动的平台，是一个教学相长的过程，每一届学生的状态、素质是不尽相同的，所以每次拿到新教材，李老师都会在自己以往的教育设计和相关教案的基础上重新备课。

“不仅仅是学生，我个人的经历也会有些变化，对文本的认识也会随之改变。”在李老师眼里，备课本身就是一个值得享受的过程。也许有人会问作为一个教师该用多少精力去备课，李老师的答案则是用一生来备课。“每一堂课仅仅只是人生当中的一个驿站，当经历够多、内心的感受足够丰富时，那么在接触文本时便会唤醒很多回忆，会激发许多情感，从而与之产生共鸣，在修炼中提升自己的课堂质量。”正是这样一个善于将生命体验融入自己的教学实践中的教师，一个对汉语言文学有着无法割舍的厚重情感的教师，他给广大学子留下的，是一堂堂永远值得回味与怀念的语文课；他带给我的，是对我内心深处的唤醒，是对美好教育理想的期盼。

激励

一年之后的新教师的汇报课上，李老师来了，儒雅又慈祥，庄重又亲和。我上的是古代散文《项脊轩志》。那一节课，我做了精心准备，把平时听课积累的经验尽可能用进课堂教学，反复诵读，品味感情，交流感受，拓展意境，升华情感。在评课环节中，全组的老师畅所欲言，李老师的评价激励直到现在我仍记忆犹新。他说，小彭老师很有潜力，大有可为；本节课用白居易“感人心者，莫先乎情”将文本和学生牢牢抓住，作为一名新教师，对课堂教学的驾驭，进步很大，甚至可以用成熟二字评价，课后再进行打磨，录成光碟，为日后的优质课竞赛做准备。他还说，你教高中，建议你也要去熟悉初中教材，把高中初中融会贯通，会更有底气。这样的激励，让忐忑不安的我，充满了对未来工作的信心，也激发了我工作的热情。我绝对不能辜负老师对我的期望！

我用勤奋来耕耘，用汗水来浇灌。只要有展示课、研讨课、竞赛课，我都主动报名接受任务。校内命题、课题开发、经验分享、班主任工作，我从不推卸，我把每一次任务当机会，把每一个任务当教研，在每一次的任务完成过程中收获成长的喜悦。

2004 年，由于李老师管理业绩突出，被调离宜昌市第二中学，前往宜昌市教育教学研究中心，担任宜昌市高中语文学科“掌门人”。我心中有许多不舍，但我知道，李老师这束光要照亮更多的人，温暖所有的宜昌语文人，我唯有坚定不移地努力，才对得起老师的激励。

李老师会经常到各个学校视导，回到宜昌市第二中学，我们倍感亲切。记得有一次课后研讨，说起“何为中文人”这个命题，李老师认为“中文人”，要带点书卷气，而书卷气须从读书中来。一名教师应将读书视为一个提升自己的品质、品味的过程，通过读书接触他人的生活方式、文化观，所读所看能够为我所用，从而弥补自己的弱点。“人生需要修炼，但在修炼过程中若能从一而终，不误入歧途，实属不易。而读书在一定程度上有助于我们完善自我，避开人性方面的弱点，使我们行驶在正确的轨道上。”在李老师眼中，读书和教学对人格的塑造作用是大同小异的，二者既能教会我们成长，同样又在教育着我们做一个正直善良的人。

“就语文这个学科来说，其包罗万象的学科特性对语文教师有特殊要求。”李老师阐释道，“作为一名语文教师，除了阅读文学类作品，还应尝试涉猎美学、文艺理论、哲学等领域，从多个视角读出作品的多元性，才得以提升自己、活跃课堂。除了从理论方面解读文本，还须对其进行生命体验的渗透。语文是一个抒情的科目，只有当情感与文本产生化学反应，才得以与文本对话，从而引导学生走进文本。”这些话深深地激励着我在教学中不断探索，不断积淀。

亲和

2010 年 5 月，宜昌市举办优质课比赛，经过选拔，我代表学校参加这次比赛。尽管有过多次上校内观摩课的经历，可面对那么多高手，我开始忐忑不安，多次备课，多次修改，总是觉得不满意，心情也开始变得烦躁。我多么希望能够有人指点一下我的迷惑，多么希望能够有人这时候轻轻抚慰我说：不要急，你能行！

我想找李老师，但又怕他工作繁忙无暇顾及，内心深处又劝说自己不妨试一试。揣着复杂的心情，我鼓起勇气联系了他，出乎我意料，李老师爽快地答应了。清楚地记得，当我怀着忐忑不安的心情进入他的办公室的时候，他停下手头工作，很热情地接待我，还给我泡了一杯茶。他的温和亲切瞬间让我的那些惶恐不安，全都消散不见了。李老师是名师，同时是宜昌市教育科学研究院副院长，可是在他的身上看不到一点儿作为名师的傲气或者院长的威严，更多的是一位循循善诱的长者。

那天，在他的点拨下，我的思路豁然开朗；那天，他亲手泡给我的茶的甘甜一直弥漫在我的舌尖，我的心里……

后来，李老师还到学校听我试讲。我选取的是高中语文必修四的一篇心理学随笔——《父母与孩子之间的爱》，他帮我抓这节课的核心目标，打磨上课的亮点，对待我这个小徒弟，就如对待自己的孩子一般用心。他对我的这份恩情，我时刻铭记在心。最后经过一路披荆斩棘，我顺利取得了全市复赛第三、决赛一等奖的成绩，最终有幸参加湖北省高中语文优质课（录像课）竞赛，并获得一等奖。

再后来，他还推荐我在全市教学研讨会上执教研究课，陪伴我参加湖北省一师一优竞赛课，带着我担任市级赛课的评委。每一次课堂的展现都有他反复打磨的身影，每一次点滴收获都有他智慧的启发与点拨，每一次成长都有他温暖的支持和亲切的鼓励。

努力

2017年，李老师成立了李伟杰国学经典研究名师工作室，次年又成立高中语文学科工作室，而我也很荣幸地成为了李老师名师工作室中的一员。

在这个工作室，李老师用他独特的教学风格影响着我们。

他认为语文教学应该回归本源，把语文的核心要素归纳为“自觉、自主、自在，共赏、共振、共鸣”，即所谓的“三自三共”。语文课堂教学要以文本研读为要，课堂则应交流探究，平等分享合作互动。教师和学生相互促进，共同发展。他还认为成功的课堂，闪耀的主角应该是学生，教师的魅力在于激发气场，发挥每个学生的潜能，于关节处能点石成金。他特别强调语文学习的自觉，认为学习的觉悟始于外部环境的刺激和师长的启蒙，而能否形成“自觉”，在于潜意识中的冲动是否被有效激发，转而成为内需求和内驱力。“自觉、自主、自在”是对学习状态的定位，“共赏、共振、共鸣”是对语文教学过程中师生关系和学习过程的描述。“自觉”——从“习得”过渡至“学得”“悟得”，“自主”——有选择有思考有过滤地学习，“自在”——摆脱人为束缚全身心沉浸于中，“共赏”——扬弃既有结论和学生一起进入文本研读，“共振”——通过方法的引导和互动的碰撞进行交流，“共鸣”——在情境创设和价值观体验的过程中找到情感共生点。他觉得语文教师在对学生语文知识的培养和阅读文本的指导之外，一定要对学生价值观的形成起到引导和触发的作用。语文教学要回归语文教学本身，释放语文本身的魅力。

这是他长期一线教学实践积累的结果。我在教学中努力将李老师总结出来的宝贵经验和思想付诸实践，学生受益颇多，我也收获了作为语文教师的那份快乐。学生期待上语文课，最终，无论是语文考试还是核心素养提升，学生跟以前相比，都有很大的进步。《梦游天姥吟留别》是选修教材《中国古代诗歌散文欣赏》第二单元“置身诗境，缘景明情”中“自主赏析”部分的课文，我在执教该课时为了让学生能够自主赏析，感受诗境，选择了合作朗读、小组探究的学习形式，指导学生分组学习，关注与学生的平等交流和对话，引导学生在朗读中初步感受诗歌内容。为让学生“缘景明情”，我采用了比较阅读的教学策略，将李白的梦游天姥和庄周梦蝶进行比较，从而引导学生在作品的比较和探究中理解李白复杂而深沉的情感，并结合李白的生平简历深入理解其志未酬而壮心不已的乐观积极的情怀，从而激励学生面对生活困厄依然保持昂扬乐观的人生态度。我让学生自主合作探究，和他们平等交流，共读共赏，最终实现共振和共鸣。该课获评2016年省级优质课，也印证了上述教学理论的正确和有效。

我们工作室的成员们也在每一次的相聚中，不断进步着。《学记》上说“独学而无友，则孤陋而寡闻”，也正是李伟杰名师工作室的成立，我们才能相聚在一起互相交流，互相学习，从而更好地开展教育教学工作。

我们工作室的每个成员都在努力吸取别人的优点，获得自我的成长。在李老师的带领下，我们研究国学经典与中小学文科教学的关联与渗透，将“立德树人”的教育目标融入潜移默化的经典导读之中，正面引导学生的世界观、人生观和价值观。专业引领、同伴互助、交流研讨、共同发展，这是李老师国学经典工作室成立的初衷。

忘不了，我们工作室的成员们与李老师在一起互动研讨的那份欢乐。忘不了，我们中的某个成员，要上市级或者省级或者国家级的课时，全体工作室成员一起认真备课、磨课的艰辛。那份逃脱不了也不想逃脱的三境界，无论是从“昨夜西风凋碧树。独上高楼，望尽天涯路”的迷茫，还是“衣带渐宽终不悔，为伊消得人憔悴”的辛苦，还是到最后的“众里寻他千百度，蓦然回首，那人却在，灯火阑珊处”的欣喜，我们都一起经历，一起成长。

记得有一次，我们工作室的一名成员刘艾国老师要在鄂浙名师交流活动中上公开课，在反复的磨课过程中，李老师对我说“好好准备，好好评课”。尽管我忘记了评课的具体内容，可是我永远忘不了李老师激励我的那份良苦用心，忘不了李老师在我们每个人遇到问题时，指点我们的那些点点滴滴。

成长

在李老师的引领下，我也逐渐成长着。

语文教学是集知识、心理、品格、道德于一体的综合性教学，所以在语文课堂上，我充满激情，力争让真情的血液在每个学生的身体里欢腾流动，让学生的个性得到张扬，让每个学生在学习知识的同时还要感悟情理。我的课堂充盈着求知、求真、共情的气氛，为上好每一节课，我博采众长，积极探索，因课设法，因材施教，灵活创新，我所带的班级成绩也始终名列前茅。

李老师曾告诉我，要坚持每周写教学总结，只有这样才能常教常新。“要给学生一杯水，教师自己就要有一桶水。”在他的影响下，我开始研究教育理论，撰写教学论文，让自己迅速成长。

同时，我积极探索全新的教育教学理念，实践科学实用的教学方法，以学生为本，将学生引向自然，引向社会，引向生活，让语文课散发独特的人文光彩和多姿多彩的艺术魅力。我还将自己的点滴体会写成论文，有的在市级、省级获奖，有的在国省级、家级刊物上发表。我也获得宜昌市高中课改先进个人、宜昌市优秀语文教师的称号。

我从2009年开始担任语文教研组组长，带领全组教师投身于教育科研实践，在实践中研究，在研究中发展。我参与了两个国家级课题和一个省级课题的研究并顺利结题，还参与了校本课程《学海书山》和教师论文集《春之声》的编订校对，参与湖北省高中语文导学案的编订等。

我的这些点滴成长和进步，是对李老师辛勤培育的回报。

李老师给我们年轻教师搭建平台，让我们在更高的舞台上展示自己，磨炼和提升自己。

2016年，接到“一师一优课”参赛通知后，我经历了备受煎熬的备课过程，研读文本，查阅资料。也经历了三境界的修炼，沉下身心，耐住了寂寞，设计出了一份自我感觉良好的教学设计。我喜滋滋地把教学设计拿给李老师看，满以为会得到表扬。可是李老师既没有表扬，也没有批评，却问了我一句：“你觉得在教学上你的风格是什么？”我支支吾吾说了几个词。李老师接着问：“那么在这节课里，你怎么能够最大限度凸显你的教学风格？”

看到板书设计部分时，他说：“无论是日常教学还是参加任何级别的比赛，一节课，你要有你的几个亮点，板书也应该成为你的亮点。”“授人以鱼不如授之以渔”，我想李老师就是通过这样润物细无声的方式，使我逐渐成长起来。

他经常对我们说，一节有生命力的课，应该注重培养学生的学习习惯、学习方法、学习方式，更要关注师生之间的思维碰撞，这样才能让短短的40分钟变成“永不消逝的电波”。

于是，我继续学习新课程理念，设计教学方案，通过磨课继续改进。下班后的电话指点，深夜的资料传递——他的鼓励信任给了我自信和勇气，他的前沿思想和果决干练的气度更是我前行的标杆。最后，我那节课获得了一等奖，但那些背后的收获，才是我得到的真正的宝贵财富。

引领

有人说，一个人不管有多少学识，有多少才艺能耐，若是不能或吝啬传授给他人，那么这个人的社会作用也就不值一提了。

孔子的德行一直被我们后人所推崇，孔子的作为也是我们师者的榜样。李老师也正是这样，身体力行，立德处事，他是我们名师工作室的领航者。他不仅引领着我们在专业上不断发展，还引领我们如何走得更好更快……

2016 年，我担任了学校教务处副主任一职，李老师得知后，由衷替我高兴，并语重心长地告诫我说："即使是担任了行政职务，也不能忘本，这个本就是你的教学专长。行政之路总有走到尽头的那一天，而专业之路会越走越远，越走越宽，无论到什么时候，都不能丢了自己的专业。这才是我们语文教师赖以生存和发展的食粮，也是语文教师的根本。"

我想，这也是他虽为教育科学研究院副院长却仍然孜孜不倦追求专业发展的原因。我将他的叮嘱铭记于心，也勉励自己，要向李老师学习，无论何时行走在语文路上，都会是那个一直追梦的人。

李老师虽是名师，却不被自己的名气和已有的教育思想所禁锢，而是不断吸纳新信息、新知识，指导我们在教学中运用。他率先垂范，让我们奋进有坐标。时间回到 2014 年，宜昌市第二中学的多媒体教室座无虚席，李院长正在上特级教师示范课，执教的课文是《淮阴侯列传》。这是高中《史记》选读教学里的一篇文章，堪称文质兼美的典范。但文章长，又是文言文，晦涩难懂，令绝大多数学生望而生畏。很多时候我们在执教该文时基本是"一言堂"，围绕文言知识点反复讲解，机械枯燥的教学方式，让学生彻底失去学习《史记》的兴趣。李老师站在讲台上，一开口便不凡，强大的气场顿时将学生吸引。他采用体验式教学的方式，让学生体验“百家讲坛”主讲人的角色，走上讲台，将课文中出现的胯下之辱、漂母饭信、背水一战等成语故事展现给学生。学生们的热情被点燃，积极参与到课堂之中。李老师还设计了几个活动，让学生在活动体验中学习，比如：你怎样评价韩信？韩信的悲剧命运是性格造成的还是时代决定的？对此你怎么看？学生被这样巧妙的问题吸引，思路完全打开，在课堂上畅所欲言。通过对历史人物是非功过、命运思想价值等的课堂讨论为学生建立平台，不仅加深了他们对课文的理解和认识，也锻炼了语言表达能力和思维能力。学生立足于人物的某一点，结合当时的历史背景，建立起立体多元的人物关系网，由点到面，冲破纪传体的框架，在历史的长河中对照反思，以史为镜，知兴替明得失。李老师的课堂，妙语连珠，收放自如。他的博学多识和深厚的文化素养，在课堂里尽情展露。

在讲完《淮阴侯列传》之后，李老师问学生从韩信的人生经历当中，我们可以得到哪些做人的启示并能用于我们作文素材的积累。有的学生从漂母饭信中看出韩信的知恩图报，适用的话题有“学会感恩”“接受与付出”。还有的学生从韩信忍受“胯下之辱”看到大丈夫的能屈能伸，适用的话题是“困境中的忍辱负重”“成长与压力”。通过对人物事迹的分析和思考，他让《史记》选读中的历史故事及其闪烁的思想光辉成为学生写作的良好素材和话题。《史记》的每一篇节选都是一个丰富多彩的花园，李老师用体验式的方式执教《史记》选读，让听课的师生领略到了花园的美。师生交流展现了高中阶段国学阅读教学的思维深度与认识广度。

李老师的课张扬大气，底蕴深厚，为我们树立了标杆。除了对待课程认真细致，他还善于思考总结，集结了语文教学之路上的点滴，捕捉了课堂之外的每一个诗意瞬间。他主编的《读经析典》顺利出版，全书以古诗文教学内容为主线，辅以教学设计指导和教育教学随笔，对年轻的一线教师来说具有很强的指导性，既能帮我们打开思路，又能促进课堂教学顺利展开。很幸运，我的一篇教学随笔也收录其中，我精心收藏着这本书，它时常鞭策着我，在激励奋进的路上一路前行。

前行

我们工作室的每个人都在李老师的引领下，努力着，拼搏着，前行着……但是，压力也是如影随形伴随着我们每个人。季羡林曾经说过：人生就是一场拼搏，没有压力，哪儿来的拼搏？我们不敢懈怠！

李老师名师工作室上进好学的氛围深深感染着我，影响着我，激励着我。正是这样的氛围，鼓舞我们不断向前。因此，我对工作有了更多的思考和认识：我们不能只做一名教书匠，应该不断学习，不断反思，不断成长；要做一名学习型、教研型的教师；用自己的汗水、智慧和激情去激励和影响学生；做一位充满教育情怀的教师……

我有自己的梦想，我知道“路曼曼其修远兮”，我也知道“高山仰止，景行行止”，但我更知道，唯有抱着努力、踏实、认真的态度，才会“在生命路的两旁，随时撒种，随时开花”，也才会“将教育这一径长途点缀得花香弥漫”。

李老师，如明灯，如朗月，如沃土，照耀着我，滋润着我，让我朝着光明的方向奔跑，释放美丽的光华。我愿意追随着李老师一路前行。不忘初心，静待花开！

（彭琼　湖北省优秀语文教师、宜昌市师德标兵、
宜昌市人文艺术高中教务主任）

幸逢宜昌语文“教头”

如果一定要描述我与李伟杰老师的交往过程的话，我认为，我就像一位端坐剧场的观众，视角随幕布徐徐拉开而愈来愈宽，愈来愈广；主角登场，于是就有了认识，于是就有了了解。

作为一名高中语文教师，我对这个学科的地区领头人，自然是很早就知其姓、晓其名的。李老师的外在形象与其名颇为相符：他身形高大，讲起话来声音浑厚，中气十足，很容易令人将这种形象与“伟杰”二字联系起来。

与李老师交往的一个重要节点，起源于一篇文章。2010 年 5 月，我的一篇论文《“说作文”：写作训练的重要补充手段》毫无征兆地在《新课程研究·作文教学》上发表。奇异的是，我从未向这家杂志投递过任何稿件。细忆开来，我仅于 2009 年参加在黄冈召开的全省作文教学研讨会时，曾将此文交给李老师作为大会的参赛论文。谁曾想，李老师竟将这篇拙作推荐了出去。

我参加过由李老师组织的宜昌语文界的几次活动，现在想来，当属万幸。

2017 年 11 月首届鄂浙名师交流活动在宜昌市第一中学墨池书院举行，李老师率“湖北省李伟杰国学经典研究名师工作室”全体成员参加。工作室成员夷陵中学的邓少平、葛洲坝中学的曹诗芹、宜昌市第一中学的陈鹏、三峡高中的刘艾国四位老师倾情献课（分别为《蜀道难》《记梁任公的一次演讲》《边城》《治乱亦进，以道觉民——〈论语〉〈孟子〉中的殷商圣臣伊尹及其他》)。他们或以诵读让人走进奇特瑰丽的想象世界，或以勾勒人物再现梁任公的雅量高致，或以原生态教学呈现湘西人物风貌，或以全球直播、全景课堂来惊艳全场。课后互动交流，鄂浙名师你来我往，相互提问，共促进步。授课教师功底之深厚，信息技术运用之奇妙，与会专家理念之先进，多个维度的冲击波轮番向我袭来。第一次参与李老师组织的大型活动，就是一次对我传统理念的颠覆！

宜昌高中语文学科工作室的成立，是宜昌语文界的一件盛事。我得获殊荣，被李老师列为工作室成员。2019 年 4 月 8 日下午，工作室首次研讨会在宜昌市科技高中隆重召开，李老师所作的《在全新的平台上创造更大的辉煌》的报告，为宜昌语文界擘画了远景。得益于高中语文学科工作室这个全新的平台，我的学习机会开始增多，眼界逐步开阔。“登高而博见”，此之谓也！

2019 年 10 月全国第八届高中语文教师基本功大赛在宜昌举行，我得以近距离接触语文“大咖”顾之川老师、伊道恩老师、史绍典老师等全国知名语文教育专家，得以现场感受全国优秀语文教师的教学风采。与语文名师相会，现场聆听他们的报告，观摩他们的课堂，知悉当今最前沿的语文教学思想。先前于梦中方得的情境，现在竟然真实地呈现在眼前！那种幸福是无法用言语表达的。见贤而思齐，于是我有了更大的学习压力和动力。

李老师是很乐意提携后进的。置身宜昌高中语文学科工作室，我自然也受到了李老师的关爱，得到了参与实践的机会。2019 年 7 月，我有幸参与“课文 1+X”群文阅读丛书编写，承担高二上第八单元的资料编写工作。2019 年 12 月，我进入湖北省教育科学研究院《普通高中语文学科·同步分级“学练评”》编写组，承担新版部编教材必修下第六单元的资料编写工作。在编写过程中，李老师反复组织编写者深入研讨，对课程标准理念和统编教材体例探幽析微，力求精确，现两项编写任务均已顺利完成，我个人提前熟悉了新版教材，了解了新教材的编排理念。

2019年7月，“中华优秀传统文化与现代语文课堂教学实践研究”课题组第三届年会暨第八届“教育艺术杯”课堂教学观摩活动在辽宁省盘锦市召开。受李老师委派，我有幸以“普通高中国学教育校本化研究”课题组成员和宜昌高中语文学科工作室成员的双重身份参会，并以竞赛选手的身份参加了大赛现场课的竞逐，与全国优秀教师在竞赛中探讨有效教学的奥秘，切磋群文阅读的教学规律，最终在与众多高手的比拼中脱颖而出，获得赛课二等奖，获得了大会评委专家的肯定。在竞赛过程中，我始终与李老师保持密切联系，并在方向把握和细节处理上得到了他不厌其烦的点拨。

李老师的指导，受益的不仅仅是我个人，我所在的宜昌市第一中学语文组，也颇得李老师的关爱。

我校陈鹏老师申报获批的湖北省教育科学规划2018年度重点课题“普通高中国学教育校本化研究”（课题编号：2018JA115），课题开题仪式即借鉴了李伟杰国学经典研究名师工作室规范的工作流程。在课题研究中途，中国教育学会传统文化教育分会2018年学术年会当年12月1日在我校召开。我校语文组陈鹏老师主讲《欧阳修〈夷陵九咏〉选篇》（小学学段），夏政华老师主讲《夷陵县至喜堂记》（中学学段），黄颖老师主讲《欧阳修》（选段）（高中学段）。李老师作为特邀评委全程参与指导，“串联不同学段、打通国学经脉”便是得益于他主持的“国学经典研究名师工作室”的一贯主张。以此次年会为契机，我校中华优秀传统文化教育得以深入推动。

2019年1月13日—15日，李老师率队参加全国“三新”作文教学研究会在山西太原、临县举办的作文高端论坛暨新作文实验校联盟活动。我校两位老师出席，陈鹏老师获邀作专家辅导报告，为大会提供了《优秀作文长什么样》的精妙案例。李俊芳老师则有幸与“晋派名师”贾铖虎老师同台献艺，讲授了高考作文指导课《得其大者兼其小》，获得了极为可贵的教学经验。

2019 年 10 月全国第八届高中语文教师基本功大赛开幕式在我校举行，我校语文组全组成员参与观摩。随后在现场讲课、光盘课说课大赛中，熊剑老师、谈进老师分别参与讲课、说课竞赛，并双双获得全国一等奖，同时各获得一项单项奖，孙雪敏等老师还获得了论文比赛一、二等奖。这样一次大型的全国性语文大赛落地宜昌，并在百年一中的墨池大讲堂上隆重上演，得益于李老师的人脉资源和人格魅力，得益于他事无巨细的筹备和谋划。这是对我校语文教师的专业发展直接的推动，也是他们一生中极为难得的得到大师们耳提面命的机会，观课议课过程中激发的纯学术思考，是很多青年教师课堂教学能力迅速提升的催化剂，影响将是深远的。

回想起与李伟杰老师交往的点滴，似乎大多是一些业务上的来往，然而正是这些点滴，让我个人和我校的语文组都获益匪浅。

犹记得 2019 年 11 月 12 日的语文组工作会议上，我校校长付全新老师（教育学博士、湖北省特级教师、中学正高级教师、湖北省委组织部和省教育厅联合命名的第一批“湖北名师工作室”主持人）在激励全组教师争做名师时，就特别以李伟杰老师为例：“你们语文界的名师李伟杰院长，是一个有思想、有追求的人。我看过他的一张照片，戴着一条围巾，非常帅气潇洒，还配着一篇文章——《语文：我的宗教》!”他抑扬顿挫的语调，满脸的欣赏之情，至今难忘。正是受了付全新校长的影响，我搜索到了李老师配发照片的文章，载于 2013 年 2 月《语文教学通讯》A 刊，该刊当期封面人物正是李伟杰老师。

“语文便是我的全部，语文便是我的宗教!”阅读完全文，赫然发现，原来我所交往的这位湖北名师，不仅是宜昌语文的“教头”，还是一位以“三自三共”教学思想为学术内涵、并将语文当作宗教的痴情者！再一思索，于语文有这种虔诚，成为湖北名师于他似乎也就是必然的了！

这时就又记起今年正月，我写了一篇关于高考作文猜想的文章。李老师获悉后，只是简单地回了几个字：“发过来!”后来在他的指导下，该文先是在“新作文”公众号和读者见面，后又于 2020 年 5 月在《中学作文教学研究》杂志正式发表。

正因为有了这些经历，我常常暗自慨叹：有幸与一位将语文视作宗教的长者相识，并得到其多次指点，作为语文教师，这应该是我最大的幸福了！

（刘峻岭　宜昌市明星班主任、
宜昌市第一中学语文教研组副组长）

得遇名师，三生有幸

李伟杰老师是指导我们枝江市第一高级中学语文团队不断前行的导师，也是我个人专业成长的恩师。

我是一名中等师范学校毕业生，在小学工作过 3 年，初中工作过 11 年。调到枝江市第一高级中学工作的时候，已经 31 岁了。2006 年，李老师时任宜昌市高中语文教研员，那一年，宜昌市举行优质课比赛，我上了一节文言文竞赛课，执教课文《陈情表》，获得了宜昌市高中语文优质课一等奖。从那时开始，李老师就经常关心我的成长。

在 2006 年到 2009 年的 4 年间，李老师每年都要来听我讲课。一次，在听了我上的图文转换课后，李老师说："你今天在课堂上的表述不严密。在说到一道题的答案的时候，前后两次表述不一样，你不是上课的时候紧张，就是课前做的准备不充分。"听了我的一次作文指导课后，李老师说："学生作文能力提高的关键是思想，你今天对几个问题的认识很深刻，对学生很有启发，你要坚持独立思考，真正让学生成为有思想的人。作文教学，不是教方法就能奏效的，核心是思想。"

2017 年我写了一篇高考题目作文《京剧与广场舞》，发给李老师看。我只是想请李老师看一看这样写行不行。哪里知道，第二天，李老师发给我经过他仔细修改的文章，删除了一些废话，增加了突出主题的部分，将文章与外国青年的联系增强了，并且问我，同不同意将此文推荐发表在《三新作文》公众号上。

我在宜昌市高中语文教研组长培训会上发言后，李老师充分肯定我团结全组老师追求进步的态度，将我的发言稿推荐发表在《三峡文学》上。李老师还殷殷嘱咐我："枝江市第一高级中学历史上出过 9 位语文特级教师，这在全国都很少见，你要承前启后，肩上的担子可不轻。"那时，我刚刚担任学校的语文教研组长，李老师从教学研究活动的组织、文本的解读、试题的命制等多方面对我进行指导。

一次教研活动，听了我们学校几个教师的课后，李老师说："每学期，要确定一到两个研究主题，每次学校安排的听课活动，必须是为了解决某个问题的，提前对这个问题进行深入思考，课堂实践则着重解决这个问题，这样才会有切实的收获。"

2016 年，我们尝试在课堂上运用外景帮助教学，李老师在繁忙之中，抽出时间参加我们的实景课堂的教学研究活动。我们研讨的是"走进鲁迅"。看了我们的活动后，李老师说："今天的理解不能算是真正走进鲁迅。"李老师给我们推荐毕飞宇先生的文章《鲁迅的高度》，说"这差不多算走进"。还说，"其实还有一本可推荐，李长之先生的《鲁迅批判》，但怕年轻人浅尝辄止，反为之所病"。为了加深我们的印象，李老师还补充说："这本书还是唯一一本鲁迅自己读过的研究鲁迅的专著。"

2016 年，我们学校开展"课例研修八步法"的教研活动，李老师多次到现场指导，一一指出我们实施过程中的问题，并提出改进建议。一次活动从课前准备、听课、研讨，要花很长的时间，李老师总是精神振作，双眼有神，发言的时候，声音洪亮。

将我们的"课例研修八步法"指导上路以后，李老师推荐我们在宜昌市九大学科的教研组长培训会上进行校本教研现场展示。2018 年 12 月，我们语文组 10 位教师在"宜昌市高中教研组建设论坛暨校本教研培训活动"中进行了展示，内容为《生成性教学的价值与策略——〈故都的秋〉课例研讨》。在展示过程中，10 位教师通力合作，充分展现了语文组教师积极开展教研、深入研讨的作风，展示了观课议课的不同维度，受到与会领导和教师的好评。

课例研修，我们不仅在教学内容方面得到了提高，在教学形式方面，也得到了改善。从学生的层面来思考问题，安排教学内容与方法，真正实施自主合作探究的教学方式，采用情境式教学法，唤醒学生自主学习、主动学习的愿望和能力，把握学习的契机，促进学生成长。

2018 年 10 月 31 日至 11 月 2 日，宜昌市 2019 届高考语文复习备考会在枝江市第一高级中学召开。会前，李老师就如何开展工作给予了十分细心的指导。会后，他给我发信息："你们的努力收到了好的成效，说明办任何大活动都需要精细运筹和热情奉献！"

这次会议，李老师请来了我们学校已退休的特级教师周世忠老师。周世忠老师作的《2019 年高考：作文命题趋向与备考策略》报告，体现了其深厚的研究底蕴和独到的价值追求，对老师们的启发很大。周老师大段大段地背诵，深情地吟唱，令人热泪盈眶——李老师这是让我们这些后辈学习周老师的风范啊！

李老师的备考总结报告《2019 届高考语文命题方向及宜昌市语文备考策略探微》，从考向分析、考题解读、备考指津三个方面展开。他强调，语文教师要有人文情怀，要有事业追求，要在备考研究上精益求精。言语之间，满满的都是爱。

这次会上，让我十分难忘的是我谈了关于课前演讲的心得体会，提到几年前陕西榆林产妇要做剖腹产没有得到亲人同意跳楼自杀的事情，我说了这样一句话："如果我们的亲人对我们不好，如果我们的亲人有很多缺点，我们能损害自己来结束和亲人的关系吗？作为妻子，既然选择了这个丈夫，当丈夫犯错的时候，我们有责任指出丈夫的过失并帮助丈夫改正。"

会后，走在校门口的广场上，李老师对我说："你今天说到的包容丈夫过失的问题，要是女人碰到的是道德败坏的男人，你这就误导了学生啊。我们要教育学生善良，也要教育学生学会保护自己。"

李老师经常组织宜昌市内兄弟学校进行交流学习，大家坦诚相见，学习各个学校的长处，各个兄弟学校宛如一家。陆美娟老师、万永翔老师、陈鹏老师、刘艾国老师、谢兴无老师、熊必荣老师、李兴胜老师、谭小红老师等，都教给了我们很多宝贵的经验。李老师也经常组织省内外的教学交流活动，让我们得以享受地利之便，如浙派名师培训活动，给我和我的同事提供了很好的学习机会，使我们开阔了眼界，提升了素养。

在李老师的悉心指导下，我校的语文教师都养成了读书、写作、研究的习惯。我们也在特级教师董云老师和周德富老师的带领下，一起阅读，一起写读后感，编成了《一勺集》。校长石雪山先生题写刊名，并在学校专门为我们出这本书召开发布会。我们之中，出现了宜昌市名师何萍老师、周新老师、胡爱华老师、佘昌献老师，宜昌市学科带头人刘孚忠老师，枝江市名师鲍海琼老师、万爱萍老师等。我们之中，有发表了几百篇文章的曹振国老师、万安老师、卞锦周老师等，具有极高古文功底和人文修养写了很多诗文随笔的金华老师，有全国优秀教师万爱萍老师等。

我是一个诗歌爱好者，我开始写诗歌的时候，李老师跟我说，不要怕读者看不懂，诗歌要写得含蓄些。2016 年，李老师在微信朋友圈看到我写的诗歌，让我发一组给他，他推荐发表在《三峡文学》上，2017 年 1 月，这些诗歌就发表了，有《三叶草》等五首。

我的诗歌有局限不能突破，李老师会把适合我学习的优秀诗人的作品发给我。有宜昌诗人毛子老师的，姚永标老师的，有《语文教学与研究》主编剑南老师的，也有李老师女儿的诗歌，比如《万物，朝他们的方向生长》等。我的诗歌有了进步，李老师会鼓励我，比如我写了这样一首诗《安静》：

一只蝉的空壳/在树叶上晃悠/水面上/没有一丝波澜/你起身去倒一杯茶/木椅跌倒在地上/惊醒了熟睡的猫/你突然听到自己的呼吸/你重新拿起笔/写一封没有地址的信/文字从虚无中来/又回到虚无中去

李老师鼓励我说：“猫在画面中划破静寂，凸显呼吸之声，是揭示内心世界的妙笔。”

李老师偶尔会写一首同题诗歌发给我，比如《当我九十岁零一个月的时候》。李老师到福州参加研讨会，吃了海胆，写了一首诗歌《我迷上了海胆》，诗歌里说："我的全身心融入这感觉，这是何等的美味啊!"我记得当时跟李老师说："这个海胆有您这样爱它，它好幸福啊。一下子照亮了它的心，也照亮了我的心。读您的诗歌，真开心啊。"

近年来，我发表的诗歌大约有五十首。

此外，在生活方面，李老师也非常关心我。

我4岁失去父亲，身体时常不适，总会感受到李老师的关心。甚至我的家人身体不适，我跟李老师提起，李老师都劝慰我说："甲减，只要坚持服药，问题不大。只是不能过度运动，那会伤害身体的。"

李老师不仅希望我的小诗歌写得像样一点，还希望我能够获得心灵的成长，希望我作为一个女子，能够有芬芳的灵魂。李老师发给我梁再冰写妈妈的文章《我的妈妈林徽因》。文中，写林徽因生病之后，如何和丈夫一起乐观开朗地生活，在不发烧的时候大量读书做笔记，协助丈夫做写《中国建筑史》的准备。那篇文章，深深地触动了我的心。我给李老师回复说："坐在汉口火车站等车，看了多遍。在学习的三天里，教室里每天开着空调，腿对此感到不适，酸疼得很。尽管我每天穿着长丝袜，还是不能保护它不受伤。在疼痛中，看梁先生的驼背和林女士的肺疾，还有那满地的臭虫和难以忍受的饥饿，终究不能削减他们对建筑文学和对对方对亲人的爱。人的一生，太多的生理和心理的疼。可是，又怎么样呢？爱，始终在心里。"因为很多原因，我总是与病痛相伴，李老师了解我的状况，所以总是在我需要帮助的时候，给予我个人心灵成长的帮助，也总是在我业务能力需要提高的时候，给予我众多的指导与提携。

究竟是怎样的福气，才能遇到这样一位亦师亦友亦兄亦父的长者的呢？

得遇名师，三生有幸；先生恩德，山高水长。

（张晓春　湖北省优秀语文教师、

枝江市第一高级中学语文教研室主任）

亦师亦父的语文引领者

李伟杰老师担任宜昌市高中语文教研员已经近二十年了。大多数人根据职务称他“李院长”。然而，在宜昌语文界内部，教师们对他的称呼却是多样化的：前辈专家们称呼他为“李特”，更多的人尊他为“掌门人”。然而我，以及很多和我一样多年以来得到李老师孜孜不倦指导帮助和提携的青年语文教师们，更愿意亲切地称他一声“师父”。一个“父”字，平添了许多亲和、慈爱、包容的意味。这个称呼里，饱含着我们对他由衷的感激之情，更重要的是，我觉得它能够比较完整地诠释李老师在我们心目中的形象。李伟杰老师，就是一个在教学研究上不遗余力、学高为师的学者，在生活中亲切随和、待人真诚的师长。

初识李老师，是在 2004 年的春天。当时我才二十出头，入职不满两年，凭着初生牛犊不怕虎的精神，我主动报名参加了市里的优质课竞赛。初赛时，恰逢学校有其他活动，我孤身一人来到陌生的赛场，面对完全陌生的学生、听课教师和评委们，忐忑不安地完成了生平第一次正式的公开课。赛间休息的时候，听旁边老师聊天，才知道，前排那个谈笑风生、风度翩翩的中年男教师，就是我们新上任的教研员——李伟杰老师。

那时的我完全没有想到，比赛结束后的第二天，就接到了李老师的电话。很快，我正式地与李老师相识了。我至今没有忘记，在果园一路老市教育局略显破旧的办公室里，他告诉我，我是那次比赛中最年轻的选手，但给他的印象却很深，他觉得我的个人素质和课堂设计都很出色，多加磨炼，一定能在语文教学方面做出成绩来。但由于我教学经验毕竟太少，课堂驾驭能力尚有欠缺，所以建议我决赛时转到说课组，可能会取得更好的名次。他这番肯定的话语，有针对性的建议，激励我暗下了一番苦功，最终在一个月之后获得了“宜昌市优质课竞赛说课组一等奖第一名”。这完全出乎意料的优异成绩，给了年轻的我莫大的鼓励和慰藉。因此在之后很多年里，即使职业生涯遭遇各种变化与挫折，“我一定能够做一个好的语文教师”的信心也从来没有被磨灭过。

时间流转到2013年，那年秋天语文备考会在秭归县第一中学召开。应一位同行朋友的邀请，我有幸和她一起搭乘李老师的顺风车去参会。这一次近距离接触，我才发现，经常在台上挥斥方遒、有些不苟言笑、令人心生敬畏的李老师，其实是个非常亲和、健谈、幽默的人。我记得他当时笑着问我：这些年很少看到你参加学科内的大型活动，是忙着去带孩子了吗？我着实有些惭愧。那些年因为一些事情，心态有些变化，在2008—2009年间，结识了一些心理学方面的朋友，继而考了心理咨询师资格证，后来便投入了大量的时间和精力在心理健康教育和一些公益活动方面，语文教研这一块确实荒废了不少，甚至已经萌生了转行的想法。我把这些情况告诉了李老师，他略略沉吟之后对我说：“对人生的重大决定，要自己想清楚，心理学是个好方向，但是你的专业毕竟是语文，这方面也有天分和多年的积累，是否一定要做取舍呢？可不可以尝试着将你的心理学知识运用到语文教学中，或许能够有新的思路，打开新的局面。”他还给我讲了一段自己年轻时的往事，他也做过语文之外的其他尝试，但是最终还是觉得自己的专业更能体现真正的人生价值。他以这种十分真诚的方式告诉我，每个人或许都曾经有过迷惘的时刻，想办法突破自己，找到最适合自己发展的道路，才是正确的选择。

李老师的话如同雾霭中的一盏明灯，照亮了我眼前的路。让已经纠结了很久的我终于下定决心，在语文教育教学研究上做一些更深入的探索。在李老师的鼓励和指导下，我开始尝试将一些容易操作的心理学技术运用到写作教学中，或是引导学生深入到经典作品中不同人物的内心，体会人物丰富的内心活动，分析他们言行的心理出发点，进而写出具有自己独特想法的小品文；或是运用一些音画素材，引领学生展开联想，深度挖掘内心最本真的体验与感受，并把这种感受记录下来。李老师给我的课堂命名为“高中全景体验式作文课”。这段经历也成为我的长篇专业论文的主要内容。2014年，经李老师推荐，我参加了全国第三届高中语文教师教学基本功展评活动，我的体验式作文课《聆听心灵的声音——写出属于自己的世界》获得课例一等奖，同名论文也获得论文评比一等奖。这次成功让我真正品尝到了在语文教学的道路上努力探索的甜头，给了我继续不断追寻的勇气和信心。

如果说，当年与李老师的初识，让我有幸遇见了职业生涯上的第一个为我鼓掌的人，那么，十年后，他真正成了我的引路人。他用丰厚的人生积淀、广博的专业知识、对后辈的耐心和爱心，带领我走出了随波逐流的舒适圈，让我看到了更多更美好的可能。从那时候起，李老师就成为了我心目中最尊敬、最信赖的师长。

2017年初，李老师组建“李伟杰国学经典名师工作室”，我有幸再次得到他的认可，成为了他的“入室弟子”，终于可以名正言顺地叫他“师父”了！李老师不但在教学教研方面全心全意地给予指导，还经常带领我们参与全国语文圈内大大小小的活动，给了我们成长和展示的空间。2018年，我有幸作为李伟杰名师工作室代表，参加了市委组织部人才办组织的苏州大学“名师工作室主持人”培训。在他的指导下，我的多篇文章在《中学语文教学》《中学作文教学研究》《三峡文学·宜昌教育》等专业期刊上发表，我还多次在市级的大型学术活动上授课或发言。学习之余，他还时常与我们进行思想上的交流与分享，他洒脱大气的文人气质，精益求精的钻研精神，与时俱进的先进思想，真诚包容的师者情怀，都深深感染着我，感染着他的弟子们，感染着每一个和他交往的人。

师父不止一次说过，他从不认为自己多么优秀，因为个人名利的追求总有尽头。但是，他愿意用一己之力，托举一个个优秀的人；愿意擎起一点火光，点亮更多宜昌语文人的眼睛；愿意不断地往前走，为后来者铺就更宽阔平坦的路。何其有幸，成长的道路上能够拥有这样一位睿智的引领者、陪伴者！

“说语弄文”是师父一本个人专著的书名，也是他一生最挚爱的事业；“亦师亦父”，是他对学生、对后辈一贯的态度，也是我心目中对他最深刻的印象。请允许我谨以这篇小文，表达对他最真挚的敬意与感激，千言万语化为一句：“谢谢您，师父！”

（李　颖　国家二级心理咨询师、宜昌市科技高中语文教师）

且做而今折柳人

——在“周世忠老师教育人生报告会”上的致辞

近几年，枝江忽然红遍全省乃至全国，这多半是因为枝江人酿得一坛好酒，枝江大曲成为经常在中央电视台、凤凰电视台亮相的酒中新贵，每逢盛筵宾主齐赞之佳品。我虽不好酒，却独喜枝江大曲浓郁醇香中那一种坦荡激情，那一派大家风范。我对枝江大曲唯一的意见，是策划者文化底蕴略有欠缺，延请的形象代表与我心中构想的气质不一样。我私下以为，最能将这样一种激情风范概而聚之者，唯我忘年之师友周世忠先生而已。

接到枝江市第一高级中学董云校长的电话，说要为世忠老师举办一场“周世忠老师教育人生报告会”，我感到非常欣慰。世忠老师作为省内外知名的特级教师，在枝江市第一高级中学语文教研组长的岗位上奋斗了 20 余年，不仅教书、著述、讲学，还培养了多名在宜昌语文界有名的骨干教师，如周德富、曹书德、魏占峰、伍红春、刘孚忠、李红梅、周敏、雷冬梅等。新一代的周新、熊亚萍、张晓春、金华、何萍、杨翠琼、曹振国等青年教师也开始在各级教学技能比试中展露才华。经他持续引领、苦心经营，在业界形成了枝江市第一高级中学语文教学的特色：激情燃烧，充满活力；营造氛围，多边互动；深挖细嚼，启幽发微。无论是在各级优质课上的精彩亮相，还是常规教学的朴实展示，枝江市第一高级中学的语文教师无不深深打上了这种风格的烙印。世忠老师凭一己的影响而锻造出一种让人如此心驰神往的教学风格，他是值得人尊重的。

我最初闻其名、知其人，是在 20 世纪 90 年代初，算来也有十多年了。第一次近距离接触，是参加在宜都举行的一次活动，世忠老师登台授艺，主讲了一节作文教学辅导课。他精妙的点拨，一下子激发了宜都市第一中学那班风华少年的创作欲望，现场写出的一篇篇美文，经世忠老师和学生代表饱含深情的朗读，强烈地感染了大家，满座听众无不击节称奇，赞叹不已。异地授课能有这般功底，让不轻易服膺于人的我，从此记住了周世忠老师的名字。后来少毅离宜赴京时，专门嘱咐我：有事可多与世忠老师商量，他不仅学识水平高人一筹，且有大局观，忠信可靠。湖北省教育科学研究院史绍典先生、秦训刚先生、蒋红森先生均对世忠老师大加推许：周世忠，真人也。连续几届湖北省优质课评比，他们都聘请世忠老师担任总评委之一，代表专家组在大会发表评课意见，世忠老师的声望威信和人格魅力，可见一斑。所以，我作为教研员给基层学校教师打的第一个电话，是打给世忠老师；我组织的第一次大型活动，是在枝江；2004 年夏天，人民教育出版社的周正逵、张厚感等几位老先生来宜昌召开实验教材研讨会，我邀请的唯一一位本土与会者，还是世忠老师。

世忠老师对自己教育人生的回顾，可以说是一首激情飞扬、动人心魄的散文诗。世忠老师走过的人生历程，也正是这样一首在任何时候都大开大阖地书写着不凡气度的散文诗。我与世忠老师的交往，即是对这首诗的品味和解读，这其中既有学术的真知，更有做人的真诚。就年龄和学识而言，世忠老师当是前辈，但他始终是那么谦逊，那么周到。语文界的大事小情，只要我跟他打招呼，他总是尽心尽力地做到最好。很多时候，我原以为他会布置给别人做的事，他都为追求完美而不惜亲力亲为。但他也有执意推辞的事情，比如每年的高考备考总结会，我请他出面发言，他因自己是湖北省高考命题组专家的身份总是婉言回避，严守底线。我知道他的性情脾气，以后每遇这样的活动，哪怕是在枝江市第一高级中学举办，也不再为难他老先生了。

世忠老师给我留下的最深的印象是对事业的执着，对学术的较真。记得曾有一次，世忠老师给我打电话，告知他与某著名语文刊物的副主编就优质课有无存在的必要发生论战。对方斥优质课纯属作秀，毫无价值可言，而新课程背景下的课堂有效构成，最本质的核心要素就是真实。世忠老师则针锋相对，旗帜鲜明地提出，优质课相当于服装发布会上模特们展示的新潮时装，虽有别于人们日常的着装，却能引领时尚，开风气之先。成功的优质课，不仅取决于教师对文本深入发掘后找准的最佳切入点和对课堂总体布局及流程的精心设计，更需要教师激发学生的思维活动，用心倾听学生的感受，机敏地捕捉每一个稍纵即逝的能够撬动课堂的生成性问题，使之成为课堂出彩的亮点。一个参加过优质课竞赛并获得成功的青年教师，一定是综合素养全面、具有较高天赋的可造之材。他在打磨准备过程中积累的经验，以及在与专家评课的交流互动中收获，往往会促使其迅速走向成熟，甚至带来脱胎换骨的变化。我接到电话后认真拜读了双方的文章，受到了一些启发。但出乎我的意料，世忠老师为此竟连发数“弹”，非要较真到底。据我所知，世忠老师和这家刊物交情匪浅，但这都不在他考虑范围之内，他据理力争的，无非是有利于语文教学发展、有助于青年教师成长的大是大非。

世忠老师已经成为枝江市第一高级中学宝贵的精神财富，他的影响远远超出了语文教研组的范畴。我不得不佩服枝江市第一高级中学管理层的眼光。董云是语文出身的专家型校长，袁新宏、付伟也都是在本学科出其类拔其萃之辈。他们知道，枝江市第一高级中学之所以成为省内外知名的省示范高中，三大条件必不可少。其一，丰厚的历史文化积淀。丹阳书院的余韵至今仍在枝江市第一高级中学的血脉中汩汩流淌。其二，齐备的软硬件设施。三百亩的校园，人文化的设计，与时代接轨的配置，渐至完善的绿化，都让学校站上了一个向超一流学府迈进的制高点。其三，也是最为重要的，名校要靠名师来支撑。拥有一批像世忠老师这样享誉一方的专家级学者，并借助他们潜移默化的帮带传承，源源不断地培养新人成为独当一面的栋梁之才，枝江市第一高级中学才有了持续发展。因此，力挺名师之权威，大树尊师之风尚，寄望年轻后生见贤思齐，恐怕也是几位校长在世忠先生六十华诞之际举行如此盛大的“周世忠老师教育人生报告会”的初衷。

世忠老师近些年因身体原因已不沾烈酒，只是与朋友小聚时偶尔喝点啤酒。但我的脑海里却时常浮现一幅非常写意的画面：世忠老师手执青花瓷壶，或举杯邀月，或泛舟对饮，或采菊南山……那当是枝江大曲颇具创意的广告，或许，世忠老师退休后的生活，就该是这样的闲适，但我却深知操劳了大半辈子的他，大概很难停下前行的脚步。更何况，为了宜昌语文的兴旺鼎盛，我有心在江口谦泰吉的酒坊设宴畅饮，在百里洲畔的凉亭抚琴赋诗，在安福寺旁的客栈折柳相赠，请周公暂留故里设馆授徒，继续为枝江、为宜昌的语文教育事业发挥余热，奉献才智！我更期待着，在世忠老师的身后，将站立起一大批未来事业的中坚！

问道陆城，广厚如斯

——由宜都市第一中学一节网课想到的

2014 年 10 月，湖北省教育厅年度“卓越工程”高中教师混合式培训淘师湾网上直播课程，展示了宜都市第一中学江勇老师的示范研讨课《读诗读书读人——古代诗歌鉴赏的理趣与情境》。这节课以人民教育出版社出版的高中语文读本教材中的陶渊明《读〈山海经〉十三首其一》切入，由陶潜到苏轼，引导学生走进文本，走近先贤，了解他们的所思所好，了解古代文人雅士向往世外桃源的特定情怀以及他们的独特价值取向。宜都市第一中学教研组课后进行了专题研修，集体对课程设计理念、课堂推进流程、师生互动效果、教学效率及学生收获等方面进行了研讨。宜都市第一中学副校长、正高级教师程光新，办公室主任、语文特级教师、正高职教师杨邦俊，工会副主席白万钰，语文新老教研组长许地林、李政，备课组长王斌、汪明等老师均作了点评发言。作为本次活动的主要策划者和参与者，我反复听江勇老师在不同班级上这一课，觉得越上越有味。

江勇是宜都市第一中学的青年教师，古典文学底子很扎实，很受学生欢迎。他是一位比较有个性的语文教师。在他的课堂上，教师明显占据了比较强势的地位，讲授的内容也多了点，师生互动倒是很活跃，但有一种天马行空的感觉。如果让江老师参加优质课竞赛之类的活动，恐怕要铩羽而归。

但我仍然喜欢这位青年教师，因为他有自己的特色，每节课都打上了自己明显的风格烙印，而且对所选择的教学素材都反复钻研，咂摸出独特韵味，并以自己特有的方式传递出来。他的教学过程冷静纡徐，但他总能找到一种吸引学生的突破口，调动学生的兴趣，在潜移默化中感染学生，让他们受到情感态度价值观的熏陶。我第一次听他讲课，是关于高三文言文翻译复习的内容。他一气呵成地将诸多经典篇章段句联络起来，由课内延至课外，直击高考真题，抓住"留、增、换、调、删"的基本规律，提醒重点字词及语法句式特征，再由联系文段上下之间的语言环境落实翻译要素，拓展到对文段本身的语言风格、结构特点、人物关系、精神内核的把握，串联答题要点，渗透人文情怀，洋洋洒洒，蔚为大观。讲文言文翻译题，如此看重文段语境，看重文脉语流，江老师讲出了和别的老师不一样的味道。后来又有一次，听他讲诗经，讲到《君子于役》时，他对意境的描摹勾勒及转换思考堪称一绝，例如讲到"鸡栖于埘，日之夕矣，羊牛下来"这句时，江老师半闭着眼，自我陶醉地吟哦："鸡已归笼，太阳下山，在夕阳的掩映下，远远的，一群悠闲的牛羊正从山上缓缓向这边奔来。注意，从山的最高处，你会先看到羊角露出来，再才看到羊儿，然后是牛角，然后才是牛羊成群下山来。羊儿体积小，跑得快，跑得欢，牛儿给人沉稳的感觉，结伴而行，颇多温馨的感觉。女主人眼中所见皆为家禽家畜，对家庭圆满和谐的期待不言而喻。但君子于役，不知归期，叫人如何不思念？前者越是美到极致，后者愈发显得凄楚无奈。"天哪，居然细腻到对诗中羊牛成群下山的顺序都有这样精当的解析，如描摹一幅"日之夕矣"的剪影，并从中品味、咂摸出情趣、情味，进而落实到对诗歌主题的解析，着实不同凡俗。

这次讲《读〈山海经〉十三首其一》，他也是以一种看似天马行空的方式切入。最初他的授课方式比较主观，更多的是教师个人魅力的展现。他以背诵全诗导入，背诵一句板书一句，江老师身穿蓝灰色中山装，一副陶醉于诗国的表情，微眯着双眼，手底粉笔字龙飞凤舞，嘴中舌灿莲花，娓娓道来，将学生慢慢拉进陶渊明的世界。后有教师建议他增加学生活动，江勇并不固执己见，欣然接受了。于是在正式的授课中，他改用课件展示陶诗，配上了极富古典韵味的水墨画，伴着古琴声声，意境依然优雅。在与学生的互动交流中，江老师明显仍是占主动的一方，由读诗引导学生读书。言外之意、境外之象浑然贯通，沉潜涵泳，气韵天成。

这样的语文教师是厉害的。他不需要伪饰，不需要煽情，不需要卖弄，只需要以阅读的睿智引导学生，让学生亲近文本，可以从字面渗透到作者精神寄托的所在，触摸到中国优秀传统文化的某些精髓，也让学生灵光一闪的独到见解有所依附、有所宣泄、有所展示。这样的语文教师往讲台上一站，学生眼里便有了渴求的光。教师本身就有一种“场”，成为全场聚焦点。也正因为此，学生的潜能会得到激发，迸发出无穷的创造力，课堂上一个接一个的“意外”精彩上演。课后有一位教师留言，认为他缺乏激情，更有甚者认为他讲不好诗歌。这是对“激情”误读了，诗歌的情境本非单一的磅礴之气。尤其是陶诗，如若过于情感外露，恐怕要贻笑大方了。何况，对江勇这样的语文教师而言，你用这样或那样的规则去限制他，他作为语文教师的价值便大大地打了折扣。

从语文教学课堂的丰富性而言，这样的非主流课堂不是多了，而是少了。放之四海而皆准的、可以作为规范教程的课堂，当然是需要的，毕竟语文教学中的共性存在是不容置疑的。但语文教学的个性表达更符合语文最本质的特性，甚至是语文教师安身立命之所在。千人一面的课堂，千篇一律的过程，是语文课堂变得味同嚼蜡的根本原因。在这样一个范畴内来讨论，像江老师这样的另类教学风格的推介，就有了非常迫切的必要性。

宜都语文一直在宜昌语文界独树一帜，是有历史渊源的。宜都是一座颇具文化蕴涵的县级城市，迄今已有2100多年的建城历史，是中华早期文明的发祥地之一。汉末三国混战之际，著名的夷陵之战即发生于此，府治因吴军都督陆逊而名“陆城”。始建于盛唐的宜都青林寺号称“中国谜语村”，被列入全国首批非物质文化遗产保护名录。清代学人杨守敬、王永彬都出自宜都，也都是对后世影响深远的一代大家。宜都对教育的重视，在整个宜昌都可排在前列，从杨守敬那个时代开始，宜都历任执政官员都把教育作为兴县大计，百姓家庭也把孩子读书视为头等大事，哪怕倾尽家财也要为子女们提供最好的教育。改革开放以来，宜都一直是宜昌市文化经济最发达的县市区之一，也是湖北省居于全国百强县榜单中的不多的城市之一。

这样的教育氛围延至今日，宜都当代中语文名师也是创出了自己的品牌，名师辈出。被尊为“西陵二张”的张文海、张文斌先生是宜都语文界的名人，刁平、杨邦俊先后被评为特级教师、正高级教师，程光新也被评为正高级教师。还有许地林、白万钰、张海德、李政、蔡琼、陶英、汪明、覃兆梅、郑杰、田龙、李雪、吴晶、李金莲等老师都自成风格。多年来，名师们修习琴棋书画、钻研金石篆刻、研读文史经典、自由研讨学术，对后辈的迅速成长营造了非常好的环境。近年来，杨邦俊老师以“语文人本论”出版专著，同时还深研二十四史，在诗文吟唱等方面皆有涉猎。每授课声巨若钟，激情喷薄而出，大有宜都诸先贤之遗风。

从承前启后的关系上来看，宜都语文和宜昌大语文，从张文海先生担任宜昌地区语文教研员，后又担任宜昌市高中语文教研员算起，便一直建立了如此之深的联系，理当有后续辉煌的发展。而目前担任宜昌市初中、高中语文教研员的李祖贵老师和我，也都与宜都有着诸多联系，算是一种缘分。祖贵兄本是宜都人，又在宜都基层学校和教研部门深耕多年，语文课题研究发端也始自宜都。我母亲是土生土长的宜都陆城人，毕业于宜都市第一中学，后来到了宜昌市妇幼保健院工作。我虽出生于城区，但幼年时期每年寒暑假都会回到位于陆城西正街童家巷的外祖父家。世界观的形成深受外祖父、外祖母的影响。所以我一直有一种宜都情结。而今我们在全国中语界行走，承朋友们给几分薄面，“宜昌二李”也算颇得众誉。毕竟同在一个市州级城市，两位语文教研员都获评湖北省特级教师，都被聘为三级岗正高级教师，被湖北大学、三峡大学等高等学府聘为兼职教授、硕士研究生导师，身兼省市两级名师工作室主持人。

问道陆城，广厚如斯；牵情宜都，永以为好。宜都市第一中学建校已有 82 年，宜都市第二高级中学建校已有 108 年，宜都教育的深厚积淀，让我们有了更多的期待。今天又一次来到宜都，走进课堂与教师、同学们交流，特别幸福、愉悦。寄望宜都语文人，希望疫情后的将来还会有更为亮眼的成绩。

后 记

世上的很多事，说来都是缘分。去年《读经析典》一书完成后，我原本准备好好休息一段时间，却意外接到湖北教育出版社教材分社梅玉闽社长约稿，邀我参与《荆楚名师系列丛书》的撰写，以“我的语文课”为主题写一本高中语文教育教学的专著。感念梅社长的殷殷之情，我欣然应允下来。

书名几经反复，和梅社长、杨承静编辑讨论了多次，都不太满意。灵感也是蓦然回首间倏乎而至，与“云端的语文”相遇在昙华林。

昙华林是老武昌的一个品牌，一个象征。但凡有些小资情调的人，不管年轻的，还是年老的，都喜欢与心爱的朋友相约，来这里走一走、坐一坐，寻找与别处不一样的感觉。若要问他们究竟是什么感觉，也不一定都说得出来。不过，只要你身处其中，马上就能意会。尤其是从户部巷穿过，这种感觉会特别明显，仿佛将沸腾的滚水置入冰柜，一下子变得宁静乃至凝固。这样的时间与空间的腾挪，让人既惊叹又感慨：世事无常，变化万端，世人有何理由执念于一方，不愿放手，不肯放松。在那样一种氛围中，你真的就会觉得，“你必须拥有很大的福德，才能遇到那个把你唤醒的人”（宗萨仁波切语），遇到那个让你自我觉醒的地方，然后，你们携手去创造可能改变世界或者至少改变自己的物什。

昙华林的得名可能与昙花有关，也与佛教有一些关联。据传，地处花园山北麓与螃蟹岬南麓的这条深巷，曾经广植花卉，其中多为昙花，与中西合璧的低矮建筑群完美交融，让过往游人眼之所触，神之所交，心之所感，无不心旷神怡。而昙花花期甚短，在刹那间的绽放中留下永恒的美丽，与佛缘中的至高法则不谋而合，给世人留下了诸多启示。

我曾被四川省语文教研员段增勇先生的一首《昙花》诗莫名惊艳，一时兴起而和诗，此亦佳话也。增勇兄原诗云：

“未见你盛开的娇艳/即便是羞涩了/你的低落/那收敛的嫣然/让含笑的姿影/呼应明媚/呼应惊叹　你是花中的绝品/世人呼你昙花/太阳一出/

云一样飘散/让凝望的眼神/空落了思想/惊世骇俗的美/且能贪恋红尘。”

我和之曰：“为刹那的光艳/积蓄了一生的力量/没来由的低眉祈祷/便倾倒了世间众生/纵是佛缘悭吝/也难免动了凡心/为你拈花一笑　三生三世的因果/在你绽放的一刻/抿了朱唇暗诵诗经/皇皇者华，于彼原隰/情仇爱欲便在瞬间消散/多少人执念于斯/却从未勘破红尘密码。”

这样的顿悟，也只有在春天才有。或许是心灵感应，我和朋友穿过汉口，经过几次地铁换乘，从户部巷到了螃蟹岬，走进昙华林的巷口时，便有这样一种强烈的暗示如约般注入，恍若一闪而过的洗礼，从头至脚浇了个遍。我自经历人生彻骨之痛后，一直沉溺于想要跳出既有空间随风而去的悲凉心境中不能自拔，始终找不到自解的方法，但当我置身于此间，却有一种清凉的感觉扑面而至，心中有了定根，杂念消隐无踪。似有一个声音隐约地对我说：你热爱的语文事业，才是让心灵永久安顿的所在。

仰头望天，天边飘过如凤凰涅槃般的彩云。回想自己与语文结缘的经历，不正如在云端之上的感觉吗？圣洁高远让人心追随之，变幻万千让人心向往之。五彩斑斓让人心神驰之。如痴如醉，甘之如饴。而刚刚过去的疫期封城经历，又把我们带入到“云端”课堂，体会了一次“云生活”。这种突如其来的意外，是无论怎样理性的人，都无法预料到的。如若将自己的人生规划都置于预设之中，在自然面前或许都会转瞬成空。只有守住自己的初心，不离不弃，方得始终。于是，我在这一瞬间决定，将这本即将面世的新书命名为“云端的语文”，以此作为对特殊的新世纪庚子年的纪念。

需要感谢的人很多，不能一一致敬，但内心对你们的尊敬与崇仰不会改变。感谢湖北教育出版社的领导、编辑，是你们给了我在退休倒计时之际回顾语文教育人生的机会；感谢全国中学语文教学专业委员会原理事长、人民教育出版社编审、浙江师范大学教授顾之川先生拨冗为我作序，美誉甚多；感谢湖北省教育科学研究院刘青春、史绍典、杨国金、秦训刚、蒋红森、扈华唯、周远方等诸位先生，是你们引领我在湖北教研这方舞台站稳脚跟，继而激励我不揣鄙陋地翩然起舞；感谢全国语文界诸位

“大咖”的提携与青睐，让我能从你们那儿学到不传之秘，悟出了语文这本大书的些许皮毛；感谢省内兄弟市州的语文教研员们，多年来亲如兄弟姊妹的协作，伴随着我们共同前进的脚步，从你们那儿得到的支持帮助和感受到的深情厚谊，让我对这个岗位有了更多的留恋；感谢单位领导、同事的关爱和包容，给了我自由驰骋的空间；还要感谢宜昌语文界的同仁和我名师工作室的弟子们，是你们的相爱相亲相随，让宜昌高中语文大家庭永远这般温馨，这般具有活力；最后，感谢我亲爱的家人们，是你们无私的奉献和细心的照拂，让我得以心无旁骛，醉心学术，踏踏实实地做事，开开心心地生活。

“只在此山中，云深不知处。”在语文这座神秘而丰蕴的大山中，织云为锦，裁云为衣，腾云为车，舞云为帐，任我遨游，不亦乐乎？

李伟杰

2020年6月于彝陵古城翰林苑